ゲストハウスがまちを変える
エリアの
価値を高める
ローカルビジネス
渡邊崇志
宿場JAPAN 監修
学芸出版社

ゲストハウス品川宿。ゲストと近所の日本茶カフェ「茶箱」へ（下）☞p.52

Nui. HOSTEL & BAR LOUNGE（提供：Backpackers' Japan）☞p.27

hanare（提供：HAGI STUDIO） ☞p.264

NIPPONIA 田原本 マルト醤油（提供：NOTE奈良）☞p.265

The Pax Hostel（提供：由苑）☞p.256

ADDressが運営する定額住み放題の家。上：鎌倉B邸（神奈川県）／下：津和野A邸（島根県）（提供：アドレス）
☞p.275

ゲストハウス蔵（提供：ゲストハウス蔵）☞p.216

神戸ゲストハウス萬家（提供：神戸ゲストハウス萬家）☞p.223

はじめに

本書は、2009年10月に「ゲストハウス品川宿《しながわしゅく》」を開業し、2年後の2011年3月、株式会社宿場《しゅくば》JAPANを立ち上げ、スタッフと共にこれまで4軒の直営ゲストハウスを開業し運営してきたノウハウや、他の事業者さんのゲストハウス開業を支援してきたノウハウをまとめたものです。

僕がゲストハウスを開業した2009年当時、ゲストハウスという存在は国内でほとんど認知されておらず、東京でもゲストハウスと看板を掲げている店舗は2~3軒ほどしかありませんでした。旅館やホテル、コテージ、グランピングなど数ある宿泊施設の中でも、ゲストハウスはインバウンド比率が高く、他のゲストとの交流を重視した空間設計がなされているのが特徴です。

日本のゲストハウスは、1970年代のオイルショックを受けて、80~90年代に代々続く旅館を外国人向けの小さな宿に展開させたことからスタートします。2000年代に入って、物件を借りて小規模なゲストハウスを始める個人事業者が登場しました。2010年代になると、空間のデザイン性の向上や飲食店の併設、まちづくりや遊休不動産の活用など、付加価値を高めた宿が増加したことから認知度や稼動率が上昇し、初期投資をかけても成立する事業として、異業種からの参入も相次ぎました。並行して、女性オーナーの宿も増え、女性ユーザーも増加していきました。

2019年までの観光業界は、インバウンドが年々増加し、東京オリンピックを見据えて、宿泊施設が急増していました。2010年ごろは国内に200〜300軒ほどしかなかったゲストハウスが、2020年には約2500軒と、10年で約10倍に増加したのです。しかし、こうした観光業界の盛り上がりに反して、現場にいる僕らはモヤモヤした気持ちを抱いていました。大手企業の新規参入による価格・サービス競争の波を受け、小規模宿泊施設の存続を考えさせられることが度々あったからです。

ゲストハウスをはじめとする小規模宿泊施設は、売上という目的以外に、たくさんの社会的役割を果たせると僕は考えています。その役割の一つとして、地域の課題を解決し、多様な文化を醸成するまちづくりが挙げられます。僕らが掲げる理念は「『SHUKUBA』の輪を全国に」です。ここで言うSHUKUBAとは、世界中のさまざまな人々を受け入れ、お互いの文化を尊重し、地域の人々と共に暮らすコミュニティを意味しています。そういった多様な文化が共生する地域のハブ＝ゲストハウスをつくりたいと考えてこれまでやってきました。どの街にもさまざまな地域づくりのプレイヤーが活動されていますが、そのなかに、もし〝宿〟をきっかけに多様な文化が生まれる地域づくりを行いたいと思っている方がおられたら、僕のこれまでの経験が何かの役に立つかもしれない。そんな思いで、「スタートアップから10年後の現在に至るまでの、小規模宿泊施設の開業や多店舗展開、人材育成、サービスデザイン、他の事業者への開業支援、そして地域づくりのノウハウを伝えること」を目指して、本書を出版することにしました。

本書は多くの方々にご協力いただいて完成することができました。まず、「ゲストハウス情報マガジン「FootPrints」の運営者で業界に最も精通する1人として自らの知見も織り交ぜながら膨大な執筆・編集作業を担当してくださった前田有佳利さん、インタビューや取材でお世話になった各地の運営者の方々、そして出版を実現してくださった学芸出版社の宮本裕美さんほか、多くの皆さんのご協力に心よりお礼申し上げます。

本書の制作の過程で新型コロナウイルス感染症という予期せぬ事態に直面し、何度か挫折しそうにもなりましたが、逆境に屈せず、地域と連携した宿泊事業の可能性を信じて自社の運営をなんとか継続できたことで、本書にもその経験を反映し、より一層深く強いメッセージが盛り込めたと感じています。本書が、宿泊事業者だけでなく、地域づくりや多様な文化交流などに取り組む方々にも参考にしてもらえることを願っています。

地域に根ざした宿を運営する日常は、まるで旅のようです。日々顔を合わせる地域の人々と、さまざまな場所からお越しくださるお客様、多様な人々と出会いながら、暮らしの楽しみを共有する時間は素晴らしいものです。僕がこれまで、東京の品川をメインエリアに宿泊施設を10年以上続けてこられたのも、こうしたさまざまな出会いのおかげだと思っています。その出会いに心より感謝申し上げます。

株式会社宿場ＪＡＰＡＮ　代表取締役

渡邊崇志

目次

3章 ゲストハウスの事業計画、サービスのつくり方 103

6章 これからのゲストハウスの可能性を探る対話 255

書籍に関する
より詳しい情報を
掲載しています。
こちらのQRコードから
アクセスください。

1章　日本のゲストハウス・カルチャーの歴史

1　外国人向け宿の変遷

2010年ごろから10年間で10倍に急増しつつある、日本のゲストハウス。「はじめに」でも触れたように、旅館やホテル、コテージ、グランピングなど数ある宿泊施設の中でもインバウンド比率は高く、何より他者とのつながりを重視した空間設計がなされているのが、ゲストハウス（ホステルを含む）の特徴です。

僕自身、幼いころの記憶を原点にさまざまな人々が行き交う宿泊施設に惹かれ、外資系の大手ホテル業界を経て、ゲストハウスの変遷と共に歩む人生を送ってきました。どうやってゲストハウスのカルチャーが日本に根づいたのか、どういった宿が時代のターニングポイントに関わっていたのか、そんな日本のゲストハウスの変遷について、僕の知る限りを紹介します。

まずは、どのようにしてゲストハウスが日本に誕生したのかについて、前身となる〝外国人向けの小さな宿〟が生まれた経緯から話を始めたいと思います。

日本のゲストハウスの原点とも言える「旅館 澤の屋」

約30年前まで日本における宿泊施設のバリエーションは、非常に少ないものでした。その理由の一つとして挙げられるのが、マーケットの安定です。需要と供給のバランスが一定のラインで保たれていたため、新たな一手を講じる必要がなかったのです。しかし、1970年代の二度にわたるオイルショックなどを受け、状況は一変しました。日本経済の急激な冷え込みから、これまで日本人客を対象としていた小さな旅館の経営は窮地に追い込まれていきました。苦肉の策として、いくつかの東京都内の小さな旅館が訪日外国人客を対象とする経営に舵を切りました。その一つが、東京都台東区谷中にある「旅館 澤の屋」さんです。僕がゲストハウスの開業を目指していたころ、修行先を求めて最初に伺った旅館です。

僕が門を叩いた2008年には、すでに澤の屋さんはインバウンド宿の先駆者の1人でありカリスマ的存在として観光業界で周知されていました。当時インターネットで「ゲストハウス」と検索すると、沖縄に数件、京都にほんの少し、東京に至ってはほぼヒットしないという時代でした。澤の屋さんは宿名にゲストハウスという文字こそ掲げていませんが、世界各地のバックパッカーたちに愛され、かつ地域と共生する姿は、僕が目指すゲストハウス像そのものだと感じ、館主である澤功《いさお》さんのもとを訪ねました。その際に澤さんが教えてくださったインバウンド運営に至るまでのストーリーは、宿泊業そのものの変遷を物語るものでした。というわけで、ご本人の許可を得て、そのストーリーを以下に紹介させていただきます。

1949年に創業した澤の屋さんは、もともと澤さんの奥さんのご実家が営んでいた家業でした。結婚当初、澤さんは銀行員として働いていたのですが、高度経済成長期に伴い旅館が繁盛して人手

上：旅館 澤の屋
中左：ゲストルーム
中右：ヒノキ風呂
下：澤さん一家（左から2人目が功さん）（以上提供：旅館 澤の屋）

が不足したことから、澤さんも休日を使って旅館を手伝うようになりました。当時は修学旅行や社員旅行などの団体予約を受け入れ、食事の提供もしていたので、大忙しだったそうです。人気を博して平日も人手が必要になったことから、澤さんは銀行員を辞め、正式に夫婦で旅館を継ぐことにしました。

その後、1964年の東京オリンピックと1970年の大阪万博（日本万国博覧会）で日本は好景気に沸き、その後、1970年代に二度のオイルショックで経済が一気に収縮しました。そのころ、都心部には多くのホテルが建設され、特にビジネスホテルが続々とオープンしていました。次第に、風呂やトイレが共用である昔ながらの旅館が敬遠されるようになり、日を追うごとに澤の屋さんの経営状況は悪化し、ついに〝ゲストゼロ〟という日を迎えてしまいました。

赤字が続き、生活もギリギリの状態。どうしたものか…と途方に暮れていたとき、以前より親交のあった新宿の「矢島旅館」さんから「外国人のお客さんを泊めてみたら？」と助言を受けたのだそうです。矢島さんは、1979年に設立された旅館組織「ジャパニーズ・イン・グループ」の中心メンバーの1人でした。同様の課題を抱えた小規模な旅館同士で協力しあい、外国人旅行者を積極的に受け入れる活動をスタートさせたところだったのです。まさに渡りに船でした。1982年に澤の屋さんもグループに加盟し、素泊まりのインバウンド宿として、方針やサービス、広報の仕方を変更していきました。

ほどなくして、素泊まりによる旅館の低価格化がインバウンド需要にマッチし、FAXや手紙を駆使したアナログで地道な営業と長年培ったホスピタリティから、瞬く間に澤の屋の口コミは広がっていきました。そして、世界ナンバーワンのシェアと言われる旅行ガイドブック「ロンリープラネット」に掲載されたことを機に、澤の屋さんは世界的にその名が知れ渡ることになりました。その評判は衰えを知らず、口コミサイト「トリップアドバイザー」では、外国人旅行者に人気の宿として度々受賞し、２００９年には観光庁の「ビジット・ジャパン大使」に任命され、２０１７年には総務省の「ふるさとづくり大賞」で総務大臣賞を受賞しました。そして現在も、世界各地の旅人から愛される宿として、変わらず旅館を営まれています。

ゲストハウスの基盤をつくったパイオニアたち

こうして、１９８０年ごろにゲストハウスの前身となる〝外国人向けの小さな宿〟が日本に誕生しました。開業に向けて僕は、台東区にある「台東旅館」さんで半年間、修行をさせていただきました。その後オーナーとなる北川聡《さとし》さんは、自ら住み込みで働き、シーツもすべて手洗いという非常に合理的な運営をされていました。その後、同じ台東区にある「勝太郎旅館」さんや「ドームホステル・えびすや」さん、渋谷の「ホテル福田屋」さん、五反田の「旅館 山水荘」さん、１９８４年に神奈川県にオープンした「富士箱根ゲストハウス」さんなど、１９８０年代から１９９０年代にインバウンド宿へと運営方針を展開させた代表的な宿のオーナーさんのもとを訪れ、当時のお話を伺いました。

このように、当時のゲストハウス業界は代々続く旅館を活かした個人経営がほとんどでした。しかし2002年には「ジェイホッパーズ」さん、2003年に「ケイズハウス」さん、2004年に「カオサングループ」さんと、起業後に法人として、日本各地に物件を借りて系列店舗を展開されるタイプも登場するようになりました。

2007年、大阪市中央区の玉造に、女性2人が共同で経営する「ゲストハウス由苑《ゆうえん》」さんがオープンしました（6章1節参照）。女性オーナーのうちの1人は、2006年にオープンした京都の「ゲストハウス和楽庵」さんで修行をしていたそうです。由苑さんの話によると、京都では和楽庵さんのほかに、「五条ゲストハウス」さんや「胡乱座《うろんざ》」さん、「ゲストハウスtarocafe inn」さんもパイオニアとして有名で、当時の旅人たちはこぞって宿泊したといいます。

その他にも、沖縄の「GUEST HOUSE BASE OKINAWA」さんや「月光荘」さんなどもパイオニアとしてその名が知られています。また、僕が「ゲストハウス品川宿」を開業した2009年ごろは、世界各地のバックパッカー向け宿泊施設の予約サイト「ホステルワールド」が旅の情報源となっていました。そこで、日本でホステルワールドの代理店を務める「鳳明館」の館主さんにもご挨拶に行きました。当時、日本のゲストハウスは百軒足らずしかなく、その多くが個人経営で、小規模な物件を借りてDIYで宿をつくるなどして初期費用を抑えていました。目立ったことをするのではなく、それぞれのペースで粛々と運営している時代でした。

新空間のデザイン力の向上と新規ユーザーの拡大

僕自身がゲストハウスをオープンする前は自分が各宿のオーナーさんを訪ねる側だったのですが、オープン後はいろんな開業希望者が品川宿を訪ねてくれるようになりました。その中でも印象に残っているのが、東京の入谷にある小さな古民家を活用した「toco.」の運営メンバーです。23〜24歳ほどの男女4名がBackpackers' Japanという会社を設立し、2010年にゲストハウスを開業しました。これまでの傾向とは違い、彼らは最初から将来を見据えて適切な初期投資を行い、空間をつくりこんでゲストハウスをスタートさせていました。そのクオリティの高さと、カフェバー併設による来店ハードルの低さから、これまでゲストハウスを認知していなかった層からも注目を集め、数カ月先まで予約が取れない宿として人気を博すようになりました。1店舗目のブランディングが確立できていたからこそ、その後、店舗を増やす展開もスムーズだったのだと思います。

toco.さんのオープン以降、その愛らしいデザインと清潔感のある空間が呼び水となり、特に日本人女性のゲストハウスユーザーが増えました。2010年に「1166バックパッカーズ」さんが長野にオープンし、2012年に「レトロメトロバックパッカーズ」さんが東京にオープンするなど、女性オーナーによるゲストハウスの開業事例が続いたことも、女性ユーザーの増加に大きく寄与していました。また、本書の執筆・編集を担当している前田有佳利さんが運営する「ゲストハウス紹介サイトFootPrints（現・ゲストハウス情報マガジンFootPrints）」も、女性ユーザーの増加につながるきっかけとなりました。なぜなら、FootPrintsが活動を始めた2011年まで、日本

toco.（提供：Backpackers' Japan）

ゲストハウス情報マガジンFootPrints

のゲストハウスに特化した女性視点のブログやサイトはほとんどなかったからです。

そして２０１１年3月11日、忘れもしない東日本大震災が起きました。震災の影響で、この年の外国人旅行者数は全国的に激減しました。東京では、ゲストハウスのオーナー同士が呼びかけあって、お酒を飲みながら同業者が肩を並べて本音で語りあい、情報を共有する会が開かれていました。実は震災の少し前から、都心部を中心にゲストハウスが増えつつあり、価格競争が始まっていました。そんな状況下で震災が起きたため、外国人旅行者を呼び戻す目的で値下げ合戦をさらに加速させるのには、あまりにも無理があったのです。当時は無料の宣伝ツールとしてＳＮＳも主流になり始めていた時代だったので、互いに情報を共有しながら、それぞれが尽力し、震災後の困難を乗り越えていきました。

大型施設×飲食店の登場と、他企業の新規参入

２０１２年、東京の蔵前に「Nui. HOSTEL & BAR LOUNGE」が登場しました（3頁参照）。toco.を運営するBackpackers' Japanさんが2店舗目に開いたゲストハウスです。大型ビルの1階で飲食店を大々的に併設させた、これまでになかったスタイルでした。この挑戦が大ヒットし、世界各地からやってきた旅人と都内の人々が集い、フランクに飲み語らう新しいカルチャーの発信源となりました。また、大型ビルをリノベーションした好事例としても注目を集め、異業種の大企業や中小企業がゲストハウス業界にどんどん参入するきっかけにもなりました。このように、近年のゲストハウス・カルチャーを語るうえで、toco.さんとNui.さんの存在は欠かせません。

２０１５年には、台東区谷中にある最小文化複合施設「HAGISO」を運営する株式会社HAGI STUDIOさんが、街全体を一つの宿と見立てる仕組みとして、個室と共用の水回りで構成される宿泊施設「hanare」を開業しました（6章2節参照）。HAGISOの2階にあるチェックインカウンターでチェックインし、少し歩いてhanareに泊まり、朝食はHAGISOの1階のカフェで提供されます。その個性的な仕組みもあって、hanareがまとう雰囲気は他のゲストハウスとは少し異なりますが、hanareも現在のゲストハウス・カルチャーを語るうえで欠かせないアーリーアダプターの1軒と言えます。

また、街全体を一つの宿と見立てるという観点では、兵庫県篠山市に本社を構える株式会社NOTEさんが展開する一棟貸し切り宿ブランド「NIPPONIA」も注目すべき存在です（6章2

Nui. HOSTEL & BAR LOUNGE（提供：Backpackers' Japan）

節参照）。このころから、HAGI STUDIOさんのように建築業界の関係者が宿を起点にまちづくりをしたり、ＮＯＴＥさんのように金融業界におられた方がポテンシャルを秘めた地方の物件を活用して付加価値型の宿を展開したりと、専門性を掛けあわせた新たな取り組みが広がっていきました。

以上のようなムーブメントが、最初は東京・京都・大阪を中心に発生し、次第に自然豊かで家賃の安い地方まで波及し、全国各地で30代前後のＵターン・Ｉターン移住者の開業が進みました。宿泊施設であるゲストハウスは国外や県外からも集客できることから、人口減少が深刻化する地方でも成立しうる事業として注目されるようになりました。特に２０１１年の東日本大震災以降は、好きな場所で暮らすための生業の一つとしてゲストハウスの運営を検討する人が増加しました。

さらに２０１３年には東京オリンピックの招致が決定し、インバウンドの受け皿としてもゲストハウスは注目されるようになりました。「地方創生」が国策として掲げられた２０１４年以降は、地方の空き家の増加や人口減少、若い担い手の不足などの解決手段としても検討されるようになりました。空き家活用補助金や起業補助金、地域おこし協力隊などの制度が、地方での開業のさらなる追い風となり、２０１５年ごろには各県に少なくとも１軒はゲストハウスが存在するようになりました。２０２０年時点で、全国のゲストハウス軒数は２５００ほどにまで増加し、東京や京都などでは条件のいい空き物件が少なくなり、都心部で新規参入できるのは資本力のある企業のみとなりました。

そんななか、２０２０年春に国内で新型コロナウイルスの感染が広がり始め、ゲストハウス市場は大打撃を受けました。「まさか、あのゲストハウスが！」と驚くような有名店が家賃の更新のタイミングで廃業を余儀なくされ、ゲストハウスだった物件の譲渡先を募集するＳＮＳ投稿を見かけることも多くなりました。そして２０２１年春にはワクチン接種が始まり、国内の感染者数は一時的に減少しましたが、海外では相変わらず感染者数は増えています。一体これからゲストハウス業界はどうなってしまうのか。本書では、逆境に負けないゲストハウスの運営についても、しっかり解説していきたいと思います。

2　規制緩和と供給過多によるゲストハウスの危機

ここからは、現在のゲストハウス業界を取り巻く危機についてお話しします。近年の新型コロナウイルス感染症による影響も深刻な打撃と言えますが、この章ではまず、コロナ禍以前から問題視されてきた供給過多による〝パイの奪いあい〟に焦点を当てます。

前述したように、ゲストハウスの軒数は増加しています。しかし、ゲストハウスの認知こそ広がっているものの、宿泊するユーザー数は微増にとどまっています。これまで数十年かけて共有カルチャーから所有カルチャーにシフトしてきた日本人にとって、見ず知らずの人々と相部屋で就寝し、シャワーやトイレを共同で使用し、ときにはラウンジで語らうというゲストハウスのスタイルはハードルが高いのかもしれません。また近年は、若い世代を中心にシェアリングエコノミーの概念が広がり、再び共有カルチャーに逆シフトしつつありますが、まだ大多数の動きとは言い難い状況です。

オーナーは急増しているがユーザーは微増という状況下にあるゲストハウスの運営現場では、どういった歪みが起きているのでしょうか。全国のゲストハウスに共通する外的要因を踏まえつつ、とりわけゲストハウス軒数の多い東京と京都の地域特有の危機なども紹介します。

ゲストハウスをめぐる法律、社会環境の変化

まず、2010年代にゲストハウスが危機的状況に陥った背景にある、規制緩和や社会環境の変化について説明します。2008年、旅行者とホストをつなぐ予約サイト「Airbnb」（通称：エアビー）がアメリカ・サンフランシスコで創業し、瞬く間に世界中に広がりました。2013年には日本版公式サイトもオープンし、現在では220カ国で創業以来通算9億人のゲストに利用されています。大手の旅行会社を介さずとも個人間で滞在場所のマッチングを行える画期的なオンラインサービスです。しかし、旅館業法の営業許可を取得せずに空き部屋を貸したりマンションの一室を又貸したりするなどの違法行為で月に何百万円と稼ぐホストも現れました。そのことがニュースで話題になったことから「インバウンド向けの宿泊業は儲かるらしい」という噂が加速していきました。補足しておきますが、その噂はあくまでゲストハウス軒数が今ほど多くはなく、インバウンド

への期待に溢れていた2013~15年ごろのもので、その後Airbnbの登録における審査基準や法律が整備されたことで、現状はすっかり変わっています。

2018年6月、民泊新法（住宅宿泊事業法）が施行され、営業日数を年間最大180日以内に収めることを条件に営業許可を取得しやすくなりました。また、民泊新法の施行と同時に旅館業法が一部改正され、テレビ電話やタブレット端末などのICTを駆使することで直接対面せずとも本人確認ができるものとし、条件を満たせば玄関帳場（フロント）を設置せずとも宿泊施設を営業できるようになりました。

そして2019年6月、建築基準法が改正されました。それまでの建築基準法では、住宅等を宿泊施設の用途に変更する場合は、その対象面積が100平米を超えると、用途変更の建築確認申請が必要でした。しかし、この建築基準法の改正によって、建築確認申請を要する用途変更の対象面積が200平米に引き上げられ、より有利な状況で新規参入がしやすくなりました。

さらに、2013年ごろから以前にも増して、長時間労働の改善（後の働き方改革）や女性の社会進出について国会で議論されるようになりました。これに伴い最低賃金は年々上がり、2016年にはマイナンバー制度がスタートし、社会保険の加入義務化が零細企業にまで及ぶようになりました。もちろん社会性のある企業づくりは大切ですが、こうした制度改革によってゲストハウスの運営を維持する難易度は年々上がっているように感じています。

また、2016年ごろまでは、多くのゲストハウスで「フリーアコモデーション」が導入されていました。ゲストが、掃除やフロント業務などの宿泊施設の手伝いをする代わりに無料で宿泊できる仕組みです。日本では、就労ビザを持っていない外国人をフリーアコモデーションで働かせると、法律違反となる場合があります。２０１６年はさまざまな法律が変わるとともに社会の目が厳しくなり、実際に不法就労と見なされた事例もあったため、ゲストハウス業界全体に激震が走りました。

２０１３年以降、東京で加速した大手企業の新規参入

東京オリンピックの招致が決定した２０１３年ごろ、宿泊需要の取り込みを目的とした投資時代の幕が開きました。都心部で大手企業の新規参入が加速するにつれ、定員20名前後の小規模なゲストハウスはどんどん価格競争に苦しめられるようになっていきました。というのも、大手企業がつくるのはビルをリノベーションした定員１００名以上の大型タイプばかりで、収支の構造上、大型であるほど稼働率を上げる必要があるため、宿泊単価を全体の相場よりやや低く設定する傾向にあり、その安売り合戦に小規模なゲストハウスも巻き込まれていったからです。

ゲストハウス品川宿のオープンから2年後となる２０１１年3月、僕は株式会社宿場ＪＡＰＡＮを設立しました。早い段階から地域密着型のゲストハウスを運営していたことで、各所から相談や依頼ごとが増え始めたためです。そして、オリンピックの開催決定以降、不動産投資を目的とする空き物件の活用の相談を受けることが多くなりました。当時の時代背景を少し紹介すると、１９９１～93年のバブル崩壊や２００８年のリーマンショックなどによる国内経済の痛手が

癒えておらず、体感的には景気の回復を感じられないころで、東京都内にも手つかずの空き物件がまだ多数あったころのことです。

そこで、空き物件を更地にして新築するより改修した方が初期費用が抑えられるのではと、デベロッパーに依頼して大規模なビルでゲストハウスを始める方も出てきました。不動産の新たな活用方法として、ゲストハウスという選択肢が広がり始めていったのです。

前述の通り、このころにはすでに評判となっていたNui.さんが〝大型ビルをリノベーションした好事例〟として注目され、遊休不動産の利活用を得意とする企業や、ゲストハウス以外の宿泊施設を長年運営してきた企業などが、そうした運営スタイルを参考に次々と参入するようになりました。さらに、既存事業のプロモーションを兼ねてアンテナショップ的にゲストハウスを始めたり、ウェディングやＩＴなどの既存事業を付加価値として連動させながら参入する企業も登場しました。都内を中心に、空きビルを活用したゲストハウスや、ゲストハウスからインスピレーションを得たホテルなどが驚異的なスピードで増産されていきました。

2018～19年に相次いだ、京都の小規模宿の廃業

こうして全国的にゲストハウスが増加していくなか、都心部や観光地を中心に、次第に需要と供給のバランスが崩れ始めました。訪日外国人数は2019年には10年前の約5倍に当たる3188万人に達しましたが、ゲストハウスユーザーの伸び率はそこまで高くなかったのです。そ

れにもかかわらず、オフピークの稼働率の低さについて考慮されないまま「オリンピックに向けて宿泊施設が足りない」という言葉ばかりが一人歩きをし、新規参入は加速していきました。個室がなく相部屋のみで運営していた昔ながらの小規模なゲストハウスは苦戦を強いられ、宿泊価格を下げるしか手の打ちようがなくなり、廃業という窮地に追い込まれていきました。

こうした状況に拍車をかけるように、京都では外国資本も入り始めました。外国人オーナーによる一棟貸し切りの宿や無人宿などが中心市街地に増え始めたのです。この背景にあるのは、前述した旅館業法の規制緩和（2018年）です。無人宿が大量に生まれ、夜間の騒音や不適切なゴミ出しなど、近隣とのトラブルが多数発生するようになりました。この影響から当時、「無人宿＝ゲストハウス」と捉えられ、ゲストハウスも近隣住民との問題が絶えない迷惑な存在だと誤解していた人も多かったように思います。

そうした状況を受け、京都市では2020年に規制強化として「駆けつけ要件」の条例が加えられ、「施設外玄関帳場」を設置することが定められました。簡単に言うと、フロントには管理者を常駐させなさい、フロントを宿の外に設置する場合は徒歩10分以内（半径800メートル以内）にしなさい、という義務づけです。これにより、海外や県外に管理者がいる遠隔操作の無人宿は、玄関帳場代行サービスなどに委託しない限り運営が困難となりました。しかし、これは同時に、ワンオペレーションの小規模なゲストハウスにとっても大打撃となりました。徒歩10分圏外に暮らしていたオーナーの業務後の帰宅が許されなくなったのです。残された選択肢は三つでした。お金を払って誰かに常駐またはフロント業務を依頼するか、10分以内の場所に自身が引っ越すか、はたまた廃業か…。

このように競合となる宿泊施設の増加と、無人宿の影響による規制の強化、さらには後述する宿泊税も導入されたことで、京都では2018～19年にかけて小規模なゲストハウスが次々と廃業することとなりました。

3 アメリカの新しいホテル・カルチャーに学ぶ

ゲストハウス・カルチャーが危機的状況にさらされるなか、良策はないかとずっと模索をして各所に出向いて調査していたところ、Airbnbの創業地であるアメリカ・サンフランシスコについての興味深い情報を入手しました。無人宿の増加によって地域コミュニティの崩壊が起き、その影響から近郊では新たな地域コミュニティが生まれ、これまでとは違った観光のあり方が確立されつつあるというのです。

さらに、ちょうどその直後に、吹田良平さんの著書『グリーンネイバーフッド：米国ポートランドにみる環境先進都市のつくりかたとつかいかた』に出会いました。「全米で最も住みやすい街」など数々のランキングでベストシティに選ばれているアメリカ・オレゴン州にあるポートランドのまちづくりを考察した一冊です。その書籍では、街に開かれたあるホテルが地域のコミュニティとして機能していることや、住民たちの団結によって大手チェーン店の新規参入を防いでいることなどが紹介されていました。

この二つの出来事から「これからのゲストハウスのモデルを探るヒントはアメリカにある！」と感じた僕は、２０１４年、まちづくりの仲間と一緒にサンフランシスコとポートランドへ2～3週間の視察に出かけました。ここでは視察で得たヒントを共有し、ゲストハウスの次なる可能性を探りたいと思います。

Airbnbの本拠地、アメリカ西海岸の諸都市で起こっていた変化

最初に訪れたサンフランシスコでは、ＩＴ企業の増加や立地的な制限などさまざまな要因から中心市街地の家賃が激的にアップしていました。そのため以前から住んでいた人たちは家賃の安い物件を求めざるえなくなり、当時荒廃していた近郊のミッション地区に移り住むことになったそうです。しかし、そのネガティブな状況を跳ね返すように、同地区に引っ越した人たちがクリエイティブな店づくりをしたことで、地区の人気が急上昇し、サードウエーブコーヒーの火付け役「BLUE BOTTLE COFFEE」や、独特な色使いで人気の陶器ブランド「HEATH CERAIMCS」など、個性的なショップが軒を連ねて賑わうようになりました。まさに日本の3～5年先のムーブメントがこの街にある、といった感じでした。そんな街で僕は評判の高いホステルやB&Bを探し

て泊まり歩きました。ちなみに、ホステルとゲストハウスという言葉は、日本ではほぼ同義語として用いられていますが、欧米系ではホステル、アジア圏ではゲストハウスと表現するのが主流です。

続いて、ポートランドに行く前にシアトルに立ち寄りました。というのもシアトルには、ポートランドを語るうえで欠かせない街の拠点「ACE HOTEL」の1号店があるからです。ACE HOTELは1999年にシアトルに1号店を、2007年にポートランドに2号店をオープンした後、世界各地で展開し、2020年には京都にもアジア初となる新店舗をオープンしています。ACE HOTELの理念から多少のインスピレーションを受けた日本のゲストハウスオーナーも少なくないのではないでしょうか。1号店は、かつての海上労働者用の訓練施設を改修したもので、古い家具と現代アートが見事に融合し、アーティストやクリエイターが集える地域コミュニティのハブとして開かれており、まさに日本で起きていたリノベーション・カルチャーと通じるものがありました。

次にポートランドを訪れました。それはちょうど、ポートランド市とAirbnbが、民泊運用についての合法と非合法の線引きを裁判で争っているころでした。そのため、Airbnb経由で予約した

サンフランシスコにある Four Barrel Coffee

ポートランドで宿泊した一棟貸切の民泊

宿のホストから「裁判の結果によっては宿泊をお受けできなくなりますが、それでも予約しますか?」私たちとしては歓迎しますが…」と確認される場面がしばしばありました。僕としては、Airbnbのホストが直面している課題などをより踏み込んで尋ねたかったので、こうした状況はむしろ好機に感じていました。僕が出会ったホストからは、「Airbnbには思いのこもったホストもいますが、最近はお金目当てで宿をやる人が増えてきた印象ですね。何かルールを決めないと街の治安まで悪くなってしまわないか心配です」「ゲストの安全性や快適さを守るためにも、無責任に運営するんじゃなくて、定められた基準は満たすべき」といった本音を教えてもらうことができました。

Airbnbを取り巻く、アメリカや日本の現状

ここまで何度かAirbnbについて言及していますが、Airbnb自体が悪いサイトというわけではありません。一般的な予約サイトは旅行者に選択権がありますが、Airbnbは旅行者とホストの双方に相手を選ぶ権利があります。ですから、対等な関係が成立し

やすく、それはゲストハウスが持つフラットな人間関係と相性がいいに違いありません。ただ、便利さゆえにさまざまな考え方を持つ利用者が増え、メリットだけでなくデメリットまで発生しやすい状況にありました。

デメリットの代表例が、利回り目的の無人宿による地域コミュニティの崩壊です。もちろん反論として「空き家や空室に旅行者が訪れることで派生して地域経済も回るのだから、需給関係が成立するなら合理的でいいじゃないか」という声もあるとは思います。ですが、本来Airbnbが目指す、その地域の日常を感じる体験型の宿泊という世界観からは大きく乖離していたのではないでしょうか。

アメリカでは現在、Airbnbの運用の線引きは各州に委ねられています。サンフランシスコでは2017年に約6000軒の宿をサイトから削除し、さらにサンフランシスコとポートランドでは「1ホスト1物件まで」というポリシーを設け、違反した約1500軒を削除しています。

2018年には日本でも、旅館業法などの営業許可を得ていない登録宿を削除し、その数は前代未聞の約4万軒にのぼりました。今後さらに市や区単位でより細かな条例が設定される可能性もあるため、営業許可をきちんと取得しているゲストハウスにとっては使い勝手のいい予約サイトとして、より整備されていくのではと思います。

地域コミュニティのハブになっていたACE HOTEL

シアトルに続き、ポートランドのACE HOTELも訪問しました。1階のラウンジは、街を代

ポートランドにある ACE HOTEL

表するローカルコーヒーショップ「STUMPTOWN COFFEE ROASTERS」やオーガニック食材を取り入れたレストラン「CLYDE COMMON」とつながっており、地域の人々にも愛される空間となっていました。加えて既存の物件を見事にリノベーションしている様も素晴らしかったのですが、あまりに想定外で目から鱗だったのは、ACE HOTELが自店のラウンジを街のゲートとして捉え、周辺の民泊事業者がゲストをピックアップする際の合流場所として開放していることでした。まず民泊事業者であるホストとACE HOTELのラウンジで落ちあい、ホストが車で街を一通り案内してくれた後、宿泊先に到着してチェックインの手続きをし、「昔は1階に厩舎があったんですよ」などと建物のストーリーも教えてくれるのです。こうしたACE HOTELという1軒の宿を起点としたポートランドの街の歩みに触れる体験が、大きなインスピレーションを与えてくれました。

この視察では、当時ポートランド市の開発局に勤務されていた山崎満広さんに市内のまちづくりの情報をアドバイスいただきました。ここで詳細を語りたいところですが、あまりに濃い内容なので、詳しくは山崎さんの著書『ポートランド 世界で一番住みたい街をつくる』をご覧いただければと思います。

また、古き良きものを丁寧に継承するというポートランドの精神に共鳴するように、建物の古材や家具を再利用するカルチャーも数年前から日本に入り始めています。その代表例が、2016年に東野唯史《あずのただふみ》さんが長野県諏訪市で立ち上げた「ReBuilding Center JAPAN」です。空き家を解体した際に出る建材や古材をリサイクルして販売するポートランドのショップ「ReBuilding Center」の日本支店として運営されています。東野さんは、先に紹介したNui.さんをはじめ、山口県萩市の「ruco」さんや長野県下諏訪町の「マスヤゲストハウス」さんなど数々の人気店の空間デザインを担当された、日本のゲストハウス・カルチャーを語るうえで欠かせない人物の1人です。

視察で得られた、無人宿、分散型ホテル、単価に関する学び

サンフランシスコに滞在中、無人宿にも何軒か泊まりましたが、合理化しすぎるあまりに家具はどこもＩＫＥＡのものだったり、地域らしさも宿らしさも何もない空間が量産されているように感じました。そこから、ゲストにとって付加価値となるオリジナリティまで簡略化すると魅力が消失することを学びました。さらに、ホストと近隣住民との普段の関係性が利用者の満足度を大きく

左右する点にも改めて気づかされました。近隣の住民とすれ違って「ああ、○○さんのところのお客さんね」と笑顔で受け入れてもらえるのと、「また知らない人間がウロウロしていて迷惑だ」と不機嫌そうな顔で警戒されるのとでは、街の居心地や印象がかなり違うものです。

一方で、ACE HOTELのラウンジが周辺の民泊の起点になっている姿は、一つのチェックインカウンターを据えてエリア内に複数の宿を構える分散型ホテルの参考になると感じました。自分が熟知しているフィールドで複数の宿を運営していれば、各宿に向かうまでのアテンドでも利用者の満足度を上げることができますし、宿数の増加に伴って清掃人材の効率化や、リネン（シーツ類）の総量増加により外注単価も抑えることができます。

また、これまでの僕は1人単価3000円台・定員数十名程度で高稼働率を目指すようなビジネスモデルばかりに注目していたので、今回の視察で単価1万円台・定員5名で付加価値の付いた一棟貸し切り宿を体験し、その需要や面白さに気づかされました。ここで言う付加価値とは、たとえば空間のデザイン性の高さや、アメニティへのこだわり、コンシェルジュのような地域のアテンドサービスなどのことです。また、定員を5名に抑えれば、旅館業法の営業許可を取得するうえで既存の水回りをあまり改修せずに済むため、最も効率的に既存物件を活用することができます。

このように日常から染み付いた固定概念を取り払い、単価を含む運営スタイルを今一度見直すことで、ゲストハウスの新たな道が導き出せるのではと感じました。詳細は後述しますが、この視察で得られたヒントが宿場JAPANのその後の展開にいい影響を与えてくれたのは事実です。また、今後はゲストハウス業界にもIOT（モノのインターネット）技術を活かしたさまざまなアイテムが登場すると予想されます。それらを駆使しつつもアナログで人が現場を見守れる体制をどういったサービスで構築するか、といったことも今後議論されていくことでしょう。

4　コロナ禍におけるゲストハウス市場

ここまでは小規模なゲストハウスの危機や可能性に焦点を当てましたが、ここからは2020年以降のコロナ禍におけるゲストハウス市場全体の動きについてご紹介します。

2020年4月7日に東京・神奈川・埼玉・千葉・大阪・兵庫・福岡の7都府県で緊急事態宣言が発令され、同月16日にはその対象が全国に拡大されました。もともとゲストハウスは、インバウンドの割合が多く、相部屋や交流スペースなど、他者との距離が物理的にも心理的にも近いことを特徴とする旅の宿です。「不要不急の密」に当たるため、コロナ禍での集客や運営は厳しく、経済的に深刻な打撃を受け、休業や廃業に追い込まれたゲストハウスがたくさんあります。

しかしながら、ゲストハウス市場に関する公的データが世の中に少ないため、その危機的状況が周知されにくいのも事実です。そこで、ここでは、コロナ禍におけるゲストハウス市場全体の動きや、そもそもなぜ公的データがあまり存在しないのか、宿主はどうやって市場の情報を把握しているのかについて、なかでも深刻さを極めた京都と東京の状況に触れながらお話しします。

コロナ禍に翻弄されるゲストハウス市場の危機的状況

新型コロナウイルス感染症のニュースが日本で初めて報道された2020年1月以降、瞬く間に感染は拡大しました。2020年3月、少しずつ休業を宣言するゲストハウスが増え、4月以降は全国各地のゲストハウスが休業を余儀なくされました。最初は「数週間耐えればなんとかなる」と思っていましたが、その期間がだんだんと延び、終わりの見えないトンネルのようになっていきました。集客が減少すれば売上が立たない。売上が立たなければ、家賃や人件費などの出費が赤字となり、手元の資金を切り崩すか、別の収入源を検討するか、宿を畳むか…といった選択を迫られます。スタッフの労働時間が減ることで払える給料が少なくなり、宿主自身はタダ働きという状態が続き、ついには思い出の詰まった宿を廃業・業態変更・譲渡せざるえなくなる。そうした苦渋の決断に迫られる厳しい状況が全国各地のゲストハウスで起きていました。

2020年のコロナ禍で、地方では休業要請と休業補償をセットで出す都道府県が多かったため、都心部を除く39県で緊急事態宣言が解除された5月14日以降も、多くのゲストハウスが休業を選択しました。しかし、東京では「宿泊施設は生活に必要なインフラ」との位置づけで休業要請が出されなかったため休業補償がなく、緊急事態宣言が全面解除された5月25日以降はやむなく営業を再開する傾向にありました。感染対策を徹底し、相部屋を個室化または一軒貸し切りにするなど運営スタイルを一時的に変えて再開しても、ゲストは来ない、休業しても補償されない、といった生き地獄の状態でした。その後、6月ごろから県内や隣接県の移動を推奨するマイクロツーリズムが唱えられるようになり、独自の旅費割引キャンペーンを展開する都道府県も出てきました。ですが、このころから、長引くコロナ禍により廃業を決断するゲストハウスが全国的に増えていきました。

7月22日に開始されたＧｏＴｏトラベルキャンペーンでは東京が対象外となり、東京都民と東京都への旅行が対象に含まれたのは10月1日からでした。ＧｏＴｏトラベルは、旅行代金の総額から35％割引＋15％分の地域共通クーポン券配布という仕組みであったため、割引額の大きい高級旅館やリゾートホテルはほぼ満室となりましたが、もともと安価なゲストハウスは割引額の小ささから利用者の選択肢に入りにくい状況でした。恩恵も受けづらく、登録の仕組みも複雑だったため、ＧｏＴｏトラベルの開始直後は「参画しません」と表明するゲストハウスオーナーが多数いました。

その後、食事やお土産などと組みあわせ、付加価値を付けた商品設計をすれば利用者のニーズが上がるのではとのアイデアが広まり、前向きな姿勢を見せるゲストハウスオーナーがちらほらと現われ始めました。しかし、その矢先、新型コロナウイルスの感染が再拡大したことから、12月18日に東京都に関するＧｏＴｏトラベルが停止され、同月28日には全国で停止されました。２０２１年に入ってからも、ゲストハウスオーナーたちはアイデアを駆使して多様な対策をとっていましたが、経営難から廃業を選択するゲストハウスが相次ぎ、厳しい状況が続きました。

京都の宿を窮地に立たせた規制緩和とオーバーツーリズム

京都市内に点在するゲストハウスの情報をまとめているのが「京都簡易宿所連盟」です。業界を牽引してきた大手ゲストハウスの一つ、有限会社ジェイホッパーズの飯田章仁さんが、初代の代表を務めていました。簡易宿所＝小規模なゲストハウス（ホステルを含む）の健全な経営をサポートするとともに、より魅力的な観光都市京都への貢献を目指し結成された団体です。ゲストハウスの各オーナーの小さな声では見過ごされがちな主張を、集合的なデータで裏づけすることで、業界を取り巻く法規や諸制度に対してオフィシャルに提言しようとする画期的な取り組みです。

京都簡易宿所連盟が発表しているデータを見れば、コロナ禍で京都のゲストハウスの方々がどれほど窮地に立たされているかがよくわかります。公式サイトでは、定期的に京都市に報告している「新型コロナウィルスによる影響調査報告書」を閲覧することができます。2021年2月に公表された報告書によると、京都市内で簡易宿所の営業許可を持つ事業者81名のアンケート結果から、80％以上の宿において稼働率20％以下という極めて危機的状況が1年以上続き、55・5％の宿において廃業や事業転換を決定または検討していることが明らかにされています。

コロナ禍で日本各地のゲストハウスが経営難に直面していますが、とりわけ京都の小規模なゲストハウスがこれほど深刻な状況に置かれているのには理由があります。それは、コロナ禍の直前まで、すでに数々の法的な逆風に見舞われていたからです。

2016年4月、全国初となる民泊条例（大阪府国家戦略特別区域外国人滞在施設経営事業に関する条例）が大阪府で施行され、同年10月にその条件がさらに緩和され、京都に隣接する大阪で宿泊施設が急増していきました。このころから、大阪に宿泊し、京都に日帰りで訪れる観光客も増えていきました。

2018年6月、前述した通り民泊新法の施行と同時に旅館業法が一部改正され、資本力のある大手企業の店舗展開がしやすくなりました。これらの新規参入に脅かされ、加えて「駆けつけ要件」が京都市独自で盛り込まれたことが、既存のゲストハウスオーナーたちの足かせとなりました。

さらに2018年10月、京都市宿泊税条例が施行され、宿泊代が2万円未満の場合には、簡易宿泊も含めて一律1人あたり200円の宿泊税が上乗せされるようになりました。それ以前に大阪や東京でも宿泊税の条例が施行されていますが、7000円未満や1万円未満は非課税であり、実質的にゲストハウスが対象から外れています。このころから価格競争が激しくなっていたため、200円という決して安くはない宿泊税は、京都のゲストハウスにとって非常に負担となりました。

そして2019年6月、建築基準法が改正され、建築確認申請を要する用途変更の対象面積が引き上げられ、より有利な状況で新規参入がしやすくなりました。

こうしたさまざまな法律の規制緩和がきっかけとなり、宿泊施設が急増した京都の中心部は、オーバーツーリズムが常態化し、騒音やゴミ問題、公共交通機関の過密など、住民の暮らしが脅かされていることが問題視されるようになりました。堪えかねた住民が移住し、空いた物件に新たな宿泊施設ができ、このままでは本来の京都らしさがなくなってしまうと懸念されていたほどでした。

価格競争も激化し、1泊500円を謳う宿が登場するまでに価格破壊が起きていました。

しかし、オーバーツーリズムはあくまで週末やイベントシーズンを中心とした現象でした。オンシーズンはどの宿も満室になりましたが、宿泊施設が増加したことでオフシーズンの落ち込みは一層激しくなりました。特に相部屋は日本人には馴染みが薄く需要が低いことから、相部屋を主とする20床ほどの小規模なゲストハウスが窮地に追い込まれていきました。

このような逆境に負けじとゲストハウスオーナーたちが運営に奮起していた矢先、コロナ禍に見舞われてしまったのです。

東京の大規模なゲストハウスの氷河期

コロナ禍で著しくダメージを受けたのは、京都の小規模なゲストハウスだけではありません。東京にある宿泊定員100名前後の大規模なゲストハウスも深刻な状態に陥りました。ホステルと呼ばれる大規模なゲストハウスは、インバウンドをメインターゲットとしており、相部屋の割合が大きく、利便性の高い都心部にあるために家賃も高く、施設規模が大きいことから光熱費や人件費もかさみ、売上がなければあっという間に赤字が膨れ上がってしまいます。

東京オリンピックを目指してつくられた大規模なゲストハウスは、開業の改装にかかった初期費用を10年ほどで減価償却するように計画されている場合がほとんどです。そのため、コロナ禍でも既存施設の設備を活かして何かしらの売上につなげようとしても、感染拡大予防のガイドラインと照らしあわせてみると、大規模なゲストハウスの持ち味であった飲食併設の宿は、密・会食・不要不急などの制限項目のいずれにも当てはまってしまったのです。

さらに、大きな設備を転用するだけの資金の捻出が難しいことから、大幅に単価を落としたマンスリー利用や、座席を間引いたコワーキングスペース利用など、苦肉の策で凌ぐしかない状況になっていました。なかには、資本力のある運営会社に譲渡し、大きく舵を切ってオフィス利用に転用したケースもありました。物件オーナーと運営会社が異なる施設は、運営会社が抜けて廃業するか、物件オーナーがまた別の誰かに貸し出していました。宿場JAPANでも、大手企業と共同した新たな宿泊事業プロジェクトを温めていましたが、コロナ禍によって計画は白紙になり、最終的に当初の物件はオフィスとして運営されることになりました。このような事業転換が東京都内の各宿で相次いで起きていました。

通常のホテルや旅館であれば、コロナ病床数の確保を目的に借り上げ対象となる施設規模ですが、複数名で共用する水回りや相部屋が多い客室設計から、ゲストハウスはコロナ病床の対象外となってしまいます。政府が用意した補償も、中小規模を中心とした金額設定であり、施設規模に見あった十分な補償が得られません。こうして、東京の中心部にある大規模なゲストハウスは軒並み閉業することとなりました。

2章　地域融合型ゲストハウスの運営

1　東京のゲストハウスの先駆け「ゲストハウス品川宿」の開業まで

僕がゲストハウス品川宿を開業したのは、２００９年10月16日のことです。当時は、ゲストハウスという存在が国内でほぼ認知されておらず、ＳＮＳやクラウドファンディングなどのオンラインツールもまだ発達していない時代でした。東京で「ゲストハウス」という言葉を看板に掲げていた宿は、わずか2～3軒ほどしかなかったと記憶しています。そこで、この章では、市場を開墾するかのようにゲストハウス品川宿を開業するに至った経緯をお話しします。

旧宿場町なのに宿がない？約４００年間の街の歴史

まずは、過去にタイムスリップして、ゲストハウス品川宿が位置する街の話から始めようと思います。宿を語るうえで、その土地が歩んできた歴史を欠かすことはできません。江戸時代、この街には東海道五十三次の宿場の一つ、品川宿がありました。１６００年、徳川家康は関ヶ原の戦いに勝利し、幕府の本拠を京都から東京に移すため、全国の街道の整備を開始しました。その皮切りとして、翌年には宿駅《しゅくえき》・伝馬《てんま》制度を敷きました。要するに、江戸を中心に日本を再構築する際に、人・物・情報などの往来の中継地点として、各所に宿場町をつくったのです。

上：ゲストハウス品川宿のエントランス前にて、運営スタッフ一同
中左：ドミトリー／中右：コモンルーム
下左：エリアマップを記載した通路／下右：ロゴの看板

図1　東海道品川宿（歌川広重、東海道五拾三次「品川 日之出」）（国立国会図書館所蔵）

そのなかでも、東海道の品川宿は非常に大きな宿場町の一つでした。江戸に最も近く、また宿場内の遊郭の需要が高かったためです。当時の賑わいは、東海道五十三次の浮世絵にも描かれています（図１）。品川宿の繁栄は、約２５０年にわたって続きます。その繁栄に最初に終止符を打ったのが、１８７２年に日本で初めて開通した、新橋～横浜間の鉄道です。これにより物流が変わり、宿場町の存在意義が減衰していきました。さらに、１９５７年に売春防止法が施行され、品川宿の賑わいの源でもあった遊郭を置くことができなくなり、品川宿はますます衰退していきました。

時が経ち、高度経済成長期のころには、かつての品川宿の跡地に商店街ができ、活気を取り戻していました。しかし、１９６８年に新たに施行された都市計画法などの影響で、品川にあった工場は郊外や地方に労働者ごと移転し、来客数の激減に商店街が即座に適応できるはずもなく、品川の街は再び衰退期を迎えることになりました。さらに、畳みかけるようにオイルショックが到来し、商店街の人々から「このままじゃいけない」という声が上がるようになりました。

そして、1回目の「しながわ宿場まつり」を狼煙《のろし》とするように、旧品川宿周辺の地域住民が団結し、1988年にまちづくり協議会が発足しました。立ち上げ当時から現在まで協議会の会長を務めている人物こそ、ゲストハウス品川宿の開業における恩人・堀江新三さんです。

まちづくり協議会では、発足時から「地域の交流の場をつくろう。観光の拠点をつくろう」という目標を掲げていました。そして、2009年1月、満を持して、街の交流拠点となる品川宿交流館を開館しました。ちょうどこのとき、僕は「品川で宿をやりたい」と同地区で物件を探し回っていたのです。そんな奇跡的なタイミングとはまったく知らず、偶然にも品川宿交流館がオープンした数日後に訪れ、「このあたりで宿を開きたいのですが…」と相談したところ、かつて繁栄した旧品川宿に1軒も宿がない状態だったこともあり、まちづくり協議会の方々は僕を温かく迎え入れてくれました。僕がこの街と最初につながった瞬間でした。

ホテルへの憧れと国際交流の大切さに気づいた原体験

品川で宿をやりたい。そう思ったのは、僕にとって品川がある意味〝ホーム〟だったからです。祖父は品川で食肉の問屋を営んでいました。その祖父が多忙な仕事の合間を縫って、当時品川にあった「ホテルパシフィック東京」のラウンジに何度も僕を連れて行ってくれました。祖父としては、「このホテルに泊まるような立派な大人に育ってほしい」という願いを込めていたようですが、僕は「いつかホテルで働いてみたい」と、世界中の人々を迎えるホテルマンの仕事に興味を持つようになりました。これが、僕が現在の仕事をしようと思った原体験です。

高校3年生のころからホテルのバイトで学費を貯め、大学に進学して観光学を専門とするゼミに入りました。海外にも興味があったので、中国の大学に短期留学をすることにしました。当時の中国は、2008年の北京オリンピック、2010年の上海万博の開催が決まり、経済も右肩上がりに成長していました。僕は、約1カ月間、世界10カ国以上から集まってきた留学生たちと大学寮で共同生活を送りました。

学生寮では、皆で毎晩酒を片手に、率直な思いや価値観の違いを互いに打ち明け、同世代を生きる仲間として友好関係を深めていきました。留学中の日々を通じ、国や文化の違いを超えて人々が直接交流する大切さを実感し、そんな関係性を築ける居場所を日本につくれないだろうかと考えるようになりました。

ゲストハウス開業までの修行の日々

それらの出来事をきっかけに、大学卒業後はホテルに就職して経験を積もうと考えていたものの、当時のバイト先の先輩や母親の強い勧めを受け、まずは一般企業に就職することにしました。その就職先で品川に配属になった僕は、早朝から深夜まで働いて、商店街の飲食店で遅い晩御飯を食べ、銭湯に行き、アパートで眠りについて…といった暮らしを繰り返す日々の中で、「いつか品川で起業できたらいいな」と街に対する漠然とした愛着を少しずつ持つようになりました。

２００８年１月、３年半勤務した会社を退職後、即座にアパートを解約し、トランクルームに家財を全部詰め込んで、中国留学時代の友人の伝手を辿ってアメリカに３カ月間の留学をすることにしました。

渡米先の滞在場所は、普段からホームステイを受け入れている素敵な家庭でした。そのファミリーに紹介してもらったカリフォルニア州立の学校が、とてもユニークでした。移住を検討する18歳以上の若者や移住したばかりで英語が話せない多様な住人を対象に無料で教育の機会を提供する、職業訓練校のような場所だったのです。３００人の生徒の中で日本人は僕１人だけ。英語がまったくできず、最下級のクラスからスタートし、マイノリティゆえの苦労は少なくありませんでした。その経験から、立場の弱い者の気持ちや、普段とは異なる世界に住むことに対する関心が強まりました。

苦労があっても、住めば都。慣れてくると楽しさが勝り、一時帰国して観光ビザを更新し、結局６カ月間も滞在しました。外国籍の友人が増え、近隣にある私立大学の図書館を深夜まで利用して、英語力は格段に上がりました。そうは言ってもＴＯＥＩＣ３００点・英検４級程度ではありましたが、僕は「これで外国人バックパッカー向けの宿だって開業できる！」という妙な自信に溢れていました。

帰国後、開業に向けて具体的なプランを練りつつ、やはり一度はホテルの現場で経験を積もうと考え、外資系の大手ホテルである「ザ・リッツ・カールトン」に1年間勤務しながら、週に2日、同志社大学の大学院で社会人向けに開催されていた社会起業プログラムに参加しました。そこで、メンターの方々から「君の事業プランは、地域の課題さえも解決できるものになりえるんじゃないか?」と諭され、数々のアドバイスと叱咤激励を受けながら、事業プランをブラッシュアップしていきました。

ザ・リッツ・カールトンを退職後、物件を探し求めて、まちづくり協議会の扉を叩きました。ここから前述した2009年1月の話につながります。協議会の会長である堀江さんの紹介で、外国人バックパッカーたちに愛され続けるカリスマ的な旅館「澤の屋」さんを訪問しました。オーナーの澤さんが地域と手を取りあいながら宿を運営されている姿に感銘を受け、この宿で学びたいと思い、「無賃でも構わないので修業させてください」とお願いをしました。しかし、1949年の創業以来、家族経営を貫かれているため、残念ながら要望には応えられないという返答でした。その代わりに新たな修行先として、ゲストのうち99%が外国人旅行者という浅草の「台東旅館」さんを紹介いただきました。

物件との出会いから、開業資金700万円を集めるまで

僕は台東旅館さんで修業しながら、まちづくり協議会の活動にも参加していました。朝は地域の

掃除をし、旅館で清掃やチェックインの対応をして、夜に戻ってきたら堀江さんのスーパーで働いて惣菜を分けていただき、商店街で納涼祭などの催しがあれば積極的に手伝っていました。無賃の修業とボランティアの掛けあわせだったので、食べ物には困らなかったものの収入はゼロの状態です。ですが、汗をかいて一生懸命働いている感覚が意外に気持ちがよく、商店街の人たちや町会長にまで顔を覚えてもらえるきっかけにもなりました。

そんな生活を半年以上送った2009年8月のことです。それまでも役所や保健所を何度か訪れて相談をしていたのですが、ついにこの日、保健所の窓口の方から「商店街にある3階建てのビルでちょうど廃業届が出されたから、ここで宿をやってみたら?」と連絡をもらいました。すぐに堀江さんと町会長に連絡をし、一緒に大家さんに面会してもらい、ようやく物件交渉のステージに乗ることができました。

大家さんは、二つの条件を満たすなら貸しても構わないと言ってくれました。一つ目は、堀江さんと町会長が保証人になること。二つ目は、家賃を含め開業に必要な資金700万円を先に集めることでした。家を出て身寄りのない僕が2人もの保証人を立てるのは、本来なら至難の技です。しかし、堀江さんと町会長は「いいよ、保証人になるよ」と即答してくださり、その場で判を押してくれました。そこから、資金集めに奔走する日々が始まりました。

当時、僕の手元にあったのは、たったの数万円だけでした。片っ端から頭を下げ、お金を貸してもらえるよう、頼みこんで回りました。知人に借りたお金の3分の1を元手に銀行から融資を受け、品川区の創業支援制度も活用しました。それでも、あと約300万円がどうしても足りず、「このままでは開業できない…」と頭を抱えていました。

すると、そんな僕に最後のチャンスをくださるように、まちづくり協議会の定例会で、事業プランや思いを発表する時間をもらえることになりました。熱意のままに語り尽くした15分ほどの発表後、席に戻ると、小さく折り曲げられたメモが人の手を渡って回ってきました。開いてみると、そこには「俺がお金を貸すから、やってみな」の文字。震える手でメモを握りしめ、その場でむせび泣きました。こうして、僕は多くの人々に支えてもらい、ゲストハウス品川宿を無事開業することができたのです。

ゲストハウスを開業した三つの理由

ここまでの話を踏まえ、ゲストハウス品川宿を開業した理由を整理すると、大きく三つあります。

一つ目は、「宿泊事業という職業に対しての憧れと将来性」を感じていたことです。始まりは、幼少期に祖父が連れて行ってくれたホテルのラウンジの思い出です。それが原体験の一つとなり、僕はホテルへの憧れを抱き、将来の職業として意識するようになりました。

また、宿泊業の中でもゲストハウスという運営スタイルに興味を持ったのは、実際にホテルで働いた経験からです。ベッドメイキングやベルボーイ、フロントでのチェックイン対応、宴会の飲食部など、さまざまな部門を担当するなかで、「パートごとに人材を分けるのではなく、1人の人間

タイのゲストハウスオーナーと筆者

が一連の滞在期間に寄り添うことで、ゲスト1人1人に適したサービスがもっと提供できるのではないか。小規模な宿なら、それが実現できるのではないか」と考え、小規模なゲストハウスに魅力と可能性を感じるようになりました。

加えて、すでにあるゲストハウスに就職するのではなく自分で開業しようと考えたのは、「旅館 澤の屋」の澤さんからいただいた言葉がきっかけでした。実は、澤さんのもとを訪れた当初は「この宿の従業員になれたら幸せだなあ」と内心思っていました。家族経営という理由から実現しませんでしたが、澤さんは門前払いをすることなく、「やり方は教えてあげるから、自分で開業してみればいい」と優しくエールを送ってくれたのです。その言葉のおかげで、「そうか！自分が思い描いている宿を具体的に形にしてみればいいんだ」と前進することができました。

二つ目の理由は、「心を突き動かされた海外での経験」です。これが開業の理由を語るうえで最も大きな動機となりました。もともと僕はバックパッカーとして、バイトをしてお金を貯めては渡航し、アジアの約20カ国を巡っていました。旅の思い出として、一番記憶に残っているのは、現地の人との交流でした。

たとえば、タイのゲストハウスに滞在したときのことです。オーナーさんと彼の愛犬と共に朝の散歩に出かけ、宿に戻り、コーヒーをいただきながら「清々しい朝だから、コーヒーは無料でいいよ。実は今朝、あまりに気持がよくてちょっとだけ寝坊したんだ」と談笑しあったり、その後も、スタッフさんに街へと連れ出してもらったり、オーナーさんの家で晩御飯をご馳走になったりと、フレンドリーかつフラットな心地よい時間を味わうことができました。知らなかった街の日常に仲間入りをさせてもらえたような感覚がして、深く印象に残る体験でした。

旅だけでなく、留学も同様です。生まれ育った国ではない場所で順応して暮らしていく感覚が心地よかったのです。そして、それらの体験を通じ、「国と国ではなく、個人と個人のつながりで世界が平和になることで、僕たち自身が世界の未来をつくりたい」という思いが生まれました。

三つ目の理由は、「恩返しとしての場をつくること」です。旅先や留学先でお世話になった友人たちを迎える場を日本につくりたいという思いから始まり、それは次第に、旅や留学で体験したような交流の場をつくろうという発想に転じていきました。

また、僕が開業に至るまで、大変多くの地域の人々に応援してもらいました。宿をきっかけに、海外の人々がこの街を訪れ、僕が海外で経験したような感動的な交流を街の人々にも体験してもらえたら、地域への恩返しの一つになるのではと考えました。

加えて、もし、ゲストハウスを開業したいという熱い思いを持った人物が僕の前に現れたときは、諸先輩方が僕にしてくださったように、今度は僕がその背中を押してあげたい。その人の宿をきっかけに、日本のどこかの地域がより活気ある風景に変わる可能性があるなら、少しでもその力になりたい。そんな恩返しの連鎖を生む場としても、自分の宿をつくりたいと思いました。
以上が、ゲストハウス品川宿を開業するに至った経緯です。

2 東京で一番小さなホテル「Bamba Hotel」と「Araiya」

株式会社宿場JAPANでは、ゲストハウス品川宿のほかに、現在4軒の地域融合型の宿を運営しています。地域融合型の宿づくりについては6節で解説しますが、ここでは、その宿の具体的な事例の一つとして、2014年12月から運営している「Bamba Hotel（バンバホテル）」について紹介します。ゲストハウス品川宿から徒歩12分ほどの距離にある、東京都内で旅館業法の営業許可を取得した宿泊施設の中で最小級規模のホテルです。2~5名利用の一棟貸し切りの宿で、料金は3~7万円台を基本とし、ホテルのスイートルームに宿泊するような贅沢さと、地域の一員になったようなローカルさを同時に体験することができます。

さらに、そこから派生的な縁で物件に出会い、2016年4月に泉岳寺エリアにオープンした同系統の宿「Araiya（あらい屋）」についてもご紹介します。

築80年の長屋を活用し、最小級規模のホテルを営む

Bamba Hotelは、品川区にある2階建ての古い長屋を改装したホテルです。この物件との出会いは、偶然前を通りかかったときに見つけた「入居者募集中」の貼り紙でした。外観を見るだけでもかなりの年季が感じられる築約80年の長屋で、左右に同じような長屋が全部で5軒連なっています。これが、なんだかとても可能性を秘めているように思えてならず、貼り紙に記載してあった不動産屋の電話番号にすぐに問いあわせ、内覧させてもらいました。築年数が古いだけでなく、空き家になっていた年月も長く、老朽化による損傷と積もりに積もったホコリで、とても居住できるとは思えない状況でした。しかし、それでもやはり、この物件の可能性を感じずにはいられない複数のポイントがありました。

まずは、立地です。京急本線の新馬場駅南口から徒歩1分、なおかつ、ゲストハウス品川宿から徒歩12分ほどの距離にあることは、宿場JAPANが特定の商圏を守りながら複数の宿を管理できる重要なポイントでした。さらに、周囲に立派なお寺が多数あることも、日本の伝統文化に触れたい訪日外国人に対する強みになると感じました。

次に、建物の持つ〝気〟の良さも決め手となりました。連なった長屋なので、両隣は飲食店にピタッと挟まれているのですが、2階に上がって正面の窓を開けてみると、驚くほど眺望が素晴らしかったのです。目の前にお寺の参道があることから、高層ビルの印象が強い品川にいると思えないほど開放的な景色が広がっていました。そこで「しっかり改修すれば、とても心地のいい場所にな

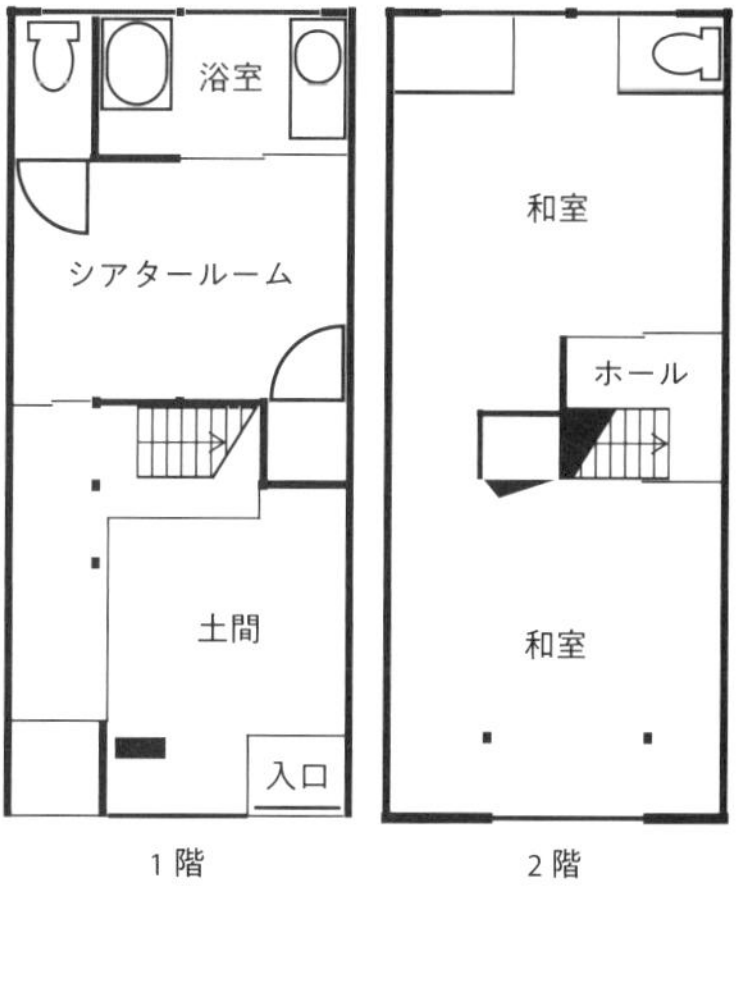

上：Bamba Hotel、シアタールーム
中左：洗面所／下左：ロゴの看板
右：間取り

るに違いない」と確信しました。

早速、物件の改修を依頼する建築士の選定を急ぎました。運良く、普段から品川宿周辺のまちづくりに関わっていた面々の中に、古民家の改修経験が豊富な建築士さんがいたのでお願いすることにしました。

建築士さんとの打ちあわせの論点は三つありました。一つ目は、宿泊施設ではないこの物件の用途をいかに変更して旅館業法の条件に適合させるか。二つ目は、ターゲットにしている客層に喜んでもらえる〝しつらえ〟をどのように追求するか。三つ目は、それらの改修資金についてでした。〝しつらえ〟とは、簡単に言えば内装のことです。どこまでのクオリティを求めて、どういった間取りや建材を選択するかなどを、予算とあわせて検討していきました。

それらの建築面での検討と並行して、物件の所有者である大家さんとの交渉も進めていきました。最初に物件の歴史や現在に至った経緯をお聞きしたうえで、僕たちがどういった方法で地域に賑わいをもたらす拠点に変えたいと考えているかを、何度となく説明しました。

そんなやりとりが2カ月ほど続いた末に、物件のストーリーを受け継いだ1日1組限定・定員5名の宿泊施設という新たな運営スタイルが定まりました。これは、宿場JAPANだけでなく宿泊業界にとっても新たな挑戦となりました。当時、これほど小さな規模で旅館業法の営業許可を取得して宿泊施設を営んでいる事例が全国的にあまりなく、特に東京では皆無だったからです。結果的に、旅館業法の営業許可の取得に向けて保健所の方にはかなりの時間を割いてもらいました。

約6カ月の改修期間に、住み込みでサービス案を構想

先ほど、運営スタイルに関して「物件のストーリーを受け継いだ」と紹介しましたが、具体的にどのようなストーリーを、どのように受け継いだのかを説明します。

最寄り駅である新馬場駅は、約45年前に統合されたもので、以前は北馬場駅と南馬場駅に分かれていました。その当時の位置関係に照らしあわせると、Bamba Hotelは南馬場駅周辺に位置していました。江戸時代、このあたりは宿場町に泊まる人々の馬の停車場として賑わっていましたが、現在では普段の乗降客数は少なく、賑わうのはお寺の来訪者が増えるお彼岸の時期だけです。そこで、「かつてのように多くの人々を迎え入れ、賑わう日常を取り戻したい」との願いを込めて、さらに訪日外国人のゲストにもわかりやすいようにと、馬場を横文字にして「Bamba Hotel」と名付けることにしました。

また建物の改修については、近隣に工房を構えるDIYアドバイザーでリメイク作家の玉井香織さんと相談しながら、梁や建具、階段、残っていた火鉢など、物件の印象を形づくるパーツを以前の姿のまま極力残すことにしました。このようにして、一つ一つ時間をかけて、地域と物件にとっての最善策を吟味して改修作業を行っていくなかで、予想をし

DIYで壁の塗装

ていなかった嬉しい出来事が起こりました。それは、僕たちが改修に励む姿を見た近隣の方々が興味を持ってくださり、DIYのお手伝いがしたいと名乗り出てくださったのです。親子連れなど、さまざまな人たちが壁の塗装や木材の研磨などを手伝ってくれました。そして、地域の人々と協力して皆で小さな宿をつくる工程が話題となり、複数のメディアの取材を受けることになりました。

約6カ月の改修期間中、僕は1人で完成前のBamba Hotelに寝袋を持参して住み込みで作業をしていました。眠りにつく前はいつも「この宿に泊まる人たちは、どんな過ごし方をするだろうか」と想像を膨らませていました。また、周辺の店や人を知るために改修の合間に街を散策したり、外食や出前を取ったりしながら、完成後のゲストに対するサービスのアイデアをブラッシュアップしていきました。

それまでの宿場JAPANでは、ゲスト自身が地域に繰り出す〝未完型モデル〟（6節で詳述）でゲストハウスを営んできました。ですが、定員5名を基本とするBamba Hotelでは、ファミリーや友人グループでの利用がメインターゲットとなるため「小さな子どもがいるので長時間の散策が難しい」「友人同士で話す時間も大切にしたい」などのニーズが想定されました。そこで、地域に繰り出せない場合でもローカルな体験ができる〝未完型モデル〟を目指そうと考えました。ルームサービス感覚で、近隣の飲食店や商店街からオーダーした商品が宿に届けられる仕組みを思いつき、近隣店舗と事前に相談して導入することにしました。また、2軒隣にある美味しいパン屋さんに気軽に行けるようにと、近隣外出用の外履きスリッパも置くことにしました。ほかにも、隣接するワインスタンドと焼酎バーから提供するルームサービスメニューを設け、夜は宿の中でゆったり飲みながら過ごすことができ、飲んだ分だけチェックアウトの際に精算できるようにもしました。

Bamba Hotelはもともと「ミルクホール」という名の飲食店として建設され、その後は不動産屋が入り、不動産屋の廃業後は大家さんのご親戚が長く住まわれていたそうです。その際に、2階に火鉢を置き、窓越しの景色を楽しみながらキセルを吸っていた時代もあったようで、その煙が建材の色とうまく調合し、チャコールブラウンがかった色合いに経年変化していました。また、建築士さんの伝手で、年代物の看板を設置することもできました。このようにして、老舗の割烹料理店で代々受け継がれる秘伝のダシのごとく、さまざまな人や物が時代を超えてつながることで、なんとも味わい深い雰囲気をまとったホテルとしてオープンを迎えることができました。

当初のターゲットは、周辺環境から日本の文化を体験したい訪日外国人と考えていましたが、実際にはそれらに加えて、一般的な宿泊施設とは異なる過ごし方を付加価値と感じてもらえる日本のお客様にもご利用いただいています。

築50年の古民家を活用した、1日1組限定の宿

Bamba Hotelを開業して1〜2年の間、ありがたいことに取材の依頼が頻繁に入り、テレビや雑誌などで多数取り上げてもらいました。そのなかで、NHKの番組「あさイチ」で放送されたことがきっかけとなり、港区の泉岳寺エリアにある古民家を所有する大家さんから「うちの空き家も

Bamba Hotelのように活用できないでしょうか」と問いあわせをいただきました。

築約50年になるその物件は、品川駅の隣、京急本線の泉岳寺駅から徒歩1分の場所にありました。さらに、ゲストハウス品川宿から自転車で約10分の距離でもあり、宿場JAPANが重視している立地条件を満たしていました。大家さんによると、「この物件を取り壊さずになんとか活かしたい」との思いから過去に改修を試みたこともあったそうですが、東日本大震災や諸々の事情で進められず、どうしたものかと空き家にしたまま途方に暮れていたところ、NHKの放送を偶然見かけ、僕らに連絡をくださったという経緯でした。

そこで、Bamba Hotelと同様の手法で宿として活用することを検討し、大家さんと何度か面談を重ね、物件の歴史などを伺っていきました。この物件ではかつて大家さんのご親族が暮らしながら米屋を営んでいたそうで、皆で空き家に残った古い荷物を整理している最中に店名が「あらい屋」だったことがわかり、宿名を「Araiya」と名付けることにしました。

このようにして、大家さんの思いや物件の足跡を辿ったストーリーを描き、今回もDIYを積極的に取り入れて改修を進めていきました。そして、最初に問いあわせをいただいてから約9カ月後、宿場JAPANとして3軒目となる、1日1組限定の宿「Araiya」をオープンすることができました。

実は、賃貸契約を結んで間もなくのころ、JR山手線の高輪ゲートウェイ駅の開設が決定し、物件周辺の建物が次々に取り壊され、開発ラッシュが起きていました。そんな状況下で、古民家を活用した宿泊施設を贅沢に開業させてもらえたのは、大家さんとのご縁の賜物だと思っています。

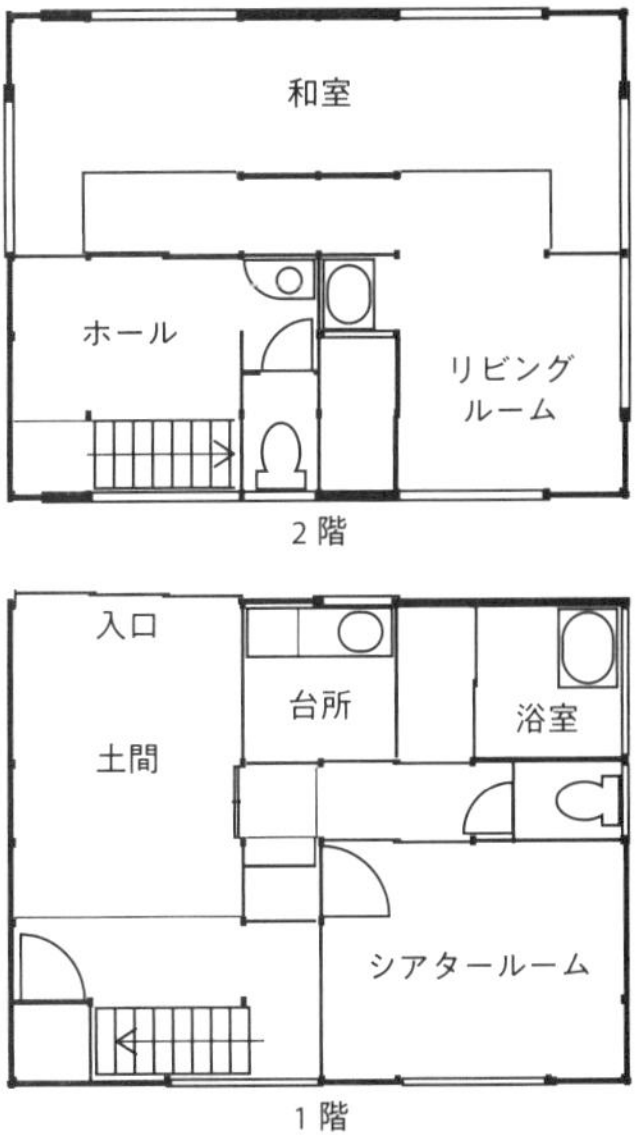

上：Araiya、エントランス
中左：外観／下左：客室
右：間取り

その後、Bamba HotelとAraiyaの両施設に対して、多くのメディアから取材の依頼をいただきました。Araiya開業時にテレビ東京の番組「ガイアの夜明け」で紹介されたことがきっかけとなり、東京以外の地域からも空き家の活用や宿開業のサポートのご相談をいただくようになりました。

この2軒の宿の開業経験から、定員2～5名の小さな宿であっても、地域の魅力と組みあわせたサービスを創造することで、宿泊単価を数万円台に設定することができ、さまざまな人たちに喜んでもらえる持続可能な運営スタイルを築くことができることを学びました。また、最初に開業したゲストハウス品川宿を通じて地域の人々との深い関係性を築き、ゲストのニーズを肌で感じていたからこそ、2軒目、3軒目と、特定の商圏を拠点としたさらなるサービスの構築をスムーズに展開できたと考えています。

3　アパルトマンとアルベルゴ・ディフーゾに学ぶ新しい宿泊スタイル

一棟貸し切り宿のBamba HotelとAraiyaの運営が軌道に乗り始めた2018年の春ごろ、あるニュースが報じられ、宿泊業界に激震が走りました。それは、観光先進国であるフランスで、正式な営業許可を取得していない違法民泊が急増し、その影響で約800軒のホテルが廃業したというニュースです。当時の日本でも、違法民泊が急増しつつありました。それらの多くは、鍵の暗証番号を事前に伝えるなどした管理者不在の単なる箱貸し運営で、近隣住民とゲストとのトラブルも頻繁に起きていました。そうした違法民泊の悪影響により、日本の宿泊業界もフランスと同じ末路を辿るのではと、同業者間で懸念の声が絶えずあがっていました。

一方、国は東京オリンピックの開催に向け、インバウンドの受け入れ体制の強化に躍起になっていました。2018年6月には民泊新法が施行され、合法のルールを明確にしたことで違法民泊を取り締まることができた反面、宿泊業を始めるハードルを下げる結果となりました。ホテルや旅館、ゲストハウスを運営する誰もが、安定しない日本の宿泊業界の未来を不安に思っていました。

民泊を不安がらず、まずは自ら挑戦する

ちょうどそのとき、宿場JAPANの事業に関心を持ってくださったアパートのオーナーさんから、「うちのアパートの1室を宿泊施設にしませんか?」と相談を受けました。場所は、ゲストハウス品川宿の隣にあるペンシルビルの3階でした。その相談を受け、未知なる競合として民泊を不安がるだけでなく、この機会に自分で試してみようと思い、民泊新法を活用した宿泊施設の運営を検討し始めました。そして、「民泊問題に関して少し先の未来を歩むフランスに行けば、僕たちのように小さなゲストハウスや一棟貸し切り宿を運営するオーナーが、民泊を運営しているケースがあるかもしれない。顧客満足度を高めた付加価値のある民泊の運営を追求している人はいないだろうか」と先人の存在を考えるようになりました。

そんな仮説のもと、SNSの情報を辿り、フランスの旅事情に詳しい編集者やまちづくりの関係者に相談するなどして該当者を探しました。すると、フランスで法令を遵守しながら、アパートを活用して付加価値を付けた民泊やゲストハウスを営む日本人女性、「Paris Life」の白波瀬《しらはせ》亜紀さんの存在を知りました。白波瀬さんが営む民泊のスタイルは、現地で「アパルトマン」と呼ばれていました。アパルトマンとは、長期滞在者向けに家具付きアパートの1室を賃貸する、フランス発祥の滞在スタイルのことです。

フランス・イタリアへの視察

そこで、フランスとイタリアに10日間の視察旅行に行くことにしました。白波瀬さんに事前に面会を申し込み、当時運営されていた3軒すべてのアパルトマンを見学させてもらいました。白波瀬さんの運営するアパルトマンでは、チェックイン時のコミュニケーションタイムに重きが置かれ、オーナー自身が街案内をするなど、手ごろな価格の宿泊施設ながら高級ホテルに劣らない、魅力的なサービスモデルが構築されていました。

2泊していた別のアパルトマンでさらに驚いたのは、Bamba HotelやAraiyaとの共通点です。そこでは、近隣のパン屋で買ったクロワッサンや市場で買った果物を、ルームサービスとして部屋に備え付けていました。Bamba HotelやAraiyaでも、近隣の専門店と提携し、おにぎりや和菓子をルームサービスとして提供しています。日本とフランスという異なる場所であっても、ゲストへの

白波瀬さんの運営するアパルトマン（提供：Paris Life）

フランスの別のアパルトマンのスタッフさん（左写真右）とインテリア（下写真）

おもてなしの発想が共通していたことに、胸が熱くなりました。

旅程3日目は南フランスのニースへ向かい、この地域で一番人気の小さな宿泊施設に滞在しました。やはり、そこでもチェックイン時に20~30分程度のコミュニケーションタイムがあり、こちらの好みに合わせて、お勧めのスポットや飲食店などを丁寧に教えてくれました。チェックアウト後の荷物の一時預かりなど、細やかな配慮も行き届いていました。宿泊料金は、ゲストハウスとホテルの中間でしたが、価格に納得できるサービスの手厚さがありました。無人宿では実現しがたい、対面による魅力と安心感を改めて感じさせられる機会となりました。

旅程4日目からは北イタリアの街アプリカーレに移動し、「アルベルゴ・ディフーゾ」と呼ばれる滞在スタイルを体験しました。アルベルゴ・ディフーゾとは、街の中に点在する空き家を活用し、地域全体を一つの宿と見立てた、分散型の宿のことです。1章や6章で紹介する東京・谷中にある「hanare」さんや兵庫県篠山市の「NIPPONIA」さんのように、近年日本でも取り入れられつつあるスタイルです。夕食・就寝・朝食などをとる棟が別々のため、移動するのを面倒に感じる人もいるかもしれません。ですが、ここでは各棟が石造りの伝統的な建築であることから、地域性に富んださまざまな空間を楽しめること自体が付加価値となっていました。

旅程7日目はパリに戻り、今度はゲストハウス品川宿に以前ご宿泊いただいたお客様のご自宅の一室にご厚意で泊めていただきました。やはり、その地域に住んでいる方のアテンドは興味深いもので、一般の観光ツアーでは旅程に組まれないような店に連れていってくれたり、地元の人たちで

上：アプリカーレの街並み
中：石造りの伝統建築を宿に
下：アルベルゴ・ディフーゾの部屋

賑わう小さなマルシェで食文化を教えてくれたりと、地元の人と一緒だからこそできる豊かな日常を体験することができました。彼が私たちに提供してくれたようなアテンドを、ゲストが気兼ねなくサービスとして受けられる仕組みがつくれないだろうか、とアイデアが膨らみました。

そして最終日までは、パリの高級アパルトマンと呼ばれる宿泊施設に滞在しました。ここでも宿場ＪＡＰＡＮとの共通点がいくつか見つけられました。まず、スタッフの配置です。語学堪能なスタッフがチェックイン時にゲストを出迎えて館内の説明を行い、清掃担当のスタッフが複数ある施設を巡回して清掃を行っている点などが共通していました。パリにはフランス語に自信のないインバウンド旅行者が多いことから、その言語の不安を解消するためのサービスを充実させているようでした。そのほかにも、施設を新築したり全面的に改装したりするのではなく、物件の歴史を受け継ぐようにリノベーションしていることも宿場ＪＡＰＡＮと共通していると感じました。

ただ一つ大きく異なっていたのは、セキュリティゲートの存在です。この高級アパルトマンでは、チェックインの際、スタッフがゲート前でゲストを出迎えます。そのため、ゲストが約束の時刻を過ぎても姿を現さず、連絡がつかない場合には、延々と待つ羽目になるそうです。そうなると、お出迎えという付加価値も考えものかもしれません。そのほか、館内はどこも使い勝手がよく、長期滞在向けのキッチン用具なども充実しており、多くの学びがありました。

フランスとイタリアを巡る10日間の視察旅行を通じて、サービスのレベルに関しては国ごとに大差はないと気づかされました。観光先進国のフランスやイタリアで先行しているものもあれば、日本で先行しているものもある。世界を渡り歩く旅人たちが、その最新情報をニーズとして教えてくれます。そのニーズを見逃さず、耳を傾け、取り入れていくことが大事なのです。そして、海外で出会った良質なサービスを、ただ真似るのではなく、地域らしさ・自分らしさに置き換えて打ち出すからこそ価値が生まれるのだとも実感しました。

4　ホテルと民泊のいいとこどりのアパルトマン「Kago#34」

帰国後の日本では、民泊新法の施行のもと、違法民泊の温床となりかけていたAirbnbのサイトから違法民泊の登録が削除され、既存の宿泊施設は一時期、既存予約の振り替えによってバブルのような活況を呈していました。それと同時に、民泊新法を活用した新規参入に備え、日本各地にある既存の宿泊施設がサービスや施設づくりのブラッシュアップに努めていました。

こうして海外のさまざまなタイプの宿泊施設の視察で得た学びのもと、宿場JAPANの4軒目の宿として、誰かの日常に溶け込むようなカジュアルさが楽しい民泊と、非日常なソフトコンテンツを重んじるホテルの、いいとこどりをしたようなアパルトマン型の民泊「Kago#34」（以下Kago）を2018年9月に開業しました。

宿名の由来は、江戸時代の宿泊施設の呼び名である旅籠屋《はたごや》と、江戸時代に移動手段の主流となっ

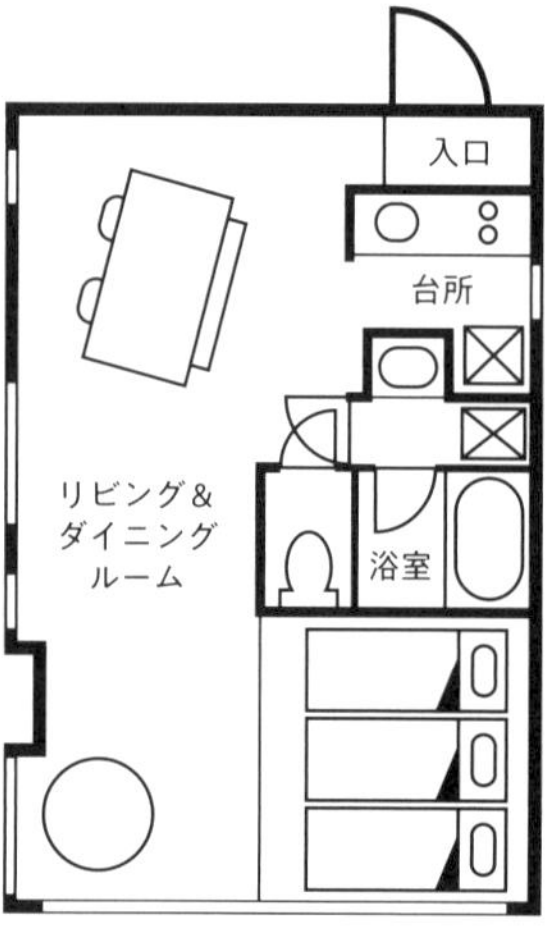

上：Kago # 34、室内全景
中左：リビングルーム／下左：食事風景
右：間取り

	ゲストハウス品川宿	Kago#34
サービス	フレンドリー、街案内などコミュニケーションあり	
施設	共用部分多め	完全プライベート
客層	20 ～ 50代 バックパッカー 旅行者 ビジネスマン	ベジタリアン LGBTカップル 子連れの家族

図2　ゲストハウス品川宿とKago#34の違い

ていた駕籠《かご》のイメージに基づいています。さらに、かつての宿場町の賑わいを復活するという目標をカウントするように、宿場JAPANとして34番目のベッドを示す「#34」を付け加えました。

Kagoは最大3名まで宿泊可能で、1～2名の素泊まり利用で3泊4日6万円、3名の場合はプラス1万円という料金設定です。もちろん延泊にも対応しています。地域の日常にすっと溶け込むような快適な暮らしを提供するため、Wi-Fiはもちろん、食卓も兼ねた大きめのテーブルや、キッチン、テレビ、洗濯乾燥機など、生活に便利な家具を備えています。

Kagoはゲストハウス品川宿に隣接しているので、プライベートな滞在（Kago）とフレンドリーな対応（ゲストハウス品川宿）の両方を同時に求める人に適した環境となっています。キッチンを広々と使って自炊がしたいベジタリアンの方や、子ども連れの家族、周囲の目を気にせず過ごしたいLGBTのカップルなどがKagoに長期滞在し、好きなタイミングでゲストハウス品川宿の受付に立ち寄り、スタッフから街案内を受けてコミュニケーションを楽しむといったスタイルが生まれています（図2）。

Kagoは民泊新法を活用することでマンションの一室を宿泊施設にしたものですが、その後、前述した通り、2019年6月に建築基準法が改正され、旅館業法の営業許可を取得する際の用途変更の面積が緩和されました。これにより、それまで民泊新法で営業許可を取得していた人たちが、営業日数に制限のない旅館業法の営業許可にどんどん切り替えるようになりました。約2年の間に品川区だけでも100室以上の営業許可が切り替わったそうです。旅館業法の営業許可を取得していないと掲載できない予約サイトもあるため、近々Kagoも旅館業法の営業許可を取得する予定です。

5 スキルを上げてスモールラグジュアリーな宿をつくる

続いて、〝地域融合型ゲストハウス〟をもう一段階拡張したスモールラグジュアリーホテルという宿泊施設のスタイルについて紹介したいと思います。現在、宿場JAPANでも水面下で都内のスモールラグジュアリーホテルの運営に携わっており、今後の可能性を強く実感しています。ゲストハウスオーナーのネクストステップとしてぜひ参考にしてもらいたい運営スタイルです。

スモールラグジュアリーホテルとゲストハウスの共通点

スモールラグジュアリーホテルとは、小規模でありながらも贅沢な料金設定で、個性的で卓越

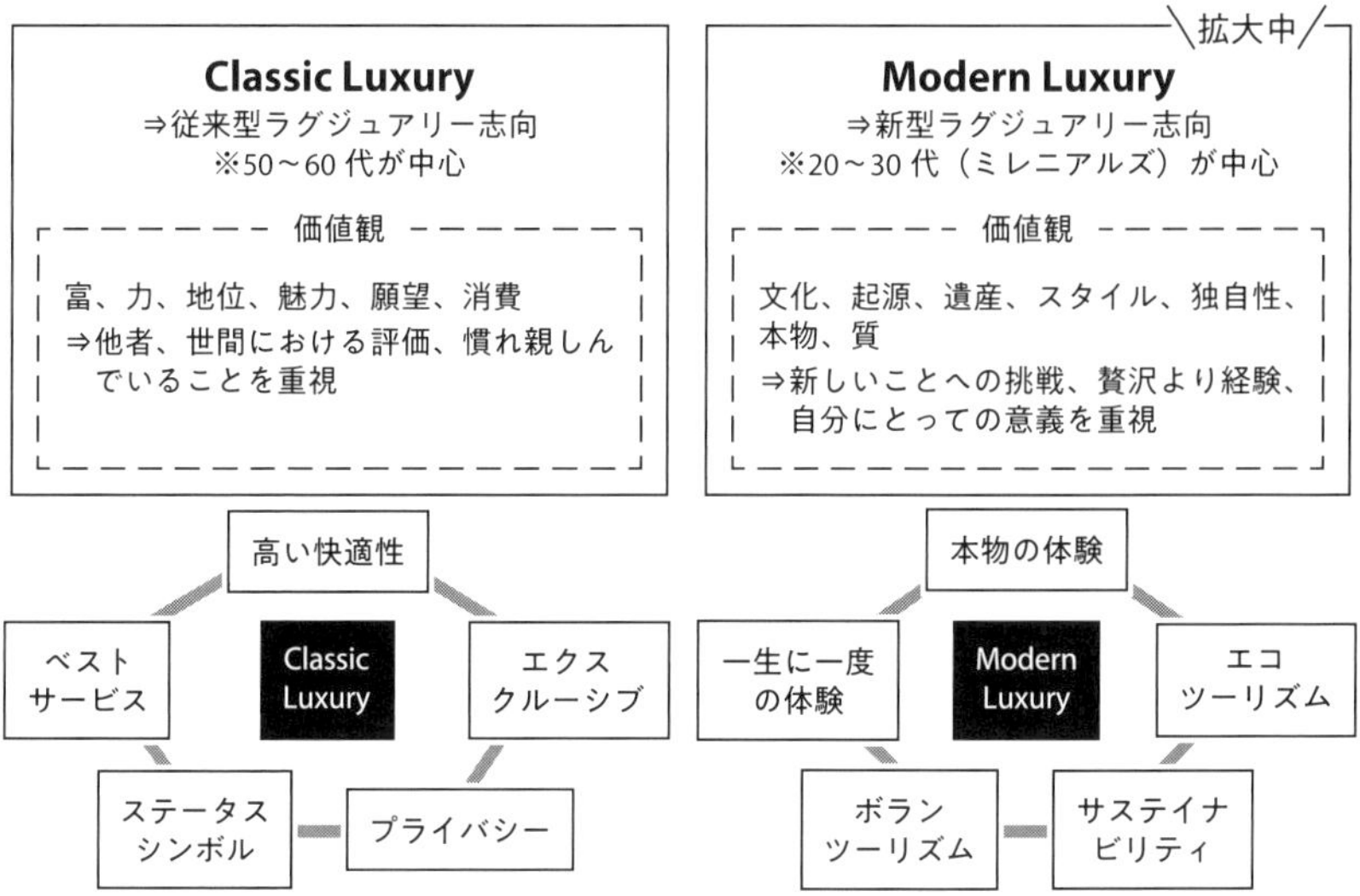

図3　富裕旅行者の志向（出典：日本政府観光局（JNTO）「富裕旅行市場に向けた取組について」（2020年10月5日）をもとに作成）

した付加価値が認められる宿泊施設のスタイルです。頭文字をとって「ＳＬＨ」と略されることがあります。２０２０年10月に日本政府観光局が発表した富裕旅行市場の調査結果によると、これまでは50～60代を中心に高級志向の客層が存在しましたが、近年は20～30代の新たな客層が拡大しつつあるといいます。従来の富裕層が高い快適性やステータスのシンボルを求める傾向にあったのに対し、新富裕層はそこでしか味わえない経験や新しいことへの挑戦などを求める傾向にあります（図３）。その背景には、晩婚化や共働きによる30代の世帯収入の増加、モノ消費からコト消費へ、独占から共有・共存へといった世の中の変化があります。

ＳＬＨは、欧米を中心に世界的に広がりを見せている宿泊施設のスタイルですが、日本ではまだあまり広まっておらず、その選択肢も多くありません。日本で新富裕層が増えつつある今、ＳＬＨはこれから伸びる市場と言っても過言ではないでしょう。ただし、贅沢な施設づくりには初期費用や月々の家賃が莫大に膨れ上がるといった課題があります。加えて、新たな体験を求める新富裕層に対して、どのようにハイグレードなサービスを提供するかも課題でしょう。しかし実は、ゲストハウスをコツコツ運営していくことで、SLHのハードとソフトのハードルを乗り越えやすくなるのです。順を追って、そのロジックを説明します。

まずはハード、つまり物件やその改修にまつわる初期費用に関してです。ゲストハウスオーナーは、2章6節でお話しする〝地域融合型ゲストハウス〟を営むなかで、物件の持ち主・ゲスト・地域の人々・行政などから信頼を得る傾向にあります。そして、世の中には「物件を宿か何かに転用したいが、自分が現場に立つことはできない。初期費用はすべて持つので、企画や運営を担ってくれる最適な人材はいないか」といったニーズを抱える経営者が意外と多くいます。そこで、信頼を得ている人間、すなわちゲストハウスオーナーに依頼の相談が舞い込んでくるというわけです。

続いてソフトに関してですが、ゲストハウスとSLHには、サービスの理念において共通点があります。一元化された接客でゲストのニーズを丁寧に拾い、その地域・その宿・そのゲストならではの旅の提案を積極的に行っていることです。もちろん客層が異なるため、ゲストハウスから一足飛びにSLHの運営に移ることは難易度が高いかもしれません。ですが、宿場JAPANで挑戦しているように段階を踏めば、それほど難しくはありません。僕らは、素泊まりのゲストハウスから始まり、商店街から朝食を運び入れるなどの付加価値を追求した一棟貸し切りのホテルを運営し、長期滞在に適した設備やサービスを揃えたアパルトマン型の民泊へと拡張しました。そして、その次の展開としてSLHの運営をスタートさせたため、これまでの全経験を活かすことで、応用編のステージに無理なく挑戦することができています。

多様化する客層に応じて、宿の運営スタイルも多様化

宿場JAPANの場合、1人・1日あたりの宿泊単価は、ゲストハウスで3千円〜、アパルトマンで1万円〜、一棟貸し切り宿は1.5万円〜、SLHは4.5万円〜といった違いがあります。価格帯も異なるさまざまな宿泊施設を運営するなかで、ゲストや地域に対する僕らの思いの根幹は変わりませんが、客層は異なります。ゲストハウス常連のAさんとSLH常連のBさんといった人物の違いもあれば、同一人物であってもライフステージや趣向に応じて選択肢は変化します。就学・就職・結婚・子育てや、高齢のご両親との家族旅行、記念日など、さまざまなニーズがあります。同じ地域で同じ運営会社が宿泊施設のバリエーションを持つことで、地域や運営会社のファンを増やし、ゲストと長くお付きあいできることは大きな魅力です。

また近年は、晩婚化や女性の社会進出といった世の中の変化を受けて、1人で過ごす時間やお金の使い方が変わったためか、男女ともに一人旅をする社会人が増えています。そして興味深いことに、一人旅の上級者は、多様な宿泊施設を自由自在に使い分ける傾向があります。宿場JAPANのリピーターさんの中にも、大衆的な賑わいが好きでゲストハウス泊を基本にしつつ

も、月に一度はSLHで自分へのご褒美の日を設けている人などがいます。一人旅の上級者は、同伴者との使い勝手を考慮した〝状況〟ではなく、自分が何を心地よいと思うかの〝感性〟に基づいて宿選びをしているため、心地よいサービスを生み出すヒントを教えてくれます。

人々のニーズの多様性に合わせて、宿も多様化させる。これが、僕たちの活動の中で最新のアクションです。ゲストハウスが地域のウェルカムゲートとなり、SLHがわざわざここに泊まりたいと思わせるキャッチャーの役目を果たすことで、さまざまな角度から地域の魅力を発信できるようになります。僕自身、宿の運営スタイルの拡張についてまだ模索段階ですが、その最新のステップとしてSLHの運営に大きな可能性を感じています。

大手が参入しにくい領域で、師匠を見つけて多角的に学ぶ

20〜30代の新富裕層が拡大傾向にあるなか、SLHは今後伸びることが期待されるマーケットですが、日本にはまだあまり存在しません。その理由の一つに、大手企業の参入の難しさが挙げられます。歴史的な重要文化財や有名建築家の元邸宅など、SLHになりうるポテンシャルを持った物件と同時に、現場を運営する人材を探し出すことに苦労することが多く、大手企業はあまり参入していないのが現状です。

一方、宿場JAPANでは、特定のフィールドでどうすれば小さな宿の価値を上げられるかを考え抜き、さまざまな形態の宿をつくってきた結果、SLHに辿り着きました。地域に点在するそ

れぞれの宿が成長すれば、地域全体の価値が上がります。僕がゲストハウス品川宿を開業した当時はそれほど注目されていなかったエリアの地価も、周辺の開発と相まって今では随分高くなりました。

小規模にこだわったサービス展開は、地域から逃げることなく、真正面から向きあうことになるため、時間も手間もかかります。しかし、その分、大手企業がいくらお金を積んでも地元企業と手を組まない限り単独では参入しにくい領域で、のびのびと活動することができるようになります。

また、ＳＬＨに限った話だけではなく、新しいことを始める際には、自分と似た価値観を持つ運営者を見つけ出すことが重要です。国内だけでなく海外へと視野を広げて見つけるのもいいかもしれません。僕自身も、多様な宿を展開するうえで、その都度「こういう宿を目指したい」と心から思える師匠を見つけてきました。ちなみに、ＳＬＨの開業時に一番お世話になった師匠は、愛媛県松山市にある「瀬戸内リトリート青凪」さんです。

百聞は一見にしかずですので、当然ながら宿泊することから学びが始まるのですが、オンラインで予約の連絡をする際には、「自分が何者か」「どういった宿を開業する予定か」等の詳細を包み隠さずお知らせしたうえで、ぜひ運営者にお会いしてお話を伺いたい旨を伝え、アポイントを取るようにしています。

こうして開業前には各方面に視察に行き、運営者さんから学ばせてもらいつつ、宿の客層を自分の目で確かめ、「最高のサービスを届けるにはどうしたらいいか」という自問に対して浮かぶアイデアを足し算・引き算して、自分なりの答えを導き出していきます。ですから、これまでとは違った宿を開業するたびに師匠が増えていきます。また、多角的に学びが増えるほど、自分たちのサービスに安定感が生まれます。すると、ときには恩返しのように師匠の困りごとを解決できることもあり、ゲストのニーズに応える速度もぐんぐん上がるようになるのです。

「guesthouse」という単語は、「簡易ホテル」「民宿」「迎賓館」など異なる複数の意味を持っています。それはまるで、ゲストハウスの可能性の広さを暗に示しているようです。その場所に訪れる人々をお迎えするという共通項をベースに、基礎編の「簡易ホテル」すなわちゲストハウスから、応用編の「迎賓館」すなわちＳＬＨまで、ゲストハウスの可能性はますます深化していくように感じています。

6　地域融合型ゲストハウスを実現するポイント

最後に、僕が目指している〝地域融合型ゲストハウス〟とはどういうものか、構成要素に分解してお話ししたいと思います。

多くの人々に愛されているゲストハウスのほとんどが、意図的または結果的に、ゲストと地域の人々をつなぐ融合役を果たしています。そうしたゲストハウスに宿泊した経験のある方は、〝地域

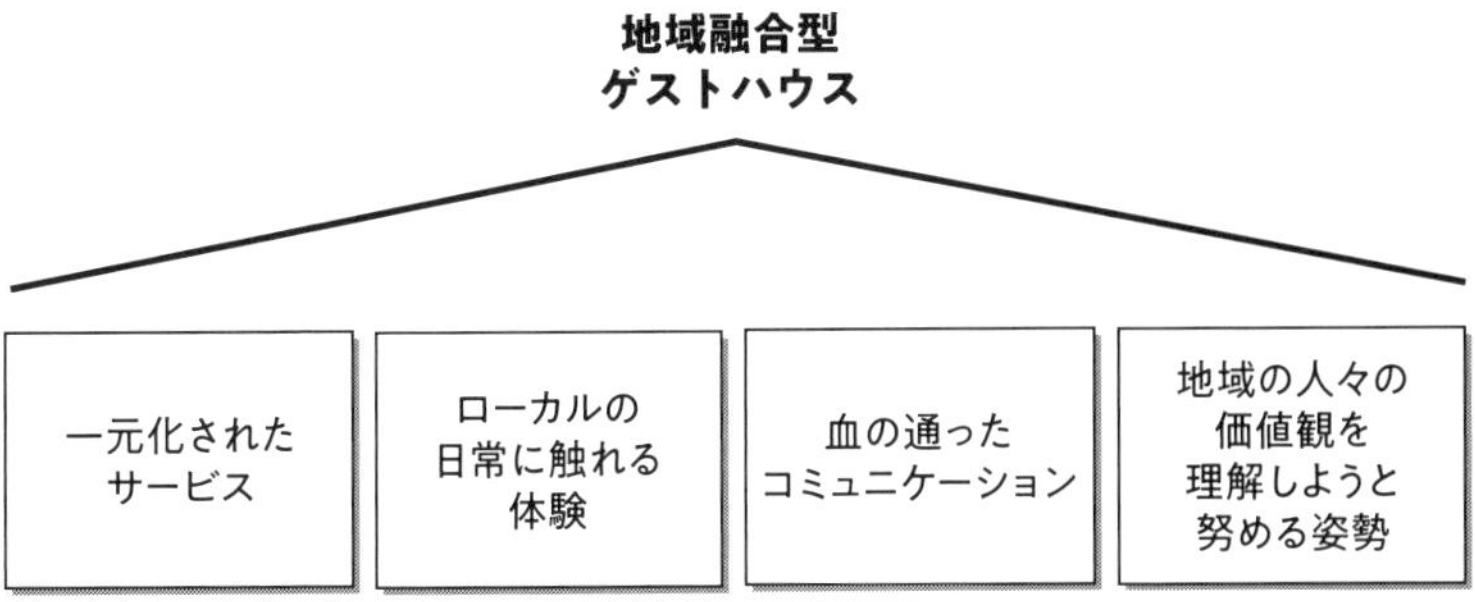

図4　再訪したくなる宿の四つの条件

融合型ゲストハウス〟という字面から何かしら思い浮かぶイメージがあるかもしれません。しかし一方で、表面的・模倣的にゲストハウスの業態が全国に広がったがゆえに、その本質がしっかり理解されていないのではないかと危惧しています。

そこで、ここでは、抽象的な概念の共有にとどまらず、その本質を具体的にお伝えするために、僕の経験則に基づいた「再訪したくなる宿の条件」を明記しながら、〝地域融合型ゲストハウス〟の輪郭を浮かび上がらせたいと思います。それでは、宿泊施設・ゲスト・地域住民の異なる観点から、再訪したくなる宿の四つの条件を考察していきましょう(図4)。

ゲストの満足度を高める一元化されたサービス

まずは宿泊施設の観点から、再訪したくなる宿の条件として挙げたいのは、先にも少し触れた「一元化されたサービス」です。フロント、ベッドメイキング、ダイニングなど部門ごとに担当者を付ける分業体制よりも、チェックインからチェックアウトまで1人のゲストに対して1人のスタッフが寄り添う一元体制の方が、ゲストのわずかなサインを見逃さずに潜在的ニーズを満たすことができ、高付加価値を生み出しやすいと実感しています。

一対一のコミュニケーションが増えることで、こちらが変化を察知しやすくなるだけでなく、ゲスト自身が宿側に要望を伝えやすくなることから、サイレントクレームも発生しづらくなります。つまり、「こうしてほしかったのに気づいてもらえなかった」ではなく、「こうしてほしいと伝えたらしっかり対応してもらえた」と好印象を残すことができるということです。大規模施設では、情報管理や人員配置により一元化に近いサービスを提供することはできても、実際に一元化することはできません。ですから、僕は一元化しやすい中小規模の宿泊施設、なかでもそれがやりやすいゲストハウスの経営を目指すようになりました。

地域の等身大の日常を提供する

また、学生時代に日系のホテルでバイトをした後に外資系のホテルに就職したことで、国内外の両方の経営視点に触れることができ、外国人旅行者ならではのニーズを深く知ることができました。外国人旅行者は意外なほどに日本人の日常に関心があり、日本のありのままをもっと知りたい・体験してみたいという気持ちが強い。さらに、近年は日本人の国内旅行者の間でも、自分の日常とは異なる日常を味わいたいというニーズが高まっています。そこで、再訪したくなる宿の条件として二つ目に挙げたいのは、「ローカルの日常に触れる体験」があることです。ここで言うローカルは、地方に限らず、その土地ならではの地域性という意味です。

居場所だと感じられるコミュニケーション

続いて、ゲストとしての観点から、三つ目の再訪の条件として挙げたいのは、「血の通ったコミュニケーション」があることです。学生時代にバックパッカーとして海外を旅していたとき、天候や体調、その日の気分などに応じて休日をつくっていました。観光地巡りや長時間の移動をせず、宿を中心に気ままにゆったり過ごす日です。僕はそれを「ギャップデー」と呼んでいました。休日と言っても貴重な旅の時間に変わりはないので、体力と資金を温存しつつも、ただ寝て過ごすだけで終わらせたくないという気持ちもありました。そこで、ゲストハウスのオーナーさんや他のゲスト、宿周辺にいる現地の人たちに「ちょっとゆっくりできて、そんなに費用がかからない、面白い場所を知りませんか？」と尋ねて回るようにしていました。皆に教えてもらった情報を辿ると予想外な体験ができることから、ギャップデーと名付けたわけです。後で振り返ってみると、思い出深い旅の記憶はどれも、ギャップデーがきっかけとなっていました。

そのギャップデーの中でも特筆したい思い出が、先に紹介したタイのゲストハウスのオーナーさんとの人間味溢れるコミュニケーションです。そのゲストハウスは国立公園のそばにあり、オーナーさんはツリーハウスで暮らしていました。早朝にオーナーさんと一緒に朝日を見たり、干潮で隣の島まで地続きになった海岸を歩いて渡ったり。そのオーナーさんのコミュニケーションは、背筋が伸びるような接客ではなく、適度にくだけた会話の中に家族のような思いやりが垣間見えて、ずっと前からここに居場所があったと錯覚するような親しみのあるものでした。そのオーナーさんの飾らない振る舞いが、なんだかすごく格好良かった。こういう宿が日本にもあったらいいなと心底思えた体験でした。

地域の人々の価値観を理解することで接客の幅が広がる

最後に、地域住民としての観点から、四つ目の条件を挙げると、「地域の人々の価値観を理解しようと努める姿勢」です。宿の運営者は地域の人々の考えや思いを知ろうと努め、もしそこに溝があれば自ら歩み寄り、信頼され・必要とされる存在となれるよう努力しなくてはなりません。それを継続すれば、地域の人々は旅人を一緒にもてなそうとする意識に変わっていきます。この好循環が、思わず再訪したくなる理由につながるのです。平たく言えば「地域に愛される宿」なのかもしれませんが、それを実現するための鍵となる要素は「価値観の違いをお互いに理解できるだけの接点を持つこと」だと、僕は思います。

僕はゲストハウスを構想してから起業するまでの約1年弱の間、幼少時代の思い出が詰まった〝ホーム〟とも言える品川で再び暮らし、宿を開業するための物件を探しながら、地域のお祭りの手伝いや観光案内のボランティアを行っていました。地域の人々との会話の中で、僕自身の旅の思い出話を織り交ぜながらゲストハウスの魅力や可能性について説明することも度々ありました。そういうとき、地域の人たちから返ってくる言葉は、決して賛同だけではありませんでした。「よくわからないな」「それって大丈夫なの？」といった反応です。当時はまだゲストハウスという名称

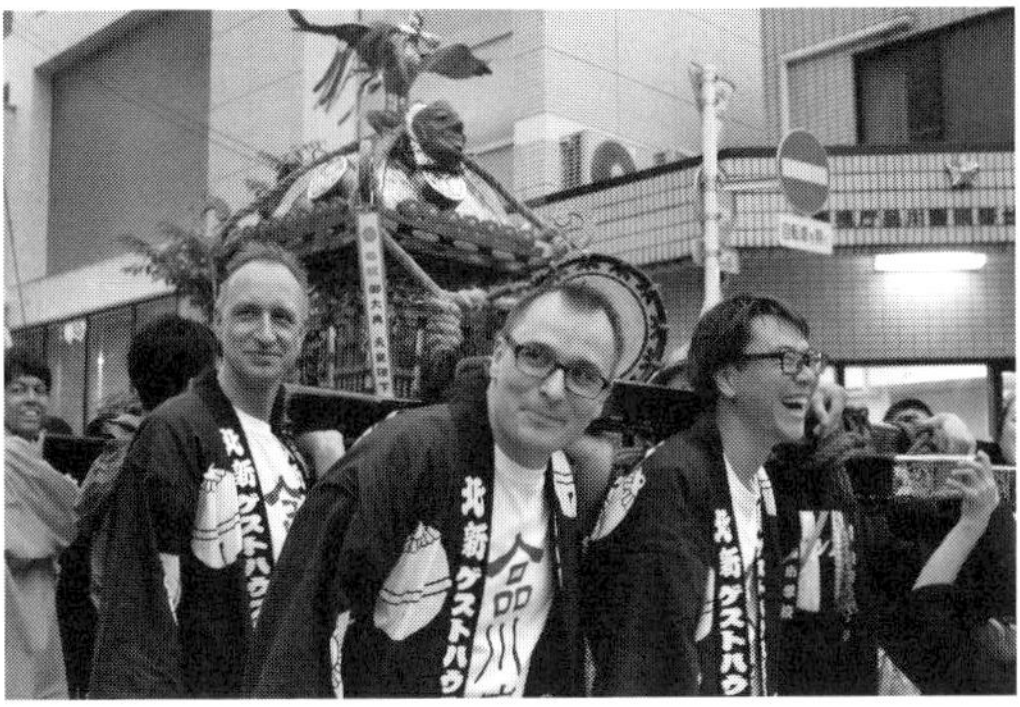

ゲストと一緒に商店街のお祭りに参加

さえ知らない人が非常に多く、未知のものに対する漠然とした不安や警戒心などがあったのだと思います。

地域はさまざまな人々で構成されています。商店街で店を営む店主や、地域活動に参加している住民、地域に拠点を構える企業の経営者、そこに住んではいないけど地権を持った人もいます。それぞれが異なる価値観のもと、地域に対してさまざまな形で多かれ少なかれ愛着を持っています。そうした多様な人々の価値観や愛着を理解しようと努めることで、地域との付きあい方が少しずつ見えてきます。

なかでも地域の人々の価値観を知る絶好の機会となるのが、お祭りです。お神輿を担ぐという体験を共有することで、普段はそれぞれ別々のベクトルを持つ人たちが一丸となって、楽しみながらフラットな状態で価値観を交換しあうことができます。さらに、お祭りの運営に携わることで地域の人たちに顔を覚えてもらい、宿の開業に対する思いを語るなかでアドバイスをいただけることもあります。ですから、僕は今でもどんなに忙しくても地域の行事には参加するようにしています。

このように地域の人々の価値観を理解しようとする視点を持てば、

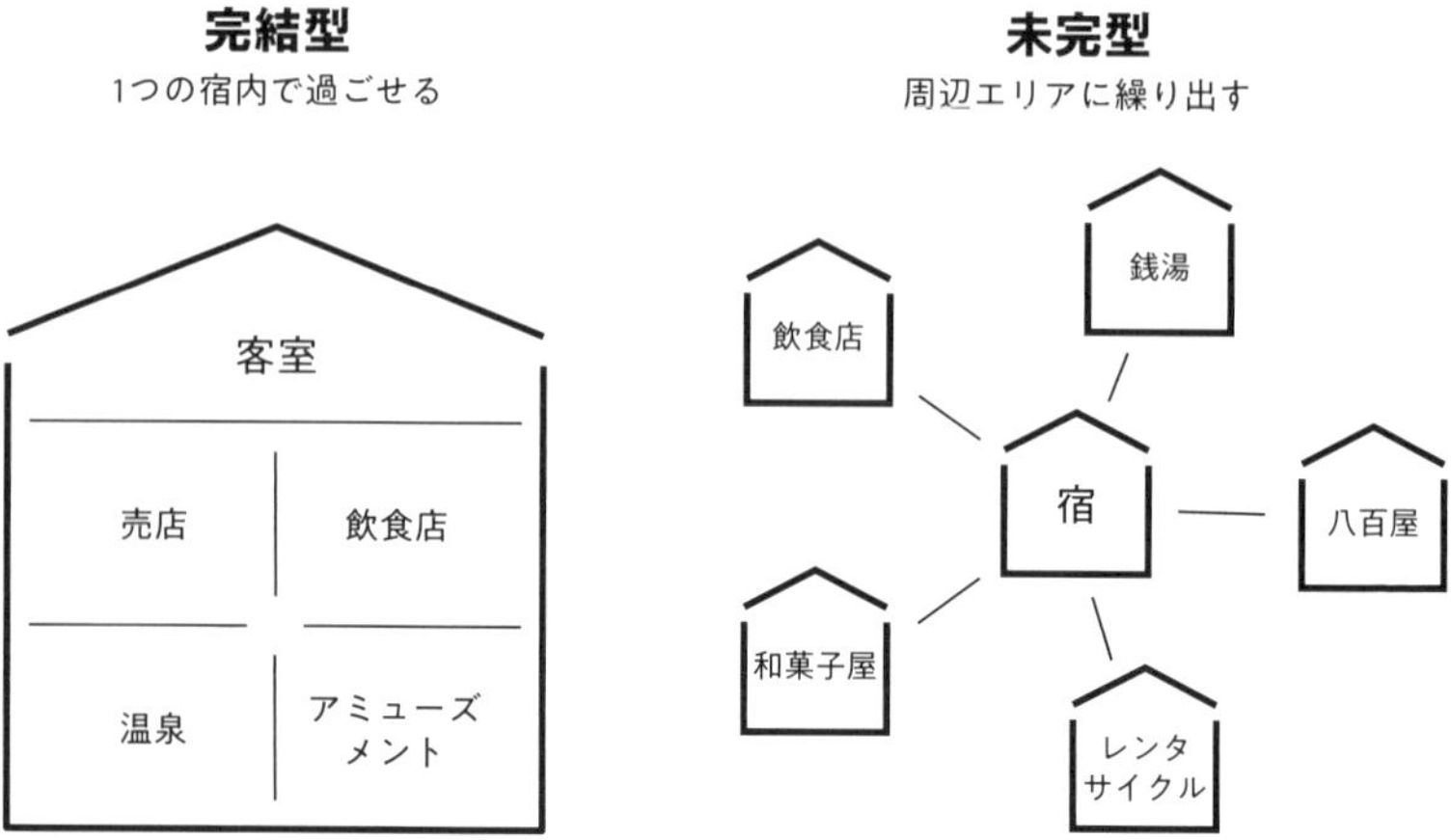

図5 「完結型」と「未完型」の経営モデル

宿単体にとどまらない、地域全体で柔軟な接客ができるようになります。一元化されたサービスや等身大の日常の提供、血の通ったコミュニケーションなど、列挙したすべての場面において接客の幅や視野が広がります。宿と地域の関係性が濃いほど、宿と旅人の関係性も濃くなる、と実体験から確信しています。

再訪したくなる宿の前提条件は、未完型の経営モデル

以上のように、再訪したくなる宿の条件を「一元化されたサービス」「ローカルの日常に触れる体験」「血の通ったコミュニケーション」「地域の人々の価値観を理解しようと努める姿勢」とした場合、それらを満たすための前提条件となるのは、「完結型」ではなく「未完型」の経営モデルではないでしょうか（図5）。

ここで言う完結型とは、一つの宿泊施設の中に、客室・温泉・飲食店・売店・アミューズメントコーナーなどが整備され、その施設から一歩も出ることなく過ごせるスタイルを指しま

す。一方、未完型とはその真逆です。客室や水回りといった必要最低限の機能しか持たず、ゲストが宿泊施設の周辺エリアに繰り出し、偶然の出会いから好みの機能を自身でカスタマイズしていくスタイルです。前者は大規模なシティホテルなどに、後者はまさに小規模なゲストハウスに見られる傾向です。

ですが、ただ未完型であればいいという話ではありません。一元化されたサービスと血の通ったコミュニケーションの中でゲスト1人1人のニーズを汲み取り、地域の人々と関わりの深い宿主・スタッフの実体験に基づくローカル情報を提供することが大事ではないか、ということです。

交流スペースを設けることで、日常生活では出会わなかったであろうゲスト同士の何気ない会話や情報交換が生まれ、地域に繰り出すことをより一層楽しいものにすることができます。繰り出す先は、有名な観光スポットでなくても構いません。むしろ、その土地ならではの自然や歴史、ちょっと個性的な店主のいる店や地産地消のおいしいものが食べられる店など、地元の人が日常的に利用する場所がよいのです。その地域の日常は、ゲストの非日常なので、地元の人が想定している以上に喜ばれるはずです。

また、完結型であれば大浴場もレストランも施設付属のものを使わざるをえませんが、地域に繰り出せば選択肢の幅が一気に広がるのも魅力です。さらに、偶然の縁が重なって意外な人に出会えたり、地域のお祭りやイベントに飛び入り参加できたりと、想定外の経験が得られやすいのも、再訪条件を満たした未完型モデルのポイントです。

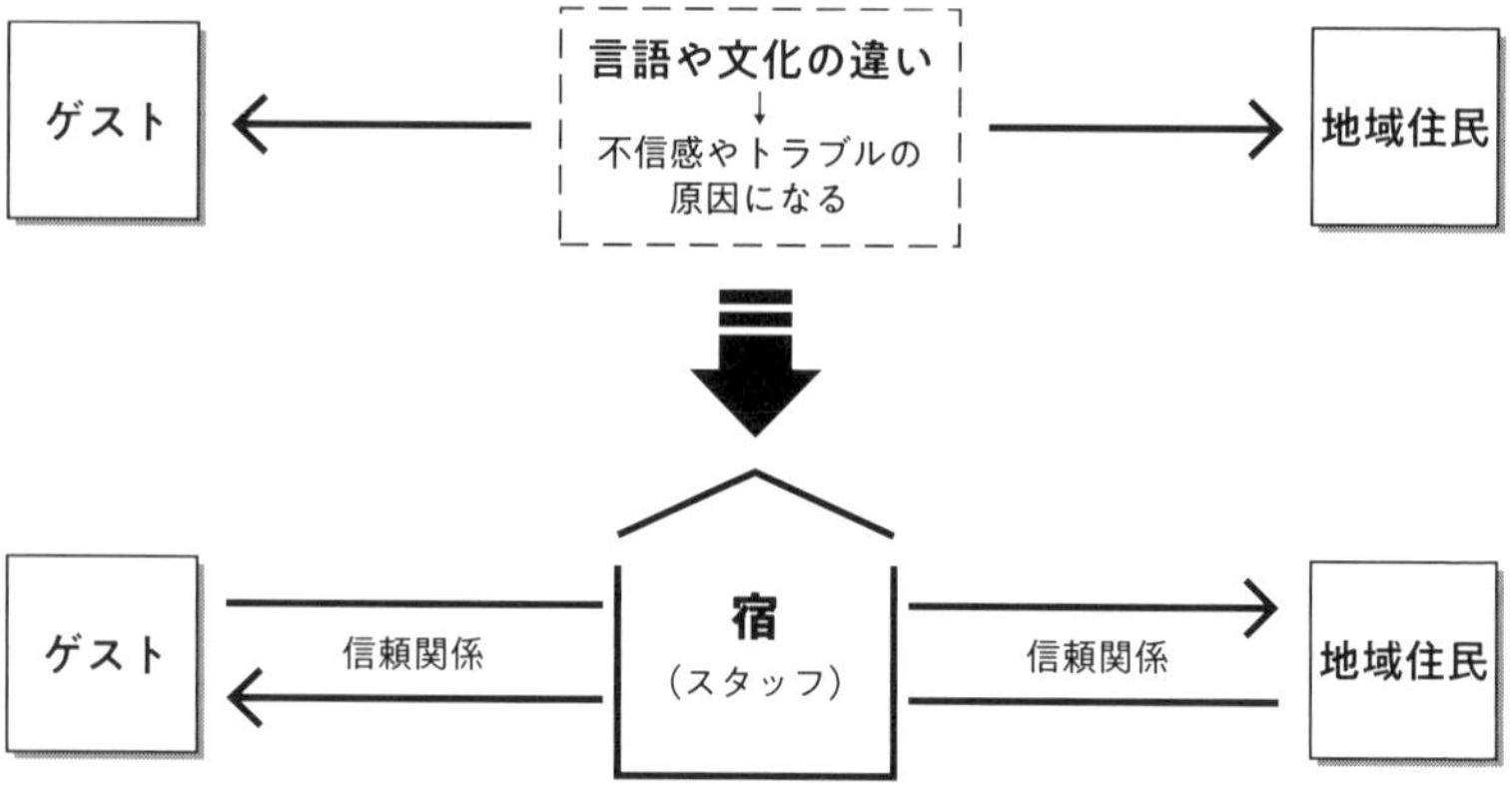

図6　宿泊施設は通訳者

ゲストと地域との通訳者になり、感動のサイクルを回す

この未完型の経営モデルを持続可能なもの、つまり無理なく続けていけるようにするには、ゲスト・宿泊施設・地域住民による良好なトライアングルを保つことが大事です。たとえば、音が通りやすい伝統的な古民家が密集するエリアでゲストが夜な夜な大声で談笑していると、近隣住民から「騒音だ」とクレームが出てしまいます。自分に害を与える人や宿を、地域の人々が快く受け入れようと思わないのは当然でしょう。そこで、チェックイン時に地域の特性を踏まえたマナーを案内しておくなど、良好なトライアングルを保つための事前の対策が必要です。

さらに、事前の対策により、マイナス要素の発生を防ぐだけでなく、プラス要素を増幅させることもできます。たとえば、実地調査をもとにオリジナルのエリアマップをつくり、公式サイトやSNSも活用しながら等身大のローカル情報をあらかじめ紹介しておくことで、ゲストと地域をよりよく結びつけることができます。特に地縁のない地

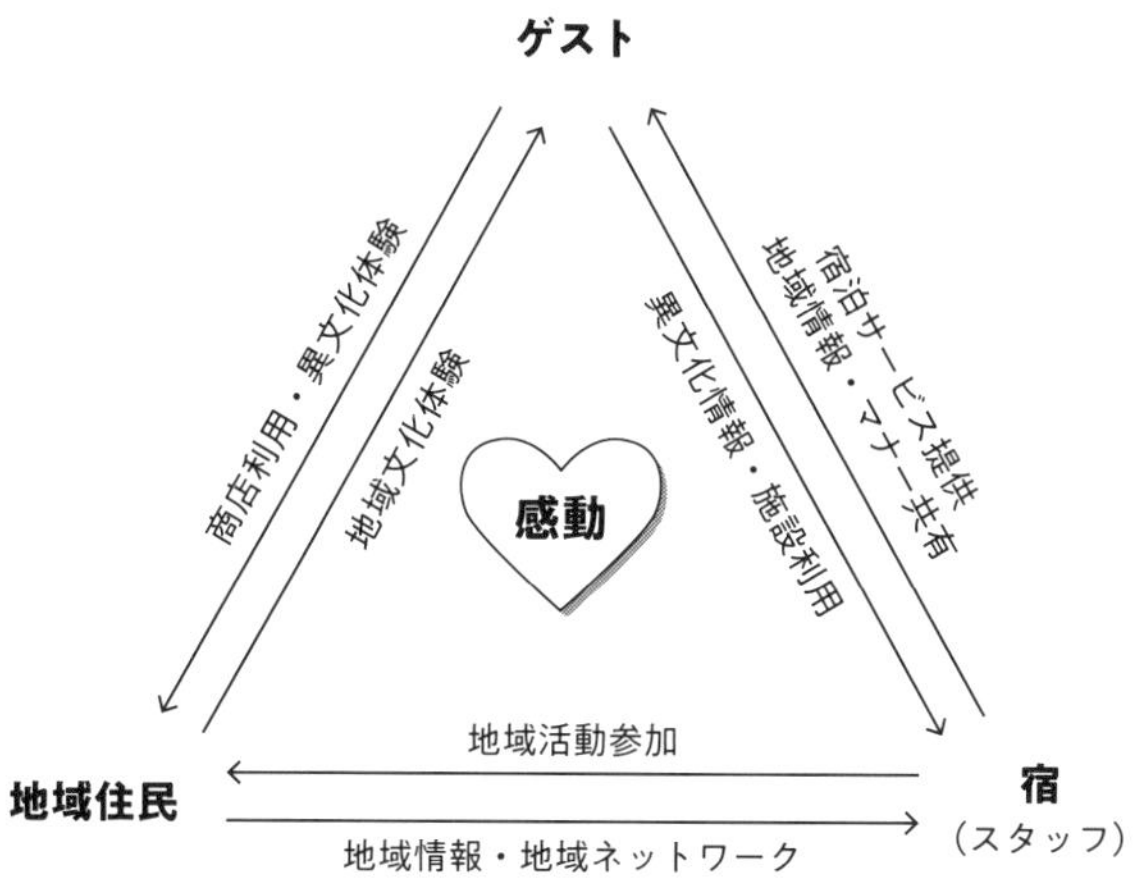

図7　感動のサイクル

域で開業を検討している場合は、こういったトライアングルのバランスを開業時から保てるように、地域のヒト・モノ・コトを知るところからスタートすることを強くお勧めします。地縁のない地域で、確固たる事業計画と近隣住民とのコミュニケーションもなしに、開業資金だけ用意して突如宿を始めることだけは避けたいところです。

宿泊施設は、ゲストと地域住民の間にいる、いわば通訳者の立ち位置です（図6）。宿泊施設は、言語や文化の違いによる両者（ゲストと地域住民）の「もっとこうなったらいいのにな。でも、どうすればいいんだろう」という思いをコミュニケーションやツールを用いて解決する役割を担えます。その両者の潜在的なニーズを感知して即座に具体策を打ち立てるためにも、普段から両者と信頼関係を築けるよう行動しておく必要があります。信頼のネットワークがあるからこそ、通訳者としての役割を発揮できるからです。そういった積み重ねから、感動的な旅の思い出が醸成され、ゲストには「いつか再びこの宿・この地域を訪れたい」、宿泊施設や地域住民には「いつか再びこの人に訪れてほしい」と思われるような、ゲスト・宿泊施設・地域住民間の相思相愛な関係性が生まれます。

このような関係性をベースにした職場で日々働いていると、宿のスタッフのモチベーションも上がります。感動的な場面を目の当たりにすればするほど、自身の仕事や地域に誇りを持つことができ、もっといいものにしたいと願うエネルギーが湧き上がります。そのエネルギーは、次に訪れるゲストや地域に注がれていき、周囲をどんどん巻き込んで、〝感動のサイクル〟がくるくると回り始めます（図7）。

こういった話題を強調すると「宿泊業って楽しそう。いつかゲストハウスを開業してみたい」と甘い夢を見せてしまうかもしれません。当然ながら宿泊業は接客だけではないので、舞台裏は大変です。清掃・予約対応・床数管理・地域との関わりなど、低単価で低収益の割に想像以上に労働時間が長く、骨の折れる地味な作業ばかりです。そのあたりは誤解なく本書で伝えていきたいのですが、そのうえでも僕が宿泊業を辞められないのは、春の風がふわりと吹くようにふいに訪れる感動的な場面に心が動かされるからです。

地域融合型ゲストハウスを実現するステップ

ここまでは、〝地域融合型ゲストハウス〟の輪郭を浮かび上がらせるために、僕の経験則に基づいて、〝再訪したくなる宿の条件〟を紹介しました。ここからはもう一歩踏み込んで、地域融合型という言葉にふさわしい関係性をつくるための具体的なアクションや心がけについて言及します。

僕自身、開業後の約10年を振り返り、また仲間たちの開業の現場に度々立ち会ってきたなかで、改めて感じるのは「人と人の関係の構築には時間がすごくかかる」ということです。どれほど熱意に溢れて優秀な人間であったとしても、やはり昨日今日で知りあった関係性と、その土地に生まれ育ち地域を盛り上げようと長年一緒に励んできた関係性を比べると、信頼の重みが違います。過ごした時間の総量が異なるのだから、これは仕方のないことです。ですから、地縁がない人や近隣住民との関わりがまだ浅い人などが地域の人たちと信頼関係を築くためには、コツコツと努力を積み重ね、時間の密度を上げるしかありません。

では、その努力とは具体的に何をすることでしょうか。第一段階は、地域の一員になること（図8）。単に住めばいいという話ではなく、その地域の当事者となって、地域の人たちと顔を合わせて挨拶や会話をする機会を積極的につくり、町内会の会合やお祭りのボランティアスタッフなど地域の活動には可能な限り参加する。これがファーストステップです。地域は人と人が寄り集まってできています。接点が増えるにつれて、自分との関係だけでなく、地域の人同士の相性の良し悪しや力関係など、人間関係の相関図もわかるようになり、相談事を持ちかけるのに適切な人・順序・時期などが少しずつ読めるようになっていき

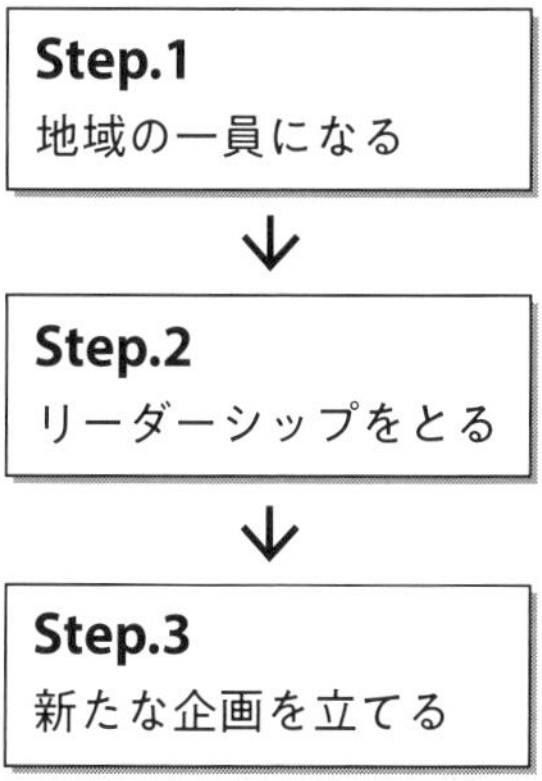

図8　地域との関係を構築する3段階のステップ

ます。

第二段階は、積極的にリーダーシップをとることです。少子高齢化が進み、これまで地域を盛り上げてくださっていた方々がその役割を担えなくなったとき、誰もが敬遠しがちな面倒な役割を自ら買って出ることは信頼につながります。特に旅人を地域に迎える場面では、宿のプロフェッショナルとして胸を張ってリーダーシップを発揮したいところです。ちなみに、ここで言うリーダーシップとは、プレイングマネージャーを意図しています。自ら手や足を動かして汗をかきながら、いろんな人とコミュニケーションをとって現状を把握し、何事も自分事として捉え、共に問題の解決に励む、そんなイメージです。

そうして過ごしていると、次第に地域の中に応援者が現れ始めます。そこで第三段階として、応援者の協力を受けながら、今度は自分が主導して、地域や宿が発展するような新たな企画を立ててみましょう。そこから、さらに深く関わる人が増え、信頼の輪が大きくなっていきます。その輪の中心にゲストハウスを営む人間がいることで、前述した〝再訪したくなる宿の条件〟が満たされていき、〝感動のサイクル〟が勢いよく回りだします。これが、僕が思い描く〝地域融合型ゲストハウス〟のあり方です。

目的を共有できる多様な仲間を増やす

ここまで読まれて、〝地域融合型ゲストハウス〟の運営について「結構1人でがんばらないといけないことが多いんだな…」と不安に思われた方もいるかもしれません。本書で記載しているのは、あくまで僕なりの正攻法であって、広い世の中、他にもさまざまな手段がきっとあるはずです。ただ、コロナ禍の逆境にも屈せず運営を続けているゲストハウスのオーナーさんたちは、意識的または無意識的に、前述に通ずる行動を何かしらとっていると思います。ですから、この時点で「ゲストハウスの開業って結構地味で大変そう。もっと華やかで簡単なものだと思っていたのに…」と思われた方は、差し出がましいようですが、開業を思いとどまった方がいいでしょう。

ただし、本気で開業を検討している方に、過度に不安を与えるつもりはないのでどうかご安心ください。たとえば、〝地域融合型ゲストハウス〟は1人で運営しなくてはならないわけではありません。僕自身、地域の人たちはもちろんのこと、一緒に働く仲間たちにとても助けられてきました。体力や精神力が自慢の運営者でも、施設機能の拡張や多店舗展開といった運営スタイルの転換期や、結婚・出産・介護などのライフステージが変わる際には、1人では賄いきれないことが必ず出てきます。つまり逆に言えば、同じ志を持つ仲間たちと連携することで、実現できることが増えるのです。

ゲストハウス品川宿では、仲間の何人かが品川に移り住んでくれました。そのおかげで、近隣の店との接点が多くなり、地域の人たちと会話する機会がぐんと増え、〝感動のサイクル〟が回りやすくなりました。地域の人たちも、ゲストハウスをきっかけに意欲的に地域に関わろうとする若者が移住してくれたことを喜び、以前にも増して僕らを応援してくれるようになりました。こういった仲間たちの存在があってこそ、僕はさまざまな宿泊施設の運営をすることができ、開業希望者をサポートする事業まで行うことができています。そこから新たに開業者が生まれ、同じゲストハウス運営者として悩みや学びを共有することもできているのです。

仲間の定義は、ゲストハウスの運営メンバーや地域の人たちだけにとどまりません。リピーターのゲストが仲間になってくださることもあります。実体験を紹介すると、商店街のお祭りで提灯《ちょうちん》の持ち手が1人不足し、地域の人が急遽ボランティアスタッフを探し求めて、ゲストハウスに相談に来られたことがありました。そのとき、リピーターのゲストが「俺がやるよ！」と手を挙げてくれました。ちょうどゲストハウスの繁忙期だったので、僕らの状況を察して助け舟を出してくださったんだと思います。お祭りが終わった後、そのリピーターさんと地域の人たちが肩を並べて楽しそうに笑っている姿を見て、感謝の気持ちと同時に、この地域を盛り上げようとする仲間が増えたことをとても嬉しく思いました。

こうしたさまざまな仲間を大事にしながら、仲間が増えても理念がブレないようにと、僕らは「Join the Local Experience」をスローガンとして掲げて活動しています。素泊まりの小さな宿だからこそ、そこを出発点に一緒に地域に飛び出そう、地域を体験していこう、人と地域が出会えるゲストハウスになろう。そんな思いを込めています。こういった〝地域融合型ゲストハウス〟が、ぜひ日本各地にどんどん増えてほしいと願ってやみません。

3章　ゲストハウスの事業計画、サービスのつくり方

1 エリア選定

宿場ＪＡＰＡＮでは、ゲストハウスの開業希望者からの相談を受け付けており（5章で詳しく解説します）、その件数の過去最多は年間１００件近くにのぼります。これまで大勢の開業希望者のお話を伺ってきたことで、開業希望者の傾向や、必要としている情報、見逃しがちな要点などがわかってきました。そこで本章では、開業に際して押さえておきたいポイントを項目別に紹介します。

二分化される開業希望者の業種と宿の規模感

宿場ＪＡＰＡＮに相談に訪れる開業希望者のタイプは、ゲストハウスを開業して自ら運営現場に立ちたい方とそうでない方に分かれます（図1）。前者は、読んで字のごとくです。後者は、インバウンド向けの新規事業を検討している旅館・ホテル・他業種企業の担当者や物件オーナー、ゲストハウスをきっかけとする地域活性化の事例を聞きつけた行政の方などです。

前者は、モチベーションは高いものの資金とノウハウが不足しているケースが多く、後者は、資金や物件はあるものの人材不足に悩んでいるケースが多い傾向にあります。一見、この両者がマッチングすればお互いの不足を補いあえそうな気もしますが、立地・規模・コンセプトなどで目指す世界観が異なることから、タイミングよく両者が合致することはほとんどありません。

後者の場合、企業戦略や管轄地域などの兼ねあいで、すでに開業エリアが決まっていますが、前者の場合は、開業エリアが決まっている方ばかりとは限りません。出身地・移住地・旅先など、過去の縁から開業地を定めている方もあれば、複数の候補地からまだ定めきれていない方もいます。

そこで僕らは、開業エリアが決まっていない方には、目指しているゲストハウスのイメージを伺うところからスタートします。イメージを言語化していくことで、開業希望者が何を重視しているかがわかり、エリア選定のヒントが見つかることが往々にしてあるからです。

「どんなゲストハウスをつくりたいですか？」と質問を投げかけ、開業希望者から参考例として具体的な宿名が挙がることで、宿のイメージが少しずつ明らかになっていきます。都心部で見かけるような鉄筋コンクリートの宿、大自然に囲まれた古民家を改装した宿、観光地に近く街巡りを楽しむ拠点となる宿など、ゲストハウスと一口に言っても開業希望者のイメージはハードもソフトもさまざまです。

イメージが具体的になったら、次に慎重に検討すべき点はゲストハウスの規模感です。大別すると、200平米以下の

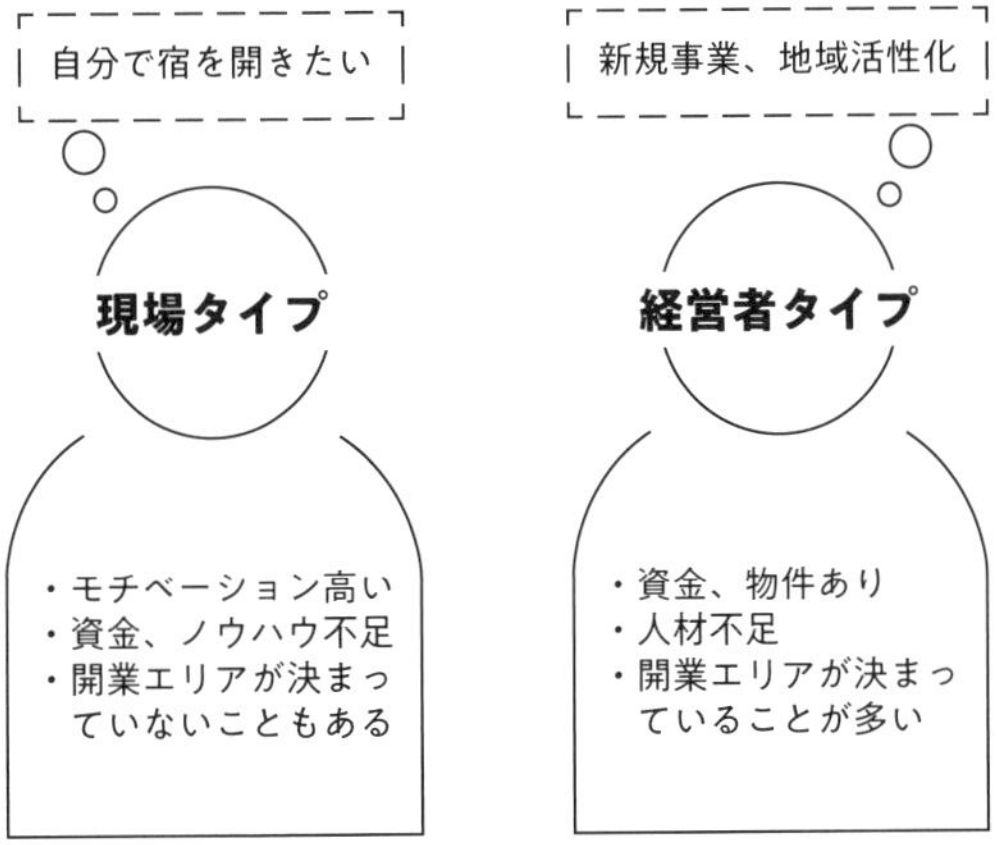
自分で宿を開きたい
現場タイプ
・モチベーション高い
・資金、ノウハウ不足
・開業エリアが決まっていないこともある
新規事業、地域活性化
経営者タイプ
・資金、物件あり
・人材不足
・開業エリアが決まっていることが多い
図1　開業希望者のタイプ

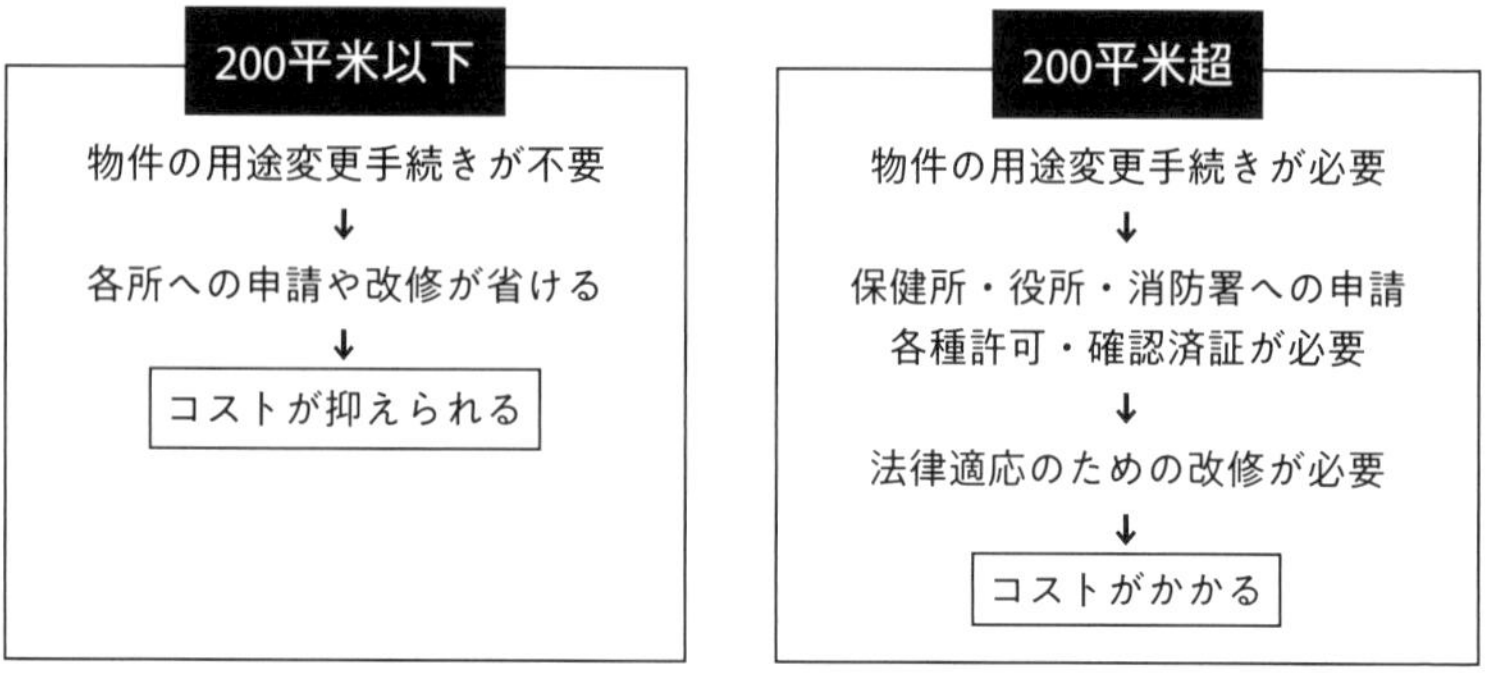
200平米以下
物件の用途変更手続きが不要
↓
各所への申請や改修が省ける
↓
コストが抑えられる
200平米超
物件の用途変更手続きが必要
↓
保健所・役所・消防署への申請
各種許可・確認済証が必要
↓
法律適応のための改修が必要
↓
コストがかかる

図2　200平米以下と200平米超の違い

小規模物件か、200平米を超える中規模・大規模物件、どちらの規模感のゲストハウスを開業したいかです。その規模感で、エリア選定を含む開業準備の方向性が変わってきます（図2）。

物件の用途変更をして旅館業法の営業許可を取得する際、一定の平米数を超えると、保健所・役所・消防署の3カ所に申請し、各種許可および物件の確認済証を得ることが必須となります。この基準は、前述した通り、現在は200平米となっています。ですから、200平米以下の物件は、用途変更の申請が不要となります。つまり、200平米を超える中規模・大規模物件の方が、法律に適応させるための改修費用が高くなることから、改修費用を回収できるだけの稼働率が期待できるエリアを選定することが必要となるのです。こうした状況も相まって、モチベーションは高くとも資金とノウハウが不足している開業希望者は、200平米以下の物件探しからスタートする人が多い傾向にあります。

エリア選定で大事なのは「街の富の変遷」

エリア選定の際に僕自身が最も大事にしているポイントは、「街の富の変遷」を感じられるかです。噛み砕いて言うと「この街は、かつて○○で繁栄していたんだよ」と話せるような歴史を持つ地域のことです。たとえば、かつては大漁旗がはためく活気ある漁師町だったとか、藍染で栄えた地域で今も立派な日本家屋が多数残存しているとか、一時的なブームではなく、何十年、何百年と続く地域の文化や風習を形づくってきた繁栄の歴史を持つ地域です。

「街の富の変遷」が感じられる地域には、建物や人の活動に地域としてのプライドが色濃く残っています。そういった地域ほど、ゲストハウスの準備や運営を通じて地域を盛り上げようと励むなかで、応援者や協力者が見つかりやすいと実感しています。さらに、地域の歴史に厚みがある分、ゲストハウスのゲストに伝える地域情報も豊富になるため、ゲストが地域のファンになるきっかけをつくりやすくなります。ですから、僕は「街の富の変遷」を強く感じられるエリアを積極的に選ぶようにしています。また「街の富の変遷」を深く理解することで、宿の開業にあたり地域の誰とどういったコミュニケーションをとる必要があるか、宿のコンセプトや空間づくりにおいて外せないものは何かなど、勘所が見つけやすくなります。

地域の魅力は「街の富の変遷」だけにとどまりません。なんとなく惹かれる地域が見つかったら、魅力を感じるポイントを分析することをお勧めします。それが、宿の方向性を決めるエッセンスとなるからです。ちなみに、地域の人たちに「この街の魅力は何ですか?」と尋ねれば、十中八九「人や自然がいいところ」と回答されます。日本各地のどの地域の人も言いがちなこの言葉は差別化しにくいため、コンセプトにはお勧めできません。そうした他と差別化できないコンセプトでは、よほどの辺境でない限り、類似の競合店舗が近隣にできた場合に太刀打ちできなくなるからです。

他の誰でもない自分なりの視点で地域の魅力を発掘・分析して、コンセプトを設計しましょう。特に、Uターン・Iターン移住者や旅好きの人であれば、客観的に地域を捉えることができ、きっと新たな視点で地域の魅力に気づけるはずです。

潜在的ニーズを探り、オリジナルの視点で解決

地域の魅力を分析するなかで、潜在的ニーズを探ることも大切です。潜在的ニーズとは、宿というピースが一つ揃うことで地域の魅力が明確になる状態のことです。噛み砕いて言うと「この地域に◯◯な宿さえあれば泊まるのにな」と課題を抱えている人物像を見つけ、解決策として「◯◯」を考える作業です。「◯◯」が見つかるのであれば、そのエリアで開業する価値があります。

たとえば、江戸時代にタイムスリップしたような景観の美しい地域があったとします。しかし、その地域には1軒のシティホテルしかなく、都心部からのアクセスの良さが裏目に出て、日帰り観光が大半を占めていたとします。そこで、地域の街並みにフィットした日本家屋を活用したゲストハウスを開き、オリジナルの視点で地域の文化を発信することで、宿泊観光を増やすことができる、といった具合です。

こうお話しすると「自分らしいオリジナルの視点はどうやったら見つかるんだ?」と悩まれるかもしれませんが、少ない予算の中、自分の経験や知識、人脈などを総動員しながら、未来のゲストや地

域の人々にも喜ばれる宿づくりに邁進すれば、自分にしかできない宿が自ずと見つかるものです。お金をかけて他人と同じことをするのではなく、他人とは異なる視点を持ち、自分や自分の大事な人たちが心から素晴らしいと思える場所をつくることが大切です。そうすれば、たとえ大手資本が表面的に真似をした類似施設を近隣に構えたとしても、ゲストはどちらが本物かをすぐに見抜けるはずです。

また、オリジナルの視点で宿をつくろうとすると、周囲から「本当にそんなことができるの？」「よくわからないけど大丈夫なの？」などと漠然としたネガティブな反応が出ることがあります。しかし、気にしなくてOKです。なぜなら、その反応こそが地域に前例がない証拠であり、今まで地域が取りこぼしていた潜在的ニーズを拾えるチャンスの表れだからです。ただし、漠然とした心配や不安の声ではなく、地域の人々から合理的な警告をもらったら、計画を見直しましょう。地域の自然や文化、経済を大きく損なう可能性が高い計画は、持続不可能だからです。

以上はいずれも、地域に数回通ったくらいでわかることではありません。「街の富の変遷」を理解し、潜在的ニーズを探り、オリジナルの視点に気づくためにも、まずはゲストハウスの開業希望者自身が地域に滞在し、地域の人々とコミュニケーションをとりながら、どういう人が暮らし、訪れているのかを自身の目と耳で確かめることが大前提となります。

エリア選定で重視すべき四つの要素

宿場JAPANでは、エリアを選定するうえで四つの要素を満たすかどうかを検討しています。

①「街の富の変遷」がある
② 公共交通機関から徒歩15分以内
③ まちづくりのキーマンがいる
④ まちづくりの若手プレイヤーがいる

図3　エリア選定で重視すべき四つの要素

四つの要素とは、①「街の富の変遷」があること、②公共交通機関から宿の物件まで徒歩15分以内、③まちづくりのキーマンがいること、④まちづくりの若手プレイヤーがいること、です（図3）。

地域の文化を築き上げてきた先人と、そこからバトンをつなぎ、新たな文化を築こうと励む若手がいれば、その地域のポテンシャルは凄いものです。全要素を完璧に満たすエリアがあれば最高ですが、「①③④は完璧だが、②は徒歩20分とやや遠い」や「①②③は完璧だが、④は自分自身が初めの1人になる」といった場合も、他の要素との兼ねあいで許容範囲です。

また、②が主要駅である必要はありません。むしろ主要駅付近であれば物件の家賃が高値になりやすいため、主要駅の隣駅から徒歩15分以内の物件が狙い目です。さらに言えば、現在の中心市街地が地域を盛り上げる中心になるとは限りません。時代とともに、交通手段や交通網は変化しています。そのため、現在賑わっている場所が新駅や埋立地であることから歴史が浅く、アクセス至便の好立地ながら②以外が欠けているパターンも往々にしてあります。

宿場JAPANでは、この四つの要素の重なるエリアを選定し、オリジナルの視点を持ち、地域の人々にも配慮しながら、潜在的ニーズに応える宿づくりを目指しています。5章で紹介する個人向け伴走支援型の開業支援「Dettiプログラム」でも、エリア選定に悩んでいる開業希望者には、この四つの要素を押さえた物件探しを勧め、ときには各地の視察に同行しています。

エリア選定を進めていくうえで、現地訪問は必須ですが、並行して紙媒体やネット媒体による情報収集も行いましょう。その地域にある図書館や資料館に立ち寄ったり、国土交通省が毎年公表している「観光白書」などを参考に、近隣の空港の国籍別の利用者数を把握したり、地域や観光のことを俯瞰して調べていくと、さまざまな発見があります。また、その地域を舞台とした小説を読んだり、SNSなど個人のリアルな声を拾ったりすることで見つかるヒントもあります。ネットニュースの検索アラートにエリア名を登録しておくと「駅前に新たな観光施設ができる」「駅構内のリニューアルに伴い来月から混雑が予想される」など、その地域の少し先の未来を読むこともできます。現地訪問による主観的＝ミクロな観点から、複数の資料を参照する客観的＝マクロな観点まで、エリア選定は多角的に進めていきましょう。

2　コンセプトづくりと物件選定

次にコンセプトづくりと物件選定について解説します。まずはコンセプトを設定するために、自己分析をしましょう。開業前の時点で、自身がどれくらいの経営資源を持っているのかを把握し、スタート地点を確認します。その後、ターゲットを定めてコンセプトを検討していきます。

物件選定に関しては、物件の探し方だけでなく、営業許可を取得するための法律的な手順についても言及します。ただし、法律の解釈は、自治体や窓口担当者によって状況や見解が異なることが多々あるため、本書では全地域に共通する大枠の案内にとどめます。そこから先は、必ず開業予定物件の地域を管轄する各自治体へ直接相談してください。

四つの経営資源「ヒト・モノ・カネ・ジョウホウ」の分析

一般的に、事業の経営において「ヒト・モノ・カネ・ジョウホウ」が主要な経営資源だと言われています（図4）。これは、ゲストハウスの開業にも言えることです。これらの経営資源は、人によって、もともと持っている量が異なります。たとえば、家は譲渡されたが資金は全然ないという人もいれば、情報収集は得意だが人付きあいは苦手という人もいるでしょう。開業前の時点で、「ヒト・モノ・カネ・ジョウホウ」の経営資源のうち、自身が何をどれくらい持っているかを把握しておくことで、強みを最大限に活かし、弱みを意識的に補いやすくなります。それでは、ゲストハウスの開業における「ヒト・モノ・カネ・ジョウホウ」とは何か、それぞれどのように対処すればよいかについて、お話しします。

まず「ヒト」とは、人材や組織などの人的資源のことです。小規模なゲストハウスではオーナーのライフステージの変化がビジネススタイルに大きな影響を及ぼします。実際、２０１０年ごろの開業者は20代半ば～30代前半が多かったのですが、今まさに結婚や出産を経て子育て期に入り、ワーク・ライフ・バランスが課題となっています。ゲストハウスは先行投資型のビジネスモデルなので、初期投資を回収して利益化するまでに7～10年かかることもざらです。よって、長期スパンでさまざまな状況を勘案し、仕事と暮らしの両立を考える必要があります。

　血の通ったコミュニケーションを重んじるゲストハウスでは、オーナーの人柄に惹かれてリピーターになるゲストも少なくはありません。しかし一方で、ワンオペレーションの運営スタイルではライフステージとの兼ねあいが難しくなりがちです。宿泊業は想像以上に拘束時間が長く、接客以外にも、予約の管理や館内の清掃、ときにはチェックインの最終時刻を大幅に過ぎて到着するゲストの対応などもあり、早朝から深夜までさまざまなタスクを抱えているからです。ワンオペレーションを脱するために2名以上の人件費をどのように捻出するか、スタッフを増やす場合に理念をどのように継承するか、コミュニケーション能力や語学力に長けた人材をいかに確保するかなどを考えておく必要があります。

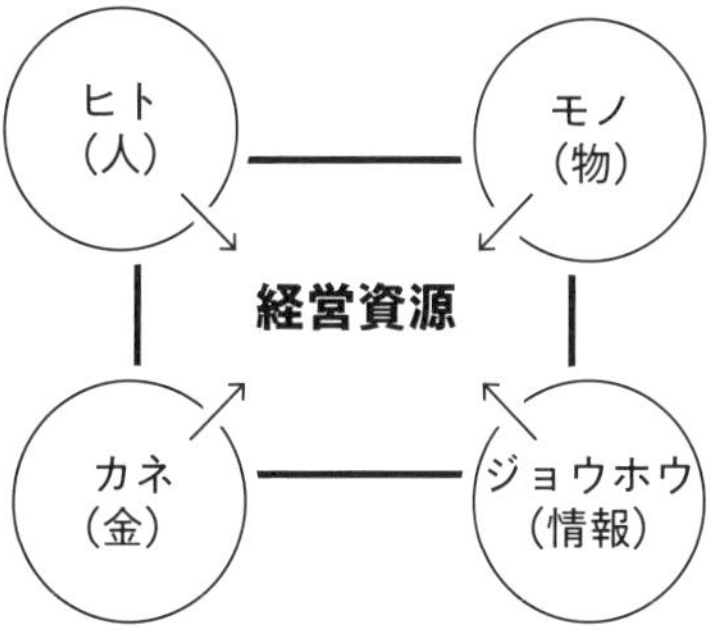

図4　四つの経営資源

　さらに、物件に関しても「ヒト」の要素は重要です。改修の仕方次第で費用や空間の居心地のよさが大きく変わるため、古民家の改修などを得意とする建築士さんや設計・施工会社を探し出し、細部まで相談できる関係性をつくっておくと安心です。

　続いて「モノ」とは、備品や物件などの物的資源のことです。ベッドやシャワーといったゲストが使用するものだけでなく、パソコンや掃除機といった運営側が使用するものも備品に含まれます。既存の所有物や、物件に付属した残地物などを活かすこともできるかもしれません。ゲストに快適に過ごしてもらうために何を購入すべきか、物件が持つ本来の趣を大切にするために何を活用すべきか、それらを吟味しましょう。購入する際は、請求書や領収書をしっかり保管しておいてください。確定申告や決算、補助金の申請時などに必要となります。

次に「カネ」は、敷金・礼金を含んだ賃貸費や改修費、集客が安定するまでの運転資金などの金銭的資源のことです。運転資金は必ず用意しておきましょう。開業後に集客が安定するまで数カ月から1年ほどかかります。その間にも人件費や光熱費、諸々の賃料などの出費は必要になるため、来客がない状態でも経営を続けられるだけの貯蓄がなくてはなりません。お金の確保としては、自己資金を蓄えるほか、銀行からの借入やクラウドファンディング、補助金などの手段もあります。資金調達に関しては、次節でより詳しくお話しします。

最後は「ジョウホウ」、つまり知的資源についてです。同業他社の業界動向や、ゲストのニーズ、往路と復路の交通情報を含んだ観光情報、運営オペレーション、集客ノウハウなどです。宿の営業がスタートすると情報収集にかけられる時間がなくなるので、可能な限り開業前に情報を集めておきましょう。また、初対面のゲストハウスオーナーにずけずけと質問して、正しい情報を教えてもらえるはずがありません。しっかりと事前に挨拶をしたうえで宿泊体験を通じて勉強させてもらうことも大切ですが、もし自身が開業前であれば、ぜひ一度、他のゲストハウスで働いて、経営の現場をリアルに体験することをお勧めします。その際も、スパイのようにこっそり働くのではなく、勤務先のゲストハウスオーナーに将来開業を検討している旨を事前に伝え、将来的に相互でＰＲできる良好な関係を築きましょう。

また、ゲストハウスで働くだけでなく、開業希望地にある飲食店やスーパーマーケットで働くこともお勧めです。接客を通じて、地域にどんな人がいるのか、どういった人間関係の相関図があるのか、といったことを知ることができます。仕事を介して地域の人々との絆が深まると、物件を紹介してもらえるなど、有益な情報も入手しやすくなります。

これらの四つの経営資源をパラメーターとして、現在の自分の強みと弱みを分析し、永く愛される宿になるにはどうすればいいか、ゲストハウスを介してどういった世界観を実現したいか、それらの自問自答を繰り返しながら、必要なアクションを実行していきましょう。

ゲストハウス市場に関する公式データがない理由

僕たちはゲストハウス関係者とのコミュニケーションや独自の調査網を駆使して業界の情報を集めています。しかし、ゲストハウス市場に関する公式データが世の中にほとんどないため、開業希望者や業界外の人が情報を入手するのはなかなか難しいのが現状です。なぜ公式データがあまり存在していないのか。理由は大きく分けて二つあります。

一つ目の理由として、ゲストハウス市場の歴史がまだ浅く、法的な定義が確立されていないことが挙げられます。営業許可を取得するうえで適応される法律も、旅館・ホテル営業、簡易宿所営業、農家民宿、はたまた民泊新法など、施設の状況によって違いがあります。ゲストハウスは、ホステルやバックパッカーズと呼ばれることもあり、さらには一軒家貸し切りをゲストハウスにカウントするかも見解が分かれます。どこからどこまでをゲストハウスと定義するかは難しいところです。2010年から2020年の10年間で急激に拡大した市場なので、法律が追いついていないのも仕方のないことではあります。

二つ目の理由は、OTAとSNSの普及により集客に困らなくなり、協会や連盟などに所属する必要性が薄れたことです。OTAとは、Online Travel Agentの略で、つまりはオンライン予約の総合窓口サイトの総称です。10年ほど前までバックパッカーたちの間では、「ホステルワールド」や「ホステルブッカーズ」といったサイトが主流でした。その後、「ブッキングドットコム」や「エクスペディア」「アゴダ」「Airbnb」などの利用者が増加しました。日本企業が運営するOTAとしては「じゃらんnet」や「楽天トラベル」なども有名です。このように多様なOTAが登場し、さらにはTwitterやFacebook、InstagramなどのSNSが普及したことで、以前に比べて宿のオーナーが自身の宿を宣伝しやすくなりました。昔はオンラインツールがなかったため、小さな宿はこぞって協会や連盟に所属し、情報の共有や宣伝の機会を得ていました。宿のオーナーが協会や連盟に所属していれば宿情報を簡単に集めることができますが、今はそうした業界団体に所属していないため、宿のデータを集めることが困難になっているのです。

ゲストハウスに関する公式データは世の中にあまりありませんが、観光業や宿泊業に関する情報はたくさんあります。ですから、僕はいつもそれらの情報を定期的に閲覧し、そのなかでときどき見つけるゲストハウス関連の情報をピックアップするようにしています。たとえば、国土交通省が年に一度発表している「観光白書」や「観光経済新聞」「トラベルジャーナル」などの業界メディアを参考に、市場全体に関するマクロな視点の情報と、宿を運営するなかで得られるミクロな視点の情報を組みあわせて、先々の経営計画を立てるようにしています。

具体的なターゲットを定めて、コンセプトをつくる

以上の自己分析を通じて、すべきことが明確になってきたら、コンセプトの設計に進みましょう。コンセプトはいわばラブレターです。宛先がなければ届きません。要するに、ターゲットを定める必要があるのです。もし、自身が目指すコンセプトとターゲットに一致した企業があるなら、その企業の従業員になることも一つの選択肢でしょう。それが存在しない、または就職の門戸が開いていないならば、自身が起業するしかありません。

ターゲットの定め方には、二つの方向性があります。「現状に困っている人」と「呼び込みたい人」です（図5）。前者は、見逃されていた潜在的ニーズです。ターゲット自身が「この地域にこういう宿があれば泊まるのにな」と普段からアンテナを張っているので、マッチングしやすいです。しかし、理想の宿づくりに後者は欠かせません。後者はもともとニーズのなかった層を開拓すること

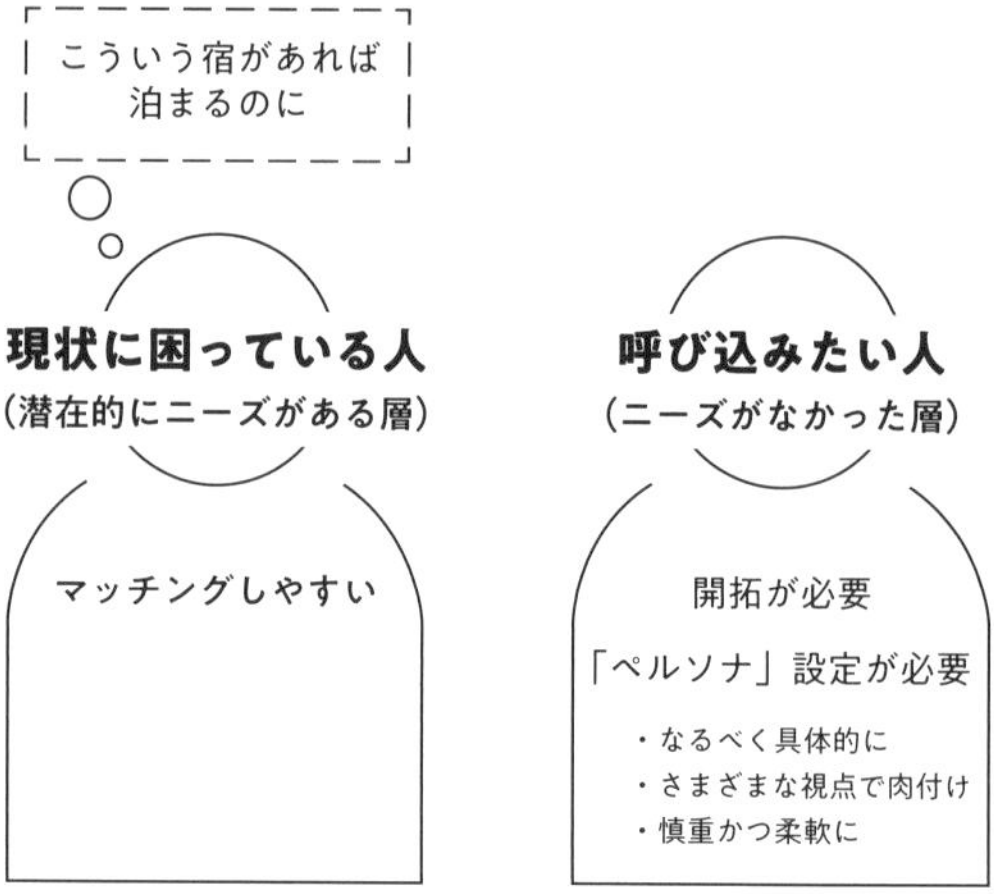
こういう宿があれば
泊まるのに
現状に困っている人
（潜在的にニーズがある層）
マッチングしやすい
呼び込みたい人
（ニーズがなかった層）
開拓が必要
「ペルソナ」設定が必要
・なるべく具体的に
・さまざまな視点で肉付け
・慎重かつ柔軟に
図5　ターゲットの定め方

になるため、ターゲットの人物モデルを具体的に思い描き、振り向かせるだけの工夫を凝らす必要があります。つまり、マーケティングでしばしば言われる「ペルソナ」です。

年齢・性別・国籍・服装・普段使用するSNS・趣味・交通手段・行動パターン・遊び方など、まるで実在する1人の人物を紹介するかのように、かなり細かく人物モデルを定めます。手順としては、ゲストハウスオーナーがペルソナの情報の骨格を決め、運営スタッフとアイデアを出しあい、具体的な情報の肉付けをしていくのがお勧めです。

たとえば、「留学中にお世話になった台湾の女友達が滞在したくなるようなゲストハウスにしたい」という思いから「台湾人の女性」を骨格に定めたとします。そこで、運営スタッフの得意分野や地域的な特性を活かしつつ「健康志向で、シャイで、日本の漫画を読むのが趣味で、スイーツと写真が好きな30代前半の女性」といった情報を肉付けしたとします。その人物モデルを振り向かせるために、オーガニックショップで販売する地元産のごぼう茶をウェルカムドリンクとして提供したり、宿の本棚に海外でも人気の漫画を揃えてみたり、写真映えする米粉のパンケーキが名物の近隣のカフェを紹介したり…といった工夫を凝らすことができます。さ

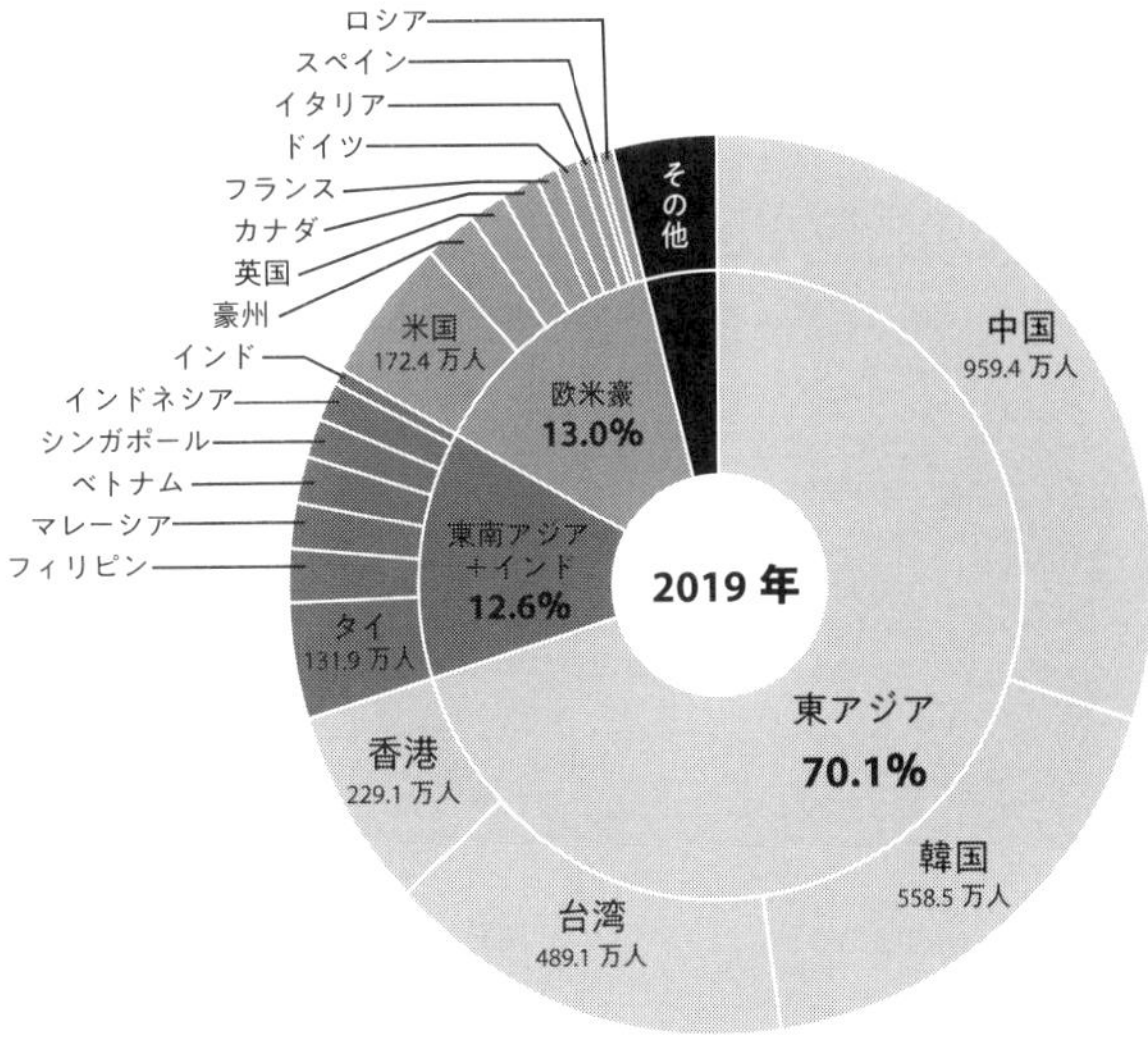

図6　国籍別訪日外国人数（2019年）（出典：日本政府観光局（JNTO）のデータをもとに作成）

らに、台湾にルーツがある近隣住民がいれば、「今度、台湾人の女性ゲストが長期滞在で来てくれるから、ゲストハウスの交流スペースに遊びに来ない？」と誘ってみるのもいいかもしれません。お互いの思い出が深まる可能性があり、被写体としてOKがもらえるのであれば、交流の様子をSNSで発信することで、類似のゲストが増える可能性も高まります。

ただし、この「ペルソナ」の設定は慎重かつ柔軟に行う必要があります。というのも、とりわけ欧米系のバックパッカーをターゲットとするゲストハウスが多いにもかかわらず、そのパイは潤沢ではないからです。ここ数年の訪日外国人の内訳データを見るとわかりますが、約80％がアジア圏からの訪問者です（図6）。そして、実際に宿を運営し始めると「こんな需要があったのか！」と驚くような客層を発見することがあります。具体例としては、これまでマンガ喫茶を利用していた就職活動中の日本の大学生や、古民家で写真会をしたいアジア圏のコスプレイヤーなどです。つまり、競争率の高いわずかなパイばかりを狙うのではなく、自身の宿の特徴から生まれる需要を見逃さず、柔軟に応えていくことが、小規模なゲストハウスが生き残るために必要なことだと思います。

こうしてターゲットが定まったら、コンセプトを決めましょう。コンセプトづくりでは、オリジナリティのある言葉選びが重要です。手垢の付いた言葉は極力使わない、使うとしても最小限にしましょう。手垢の付いた言葉を簡単に使用すると、たとえ本質が熟考されたものであっても、誰かのアイデアをコピーしたものと誤解され、本物志向の旅人に受け流されてしまうことがあります。

コンセプトを思いついたら、一度「○○（コンセプト内のキーワード）ゲストハウス」でネットで検索してみるといいかもしれません。宿名にも同じことが言えるので、既存のゲストハウスと被らないコンセプトと宿名をぜひ選びましょう。

物件探しはご縁と算盤を大切に

次に物件選定について説明します。コンセプトが先に決まる人もあれば、物件が見つかった後にコンセプトが決まる人もいるかもしれません。ようやく気になる物件に出会えても、そこからまた新たな壁が立ちはだかります。よくある話ですが、不動産屋を訪れて「ゲストハウスをやりたいのですが」と話すと、最初はほぼ断られます。不特定多数の人間が出入りすることや、言語や文化の異なる外国人旅行者が急に増えることに、ネガティブな印象を持っている人が少なくないからです。

物件のオーナーとしては、不測の事態を起こさない借主に長く丁寧に物件を使ってほしいと考えるのは当然でしょう。個人の家探しと宿の物件探しとでは、難易度がまったく異なります。

不動産屋がダメならオンラインはどうだろうかと、自分でインターネットで検索してみても、なかなか条件に合った物件はヒットしません。不動産業界には、国土交通大臣から指定を受けた指定流通機構によって運営されている物件情報のネットワークシステム「レインズ（Real Estate Information Network System）」が存在しますが、基本的に不動産業者や宅地建物取引業者だけに公開されているため、業界外の人間はアクセスできません。また、事実上は空き物件でも「仏壇があるから」「よくわからない人には貸したくないから」などの理由から、不動産屋や行政の空き物件情報に登録されていないものもたくさんあります。つまり、インターネットや不動産屋で入手できる情報だけでは、理想の物件になかなか辿り着けないのです。

そこで登場するのが、アナログな探し方です（図7）。開業希望地に住み込み、自分の足で歩き回って、地域の人たちと関係性を築き、物件情報を入手します。やがて、仲良くなったご近所さんから「あの空き家の持ち主、○○さんの知りあいらしいよ」「うちの親戚が住んでいた空き家があるけど、どう？」などと教えてもらえるようになります。

また、気になる空き物件を見つけたら、法務局へ行って登記簿を取得することで、物件の所有者の住所と名前を知ることができます。その所有者に宛てて、「ぜひ直接お話しさせてください」と開業に向けた熱意を綴り、折り返し先の電話番号を添えて手紙を送ります。そこから、電話・面

ゲストハウス向けの物件

→インターネットや不動産情報に掲載されていないことが多い

→アナログな探し方がオススメ

- 開業希望地に住み込み、関係性から物件情報を入手
- 気になる物件があれば、登記簿を調べて家主へ開業の思いを連絡し交渉
- まちづくり（移住、防犯防災）の観点から行政と空き家相談会を開催することも可能

図7　物件の探し方

会・会食などにつなげ、話しあいを重ねて、ようやく物件を借りる承諾をいただく、といった流れが生まれます。焦って無理に進めると関係性が崩れるため、ぜひ結婚相手を探すようなつもりで1〜3年間の長期戦を覚悟して挑んでください。相手に迷惑をかけない程度のしぶとさも大切です。

また、空き物件の所有者の多くは、「古い＝価値がない」と考え、物件を必要としてくれる人が現れるとは想像もしていません。そのため、子や孫に負の遺産を残さないようにと、更地にして駐車場やマンションを新築するケースが後を絶ちません。加えて、大家さんが亡くなったり入院したり相続したり…とわずか数年で所有者の状況がガラリと変わることも少なくありません。ですから、気になる物件を見つけたら、すぐに行動に移すこと、そして諦めずに何度かラブコールを送り続けることをお勧めします。

そのほか、変化球的な探し方ではありますが、行政の担当者と一緒に「空き家相談会」を開催したこともあります。行政としては防犯・防災の観点から空き家はなんとかしたいものです。そこで、具体的に1軒の空き家の活用事例、いわゆるモデルハウスをつくった状態で、オフィシャルに「空き家相談会」を開催することで、近隣住民から「うちの空き家もあんなふうに活用してもらえる？」と相談が舞い込みやすくなるのです。

経費の中で、改修費（後の減価償却費）と地代家賃は、削減が難しい項目です。しかも、それらの金額は開業時にほぼ確定します。そのため事業の利益率は、改修費と地代家賃の初期設定で決まるといっても過言ではありません。僕の経験則ではありますが、持続可能な経営をするために、改修費＋地代家賃は月間経費の35％以下に設定することを推奨します。35％を超えると、よほどの策がない限り、どこかに無理が生じて経営が苦しくなるので注意してください。気になる物件を偶然見つけたり、素敵な大家さんに出会えたりすることもありますが、運営を継続していくためにも、物件は、ご縁と算盤《そろばん》、両方の視点を持って選びましょう。

営業許可を取得するコツ

物件選定の際には、営業許可を取得する方法に関する知識も必要です。宿泊施設の営業許可は、運転免許証のように人に紐づいておらず、物件に紐づいています。ゲストハウスの多くは、旅館業法の営業許可を取得しています。ほかにも、年間営業日数180日以内の制限付きで営業許可が下りる民泊新法や、農家民宿や特区民泊などを活用するケースもありますが、本書では該当者の最も多い旅館業法について言及します。いくら惹かれる物件に出会えても、法律の条件を満たすことができなければ開業できません。ですから、まずは法律の大枠から解説します。

候補物件が見つかったら最初に訪れるべきスタート地点は、開業予定地を管轄する保健所です（図8）。厚生労働省のもと、地域の保健所が営業許可の窓口を担っています。その窓口で「宿泊施

①保健所

旅館業の営業許可について
合法的かつ衛生的に運営ができるか
→宿を始める際にまず訪問する

②役所の建築課

物件の用途変更について
物件が合法に使用されるか
→保健所の後、訪問する

③消防署

消防設備について
人災から人命を守れるか
→建築課の後、訪問する

図8　旅館業法の営業許可取得における保健所・役所の建築課・消防署の役割と申請フロー

設の営業許可を得たいのですが、どうしたらいいですか？」と尋ねます。すると、「物件は決まっていますか？図面はありますか？」と返されます。加えて「保健所では旅館業法について対応します。建築基準法については役所の建築課に、消防法については消防署に相談に行ってください」と案内されます。要するに、宿を始めるためには、保健所・役所の建築課・消防署の3カ所を巡る必要があるのです。さらに、都市計画により宿の開業が許されていない地域や、接する道路の幅により宿泊施設の営業許可が下りない物件もあるため、それらを事前に確認するためにも、地図と図面を握り締めて、必ず初めに保健所を訪れましょう。

　では、保健所・役所の建築課・消防署は、それぞれどういった役割を担っているのでしょうか。総合窓口でもある保健所は、宿の運営者が合法的かつ衛生的に運営できるかを判断し、営業許可について指示・確認を行います。役所の建築課は、物件が合法に使用されるかを判断し、用途変更について指示・確認を行います。この用途変更とは、もともと宿泊業を営んでいなかった物件で宿泊業を始める際に、物件の使い方の用途を変更する申請のことです。直近で宿泊業を営んでいた物件であれば用途変更は不要ですが、再開届の提出など情報の更新は必要になります。消防署は、火災発生から人命を守れるかを判断し、自動火災報知設備や避難はしごなどの消防設備について指示・確認を行います。

これらに加えて、開業地の条例にも気をつけましょう。条例は、国の法律とは別に各自治体が設けるルールなので、自治体により内容が異なります。たとえば、前述したように、京都では簡易宿泊所を運営する際に宿泊税がかかったり、駆けつけ体制が義務づけられていたり、バリアフリー対応にも厳しい基準があります。開業直前や開業後に新しい条例ができ、その対応にかかるコストから収支計画の見直しが必要になることもあるため、条例には常に注意しておきましょう。

以上が、旅館業法の営業許可を取得する方法ですが、旅館業法は戦後すぐの約70年前につくられた法律で、少しずつ改正されてきた経緯があるため、地域や窓口担当者によって法律の解釈が異なることが多々あります。京都ではNGだったことが福岡ではOKだったり、前任はOKだったことが後任はNGだったり、といった具合です。

加えて、手順を一つ間違えると、コストが無駄にかかってしまいます。たとえば、消防署への訪問を飛ばして改修を進めてしまったため、数百万円の改修費用を注ぎ込んだ後で消防署から条件を満たしていないと指摘され、さらに数百万円の追加費用がかかってしまった…と嘆いている人に出会ったことも何度かあります。ですから、改修前にあらゆる可能性を検討し、すべきことを順序立ててから、開業予定地を管轄する保健所→役所の建築課→消防署の順で回るようにしましょう。なお、法律に関する話は、全地域に共通するこの大枠以外、必ずしも全物件に当てはまる情報とは限らないので、あくまで参考程度にとどめておいてください。

3　事業計画書づくり

どのエリア・どの物件でどういったコンセプトのゲストハウスを開業したいかの構想が固まってきたら、次に準備すべきは事業計画書です。頭の中や手元のメモに散らばっていた構想を、誰に見せても恥ずかしくない正式な書類にまとめていきます。具体的には、市場の現状、事業の詳細、競合と比較した自社の優位性や差別化、運営体制、収支計画、将来の展望などを記載します。インターネットで「事業計画書のつくり方」と検索すれば必要な項目やテンプレートが見つかるので、そのあたりも参考にするとよいでしょう。

事業計画書はゲストハウスを長期的に運営するためのものであり、夢を数字化し、時間軸で可視化することで現実に変えていくためのものです。基礎知識はインターネットに数多ある情報に委ねるとして、本書ではゲストハウスの事業計画書づくりにおけるポイントについて説明します。

ゲストハウスの開業時に事業計画書が必要な理由

事業計画書をつくることで「ゲストハウスを開業したい」という抽象的な楽しい夢が現実味を帯びていくことになりますが、この作業が面倒だからと挫折してしまう人も少なくありません。しかし、自分自身のやりたいことを見つめ直すためにも絶対に必要なものです。また、事業計画書を作成する過程で自身の思考の不足・矛盾・曖昧さが見つかるため、開業前に計画をさらにブラッシュアップすることができます。

事業計画書が必要となる場面は、大きく分けて三つあります。

一つ目は金融機関に対してです。金融機関とは、銀行・信用金庫・商工組合中央金庫・日本政策金融公庫などです。ゲストハウスの開業資金において、金融機関から借り入れる際には、事業計画書を提示する必要があります。これは、ゲストハウスに限らず、他業種にも共通することです。

二つ目は協力者に対してです。具体的には、大家さん・運営スタッフ・地域の人々・家族などです。大家さんや運営スタッフには事業計画書を印刷して書面で提示しますが、その他は口頭がメインとなるでしょう。前述したように、新しいことに挑戦する際には周囲から漠然とした不安の声が出るものです。「そんなにお金をかけて準備しているけど、本当にお客さんが来るの？ 経営は成り立つの？」などと度々聞かれます。沈む船には誰も乗りたくありませんから、不安を口にしたくなるのは当然です。そこで、安心して信頼してもらうための論理的裏づけとして、事業計画書が役立つのです。

そして、三つ目は自分自身に対してです。運営開始後は落ち着いて考える時間が激減します。航路に迷ったとき、自身を助けるコンパスになるのが事業計画書です。また、理想と現実にズレが生じていることに気づきやすく、軌道修正しやすくなります。

売上の予測

宿泊単価×宿泊人数

月次売上の予測

宿泊単価×宿泊定員×月間営業日数×稼働率

※個室の利用人数によって価格を変動させる場合

客室平均単価(ADR)×部屋数×月間営業日数×稼働率

図9　売上の算出

ゲストハウスの売上と費用の内訳

事業計画書の中でも、苦手とする方が多いのがお金の話です。お金の流れについて極めてシンプルに表現するなら、入るお金「売上」から出るお金「費用」を差し引いて、残ったお金が「利益」になります。この利益が最終的に黒字になるように計画を立てる必要があります。

しかし、ゲストハウスにおける売上と費用の具体的な内訳がイメージできないことで、お金の計画を立てるのに苦労する人が多いようです。そこで、基本的にどういった項目が存在し、どういった考え方で見立てていく必要があるかを紹介します。

まず、ゲストハウスの売上は、宿泊単価×宿泊人数で算出されます(図9)。事業計画書では、同エリアや類似エリアの同業者の実績などを参照しながら、開業後の月々の平均稼働率を予測します。つまり、月次売上の予測は「宿泊単価×宿泊定員×月間営業日数×稼働率」です。ただし、相部屋と個室など、客室のタイプにより宿泊単価や稼働率にも違いが出るはずなので、そこは別々に計算する必要があります。また、個室の利用人数によって価格を変動させる場合は、客室平均単価(通称：ADR＝Average Daily Rate)を用いて算出します。

固定費	変動費
・家賃	・水道光熱費
・人件費	・消耗品費（シャンプー、リンス、トイレットペーパー等）
・広告宣伝費	・OTA手数料
・通信料	・リネン代（シーツ等のレンタルクリーニング）　ほか
・システム利用料（サイトコントローラー、PMS等）	
・損害保険料	
・減価償却費　ほか	

図10　固定費と変動費の内訳

たとえば、1人あたり3千円で定員6名の個室があるとします。満室なら1万8千円ですが、2人利用の際に1万円で対応するならば、その個室を1万4千円などと見なして計算する必要があります。つまり、この場合、個室の月次売上の予測は「客室平均単価×部屋数×月間営業日数×稼働率」で算出します。

次に、費用については、月々一定の金額が出ていく固定費と、使用状況により月々の金額が変わる変動費があります（図10）。固定費は、家賃や人件費、広告宣伝費、通信料、サイトコントローラー（宿泊予約サイトに掲載されている情報を管理するシステム）やPMS（プロパティ・マネジメント・システム、予約や客室の管理を行うためのシステム）などのシステム利用料、損害保険料、減価償却費などです。このうち、減価償却費とは、高額な費用を分割し、長期スパンで少しずつ費用に計上する会計処理方法です。リノベーションや家具の購入など、初期投資にかかった高額な費用は減価償却費として対応します。

変動費は、水道光熱費や、シャンプー・リンス・トイレットペーパーなどの消耗品費、成功報酬型のOTA手数料、シーツなどをレンタルしてクリーニングを依頼する「リネン代」と呼ばれる費用などです。

こうして求められる売上から費用を差し引いて、利益を算出します。お金の流れを具体的に予測していくと、床数の少なさや宿泊単価の低さから、ゲストハウスがそれほど儲かる事業ではないことがわかります。空間やサービスに対するゲストの期待値と宿泊単価は、基本的には比例関係にあります。実態に見あわない過大な料金設定だけでなく、事業や市場の首を絞める過少な料金設定にもならないよう注意しながら、売上と費用のバランスを検討していく必要があります。

また、開業後から3カ月程度は、まだ認知が低いことから集客に苦戦し、黒字化は難しいとされています。加えて、近年は競合も増えているため、3カ月間から半年程度は自力でやっていける運転資金を蓄えたうえで、オープンするようにしましょう。

計画よりも膨らむ費用のコストダウンと資金調達

図11の収支計算表を見てもらうと、初期投資の分割支払いである減価償却費が重荷になっていることがよくわかります。事業計画書のブラッシュアップと改修工事などは同時並行で行われることが多いため、改修工事が進むにつれて「最初はもっと利益が残る計画だったけど、予想以上に初期費用が膨らんで、なかなか手元に残らなさそうだ…」と実感することがほとんどでしょう。特に古民家を改修する場合は、内部まで詳しく調べてみなければ改修費用の予測がつきにくく、500万円だった想定額が2500万円にまで膨れ上がるなんてことも往々にしてあります。また、自分の中で「他を削ったとしても、ここだけは譲れない！」というこだわりも出てきます。ですから、初

めて事業計画書を作成する際は、余裕を持って20％程度多めに費用を見積もっておくと、後から帳尻が合わせやすくなるので、お勧めです。

初期投資のコストダウンの方法としては、ＤＩＹを取り入れることに尽きます。安全やデザインの観点から建築や施工のプロに依頼すべき作業は当然ありますが、自分たちの労力と時間を投入することでコストダウンできる作業があれば、積極的に手を動かしましょう。ＤＩＹのメリットはコストダウン以外にもありますが、それについては後述します。

宿の空間づくりや公式サイトの制作などもそうですが、重要なところはプロに依頼し、可能な範囲でＤＩＹを取り入れましょう。ただし、プロも人によって値段に違いがあります。知りあいだからといって安いとは限りません。依頼先に迷ったら、複数の会社から見積もりをとって比較検討する「相見積もり」をしましょう。その結果、他社へ依頼することを決めた場合には、知りあいほど曖昧に断ると関係性にヒビが入りやすいため、依頼したくても今回は金銭的に厳しい旨を、筋道立てて伝えるようにしましょう。

最近は、フリーマーケットアプリの「メルカリ」や「ジモティー」などで備品を調達しているゲストハウスのオーナーさんもいらっしゃるようです。リサイクルショップを訪れるだけでなく、オンラインでのリサーチも駆使してみると、意外なところでコストダウンができるかもしれません。

このような手順を踏んだ結果、たとえば１０００万円が必要だとわかった場合、自己資金を貯めてゲストハウスを開業することもできるでしょう（図12）。しかし、それでは時間がかかるため、市場や物件のタイミングを逃す可能性があります。そこで、金融機関に借りるという手段を検討します。少額であっても、金融機関から借りて返済した実績をつくることで信頼関係が築かれ、将来的に店舗の拡張工事や多店舗展開を行う際に、金融機関からお金を借りやすくなります。また一般的に、金融機関では自己資金と同等の金額までなら借りやすいと言われています。つまり、自己資金を５００万円用意できれば金融機関から５００万円借りられる可能性が高く、自己資金が

8月	9月	10月	11月	12月	1年目合計
60%	50%	55%	55%	40%	38%
18	15	17	17	12	137
288	240	264	264	192	2,184
360	300	330	330	240	2,730
1,584,000	1,320,000	1,452,000	1,452,000	1,056,000	12,012,000
30.1%	30.5%	30.3%	31.0%	33.1%	32.1%
1,009,933	936,333	973,133	983,133	882,733	10,258,800
150,000	150,000	150,000	150,000	150,000	1,800,000
150,000	150,000	150,000	150,000	150,000	1,800,000
5,000	5,000	5,000	5,000	5,000	60,000
15,000	15,000	15,000	15,000	15,000	180,000
15,000	15,000	15,000	15,000	15,000	180,000
10,000	10,000	10,000	10,000	10,000	120,000
133,333	133,333	133,333	133,333	133,333	1,600,000
20,000	20,000	20,000	20,000	20,000	240,000
20,000	20,000	20,000	20,000	20,000	240,000
10,000	10,000	10,000	10,000	10,000	120,000
5,000	5,000	5,000	5,000	5,000	60,000
533,333	533,333	533,333	533,333	533,333	6,400,000
72,000	65,000	68,500	68,500	58,000	678,500
0	0	0	10,000	20,000	90,000
54,000	45,000	49,500	49,500	36,000	409,500
237,600	198,000	217,800	217,800	158,400	1,801,800
108,000	90,000	99,000	99,000	72,000	819,000
5,000	5,000	5,000	5,000	5,000	60,000
476,600	403,000	439,800	449,800	349,400	3,858,800
574,067	383,667	478,867	468,867	173,267	1,753,200

初期投資費	8,000,000	償却期間	5年

金額の単位：円（税抜）

	ドミトリー	個室（2人部屋）	施設全体
宿泊単価	4,000	10,000	
客室平均単価（ADR）			5,500
ドミトリー：ベッド数 個室：部屋数	12	4	16
1室（ドミトリーの場合1ベッド）あたりの人数	1	2	1.25
宿泊定員	12	8	20
月間営業日数／月	30	※定休日なし	

変動費

消耗品	150	客1人あたり
予約手数料	15%	予約1件あたり
リース代（リネン）	300	客1人あたり

	1年目						
	1月	2月	3月	4月	5月	6月	7月
稼働率	10%	10%	30%	35%	30%	30%	50%
客室稼働日数	3	3	9	11	9	9	15
総宿泊組数	48	48	144	168	144	144	240
総宿泊人数（延べ泊）	60	60	180	210	180	180	300
売上高	264,000	264,000	792,000	924,000	792,000	792,000	1,320,000
変動費割合	48.7%	48.7%	33.6%	32.7%	32.3%	32.3%	30.5%
販売管理費	661,933	661,933	799,133	835,933	789,133	789,133	936,333
固定費							
家賃	150,000	150,000	150,000	150,000	150,000	150,000	150,000
人件費	150,000	150,000	150,000	150,000	150,000	150,000	150,000
広告宣伝費	5,000	5,000	5,000	5,000	5,000	5,000	5,000
通信料	15,000	15,000	15,000	15,000	15,000	15,000	15,000
システム利用料	15,000	15,000	15,000	15,000	15,000	15,000	15,000
損害保険料	10,000	10,000	10,000	10,000	10,000	10,000	10,000
減価償却費	133,333	133,333	133,333	133,333	133,333	133,333	133,333
修繕費（積立分）	20,000	20,000	20,000	20,000	20,000	20,000	20,000
車両費	20,000	20,000	20,000	20,000	20,000	20,000	20,000
旅費交通費	10,000	10,000	10,000	10,000	10,000	10,000	10,000
接待交際費	5,000	5,000	5,000	5,000	5,000	5,000	5,000
固定費合計	533,333	533,333	533,333	533,333	533,333	533,333	533,333
変動費							
水道光熱費（稼働率変動）	37,000	37,000	51,000	54,500	51,000	51,000	65,000
水道光熱費（季節変動）	20,000	20,000	10,000	10,000	0	0	0
消耗品※人数あたり	9,000	9,000	27,000	31,500	27,000	27,000	45,000
OTA手数料※売上ベース	39,600	39,600	118,800	138,600	118,800	118,800	198,000
リネン代※人数あたり	18,000	18,000	54,000	63,000	54,000	54,000	90,000
雑費・その他	5,000	5,000	5,000	5,000	5,000	5,000	5,000
変動費合計	128,600	128,600	265,800	302,600	255,800	255,800	403,000
営業利益	-397,933	-397,933	-7,133	88,067	2,867	2,867	383,667

図11　収支計算表の一例（目次のQRコードからエクセルデータのダウンロードが可能）

①自己資金（貯蓄や親族からの資金援助）
→時間がかかるため、市場や物件のタイミングを逃す可能性がある

②金融機関からの融資
→返済実績をつくることで、将来の事業拡張時に融資を受けやすくなる

③クラウドファンディング
→資金だけでなく、ファンも集めることができる

④補助金
→公共機関からのお墨付きとなり、金融機関から信頼を得やすくなる

図12　資金調達の方法

100万円なら1000万円を借りようとしても返済できる保証がないことから貸してもらえない可能性が極めて高いのです。

そこで、自己資金を増やすために、クラウドファンディングや補助金を活用する手もあります。クラウドファンディングは、事業に込めた思いや背景にあるストーリーを丁寧に書き綴って発信し、支援者を募る仕組みなので、資金だけでなくファンも集めることができます。たとえるなら、公開型の事業計画書カジュアル版といった感じでしょうか。一方、補助金は、国や自治体などの公共機関からお墨付きを得た証拠になるため、金融機関から信頼を得やすくなります。ただし、補助金には公募期間や対象者の条件などがあるため、それらも考慮したうえで検討する必要があります。

手段が目的にならないように事業計画書をブラッシュアップ

事業計画書には、現状や開業直後のことだけでなく、数年先の未来についても記載する必要があります。ゲストハウスの物件探しや資金調達に苦労するほど、いつの間にか「ゲストハウスを開

業する」といった〝手段〟が〝目的〟と化してしまうことがしばしばあります。ですが、本来の目的は「ゲストハウスの運営を通じて、自分が目指す世界観を実現させること」です。そこで事業計画書では、その本来の目的を明記したうえで、1年後・3年後・5年後など、中間地点での目標を設定し、段階的に先々の未来を思い描いていきます。「未来のことなんてわからないよ。時代や市場のニーズは刻々と変わるのだから」と思う人もいるかもしれません。おっしゃる通りですが、だからこそ、急に訪れるさまざまな変化に迅速かつ柔軟に対応できるように、「自分自身は何を判断基準として行動するのか」をあらかじめ事業計画書で炙り出しておく必要があるのです。

さらに、運営スタッフや地域の協力者など、事業に関心を示してくれる人が増えるほど、先々の未来について問われる場面が増えます。その際に、回答に矛盾や曖昧さがあると、周囲の人たちまで迷子になってしまいます。重要なのは、「行動の指針＝コンパスとなる終始一貫した世界観」を掲げることです。その世界観を実現するために、事業計画書に記載した手段をスタート時点での最良案とし、開業後は仲間と試行錯誤を繰り返しながら、さらなる最良案を模索していきましょう。

また、こうした事業計画の構想は、他者との会話から思考のヒントが見つかることがよくあるため、あらかじめ相談相手を見つけておくことをお勧めします。スタッフや友人、家族だけでなく、日本には多数の起業・創業支援機関もあるので、ぜひ活用しましょう。各自治体の商業課や商工会議所、産業振興財団など、無料でサポートをしてくれる窓口がたくさんあります。僕の場合は、母校の恩師や経営セミナーで知りあった同業の先輩などに、事業計画書をチェックしてもらい、相談相手になってもらいました。

「誰かに否定されるのが怖い」と身構える人もいるかもしれませんが、人間性を否定されるのではなく、計画をブラッシュアップするための客観的なアドバイスだと理解し、ぜひ怯えずに周囲に相談してください。事業計画書の不足・矛盾・曖昧さなどをどんどん指摘してもらい、自分自身が「これで完璧だ!」と納得のいく状態になるまで改善していきましょう。開業後は忙しくなったり、利害関係が明確になったり、逆に相談を受ける立場になるなどして、誰かに相談をする機会が減っていきます。ですから、ぜひ期間限定の特権だと思って、創業時はさまざまな人に相談しておくことをお勧めします。そうした人脈は、将来困ったときや、アイデアの幅を広げるのにも役立ちます。

4 施設づくりとサービスづくり

施設=ハードと、サービス=ソフトは、いい宿をつくるうえで表裏一体の関係にあります。思い描いているサービスを提供するためには、部屋の配置や人の動線などハードを考慮する必要があり、どちらか一方が欠けてもいい宿は成立しません。たとえば「スタッフの心配りは素晴らしかったけど、部屋が蒸し暑くて全然眠れなかった」「オシャレな空間はSNS映えするけど、スタッフが忙しそうで話しかけづらかった」といった印象をゲストが抱いてしまうと、いい宿とは言い難いです。

ここでは、それらのハードとソフトについて、開業前に意識しておきたいポイントについてお伝えします。ただし、サービスに関しては、それだけで1冊の本が書けるくらいに深い領域のため、本書では要点を抜粋して紹介せざるをえません。ですから、本書に記載していることを網羅したからといって100％完璧な施設づくりとサービスづくりができるわけではありません。要点を意識しながら、ぜひあなたなりのハードとソフトを築きあげてください。また、開業後のサービスに関しては4章でご紹介します。

顧客ロイヤリティを高めるため、まずはハードの基礎固め

「NPS」をご存知でしょうか。「Net Promoter Score（ネット・プロモーター・スコア）」の略です。企業や商品に対する愛着や信頼の度合い、つまり顧客ロイヤリティを数値化する指標です。計測方法はとてもシンプルです。利用者に「この企業や商品を誰かに勧めたいと思いますか？」とアンケートを取って、0〜10点で回答してもらいます。0〜6点を「批判者」、7〜8点を「中立者」、9〜10点を「推奨者」とし、最終的に推奨者の割合から批判者の割合を引き算します。その数値が、その企業や商品のNPSとなります。つまり、推奨者が30％でも批判者がゼロであればNPSは30であり、逆に推奨者が60％でも批判者が40％いるのであれば、NPSは20になります。

基本的な考え方としては、このNPSの数値を100に近づけることを目指します。

ゲストハウスにおける指標の構成要素としては、「ロケーション」「施設や設備の質」「スタッフ

の対応」「清潔さ」「ユニークさ」「価格」などが挙げられます。これらのハードとソフトに絡む各項目を満たしながら、NPSの高得点、つまり誰かに思わずお勧めしたくなるくらいの満足度を目指していくことになります。

冒頭でお伝えした通り、ハードとソフトは表裏一体の関係なので、どちらも大切です。とりわけ、ハードである施設づくりは、ゲストを迎え入れながら大幅な変更を加えることが難しいため、開業前にある程度つくりこんでおく必要があります。

施設づくりにおいて、まず気をつけておきたいのは、建物の基礎となる部分です。空間デザインなど、利用者からの視点で目につきやすいところに意識が向きがちですが、まず確実に押さえるべきところは、屋根・躯体補強・水回り・空調・消防設備など、宿泊施設の基礎となる部分です。具体的には「柱が腐っている」「この部屋だけ湿度が高くてカビやすい」など、見えづらいけれども重要な欠陥です。それらは開業前に対処しておくべきことです。気づいてはいるものの予算の関係で後回しにしたり、そもそも確認不足で気づけていなかったりすると、開業後になって状態が悪化して顕在化し、ゲストからクレームが出て顧客満足度の低下につながり、修繕のために一時的に休業をすることになります。そうなると、家具の搬出・搬入のために費用や労力が余分にかかるため、デメリットが大きくなります。後から確実に発生するデメリットを事前に防ぐため、そして宿泊施設としてゲストの命を守るために、基礎の部分を最初に整えておく必要があるのです。

プロに頼むメリット

①完成度の高い物件に仕上がる、工期の目安が立つ

②営業許可の取得に関する役所との確認や交渉がスムーズになる

→建築士資格のない工務店だけに依頼すると、改修後に営業許可の基準を満たしていないことがわかり、仕切り直しで余分な改修費用がかかることもある

プロに頼むデメリット

①依頼費がかかる

→建築士への依頼費は、全体の改修費用の数割に当たることが多い
見積もりが予算をオーバーする際は、コストダウンを図れないか建築士に相談する

図13 プロに頼むメリットとデメリット

プロに頼むメリット、DIYのメリット

ゲストハウスをつくるうえで、建築士や工務店がそばにいることは非常に心強いことです。ちなみに建築士の役割は、建築物の設計や工事の監理を行うことです。また工務店の役割は、建築士が作成した設計図面の指示に基づき、水道や電気など他の専門工事業者と役割分担して建築物をつくることです。ただし工務店の中には、自社で建築士を抱えていたり外部の設計事務所と連携したりして、設計まで担う企業もあります。一筋縄ではいかない物件選定の相談にも乗ってもらえるような、まちづくりや古民家再生に理解があり、プロでありながら仲間として真摯に向きあってくれる人を探しましょう。

建築士が味方にいてくれることで、営業許可の取得に関する保健所・役所の建築課・消防署との確認や交渉もスムーズになります（図13）。たとえば各役所の窓口で申請する際に、「用途変更の不可物件として既存不適格で認知してもらえますか」「三面図を出してください」といった

専門用語が飛び交うなど、建築士ではない人間では対処しづらい事柄が多発しますので、少なくとも1軒目は建築士に協力を依頼しましょう。また、建築士資格のない工務店だけに依頼すると、改修後に営業許可の法律を満たしていないことがわかり、仕切り直しで余分な改修費用がかかることもあるため、ご注意ください。

建築士への依頼費は全体の改修費用の数割に当たることが多いので、心積もりしておきましょう。建築士に提示された見積もりが予算をオーバーする際は、一部をＤＩＹにすることでコストダウンができないか、建築士に相談してみましょう。ただし、電気水道工事や躯体工事などプロに頼むべき作業も多く、また、工具や材料などの使い方を誤ると事故につながりかねません。どの部分をＤＩＹにできるか、どのようにＤＩＹを進めればよいか、プロに相談しながら安全に進めましょう。慣れない人間がＤＩＹをするのは大変ですが、ワークショップ形式にして知人、近隣住民にも協力してもらえると、その場所に愛着を持ってくれる人を増やすことができるのでお勧めです。

しかし、ＤＩＹを取り入れた場合、想定より完成が延びてしまうことが多いようです。天候に左右される作業が想定外に進まなかったり、素人が慣れない作業をするのでスケジュールがそもそも甘かったりといったことが起こりがちです。しかし、そんな場合でも大事なのは、ピリピリした雰囲気を出さないことです。ＤＩＹに協力してくれた友人・知人・地域の人たちに「楽しかった！」と思ってもらい、ゲストハウスへの愛着や仲間意識を持ってもらいたいからです。そのためには、一緒に食べるランチやコーヒーブレイクを用意して、地味な作業ばかりを押しつけてしまわないように、役割のバランスにも気を配る必要があります。また、作業内容によっては、1DAY保険に加入してもらうなど、安全面にも考慮しましょう。

こうしてDIYを取り入れることで、改修費用のコストダウンができ、自分事として宿を捉え、宿に愛情を注いでくれる人が増えます。なかには「誰かにこのゲストハウスをお勧めしたい！」という推薦者になる人も現れ、自発的に宿の情報を拡散してもらえるようにもなります。また、作業の様子を写真や動画に収めてSNSで発信すれば、宿の宣伝やブランディングにもつながります。

さらに、プロに教わりながらDIYを取り入れることには、もう一つ大きなメリットがあります。それは、ゲストハウスの運営者自身が自分でできる範囲の修繕方法を学べることです。運営者は建築のプロではありませんが、物件を管理するプロであるべきです。自分の宿にもしものことがあったとき、建築のプロが到着するのをただ待つのではなく、可能な範囲ですぐに対処できるようにしておきたいものです。開業前に宿の建築的な構造を知り、少しでも何かしらの技術を身につけておけば、いつか必ず未来の自分の助けになります。

コモンルームの活用方法と賑わいの調整

ここからは具体的なハードの構成要素を分解しながら、サービスづくりの話に触れていきたいと思います。ゲストハウスの主な構成要素は、客室・シャワールーム・洗面所・トイレ・コモンルームなどです（図14）。特に、ホテルでも旅館でもなく「ゲストハウス」の名称をあえて掲げるので

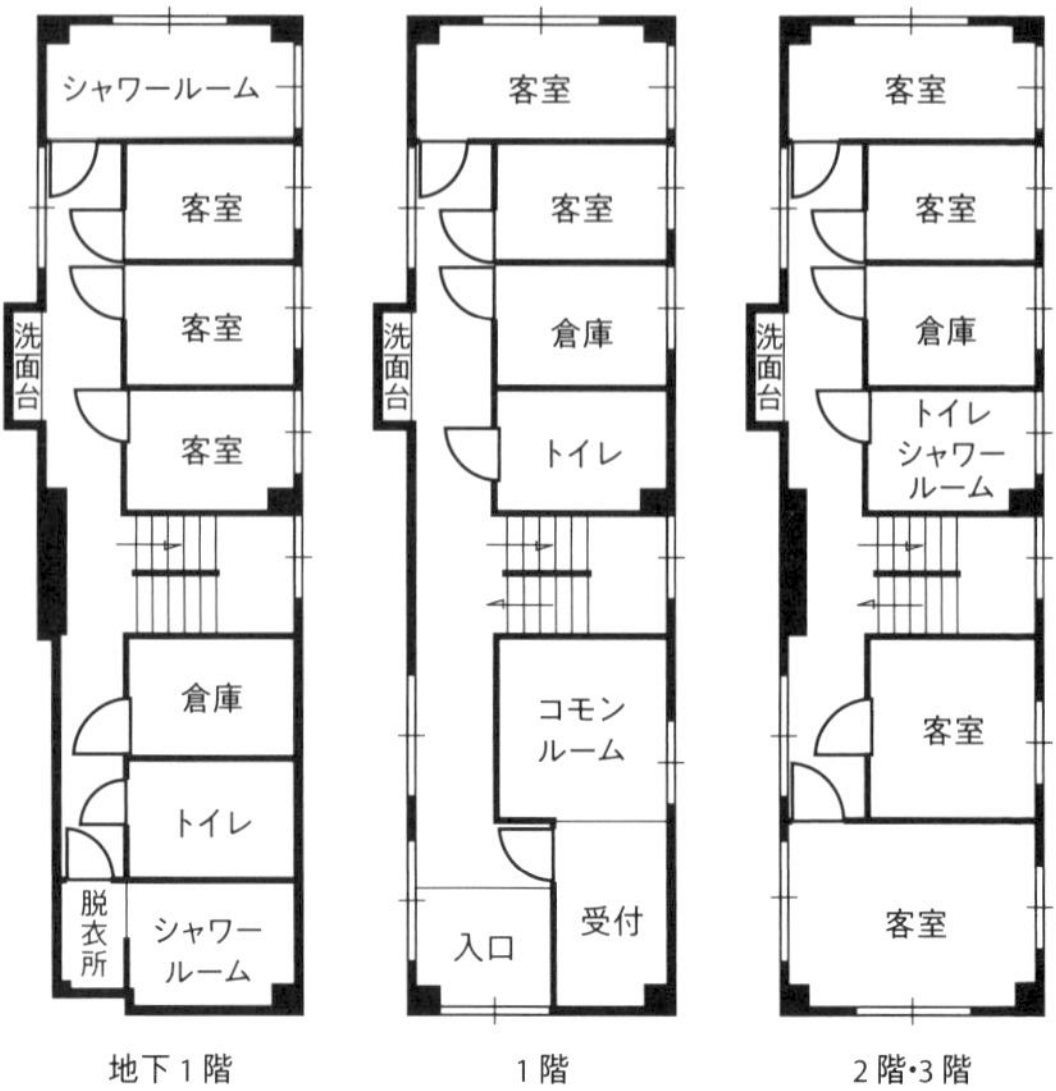

図14　ゲストハウス品川宿の間取り

あれば、一期一会の交流の舞台となるコモンルームの設置は外せない要素でしょう。コモンルームは、宿によって、「談話室」「交流スペース」「共用リビング」「共用ラウンジ」などと呼ばれています。

コモンルームのあり方もさまざまです。地域住民が立ち寄れる宿づくりを目指して、カフェ的な機能を持たせている場合、ゲストは無料でコモンルームを使用でき、地域住民はドリンクやフードを注文すれば滞在できるといった仕組みがほとんどです。また最近では、コモンルームの窓際にデスクを置いて、1人で読書をしたり、くつろぎたい人の居場所にしているケースもあります。

そのほかに、コモンルームのそばに自炊可能なキッチンが備わっているケースもあります。施設やサービスづくりは近隣店舗との棲み分けを考慮しながら検討する必要があります。ですから、もし宿が繁華街に位置しているのであれば、あえてキッチンはつくらず、近隣のお勧めの飲食店を案内するなどして外食を促すという方法もあります。逆に、周辺に飲食店が少ない場合には、キッチ

交流の舞台にもなるコモンルーム

ンを設置し、近隣のスーパーマーケットを案内して自炊を促すとよいでしょう。長期連泊をする人は、連日の外食で出費がかさむことを避ける傾向にあるため、長期連泊者を誘致する目的でキッチンを置くのもお勧めです。

また、コモンルームは、とにかく賑やかな空間になればいいというものではありません。初対面のゲスト同士が、礼儀や節度を守りながら、お互いに心地よく緩やかにつながりあえる状態が理想ではないでしょうか。ゲストハウスの運営者が、ある意味ファシリテーター役となって、賑わいを調整することも大切です。そのバランスがうまくとれていなければ、「コモンルームで盛り上がって楽しかった」といったグッドレビューと同時に、「騒がしくて不快だった」といったバッドレビューが付いてしまうことがあります。

賑わいの調整方法としては、運営者がゲストに声をかけ、関わりたい度合いをさりげなく探るといった方法があります。輪に入りたいけど入れない人もいれば、旅の移動で疲れていたり急な仕事の対応があったりして静かに過ごしたい人もいます。ゲストの心理状況を理解することで、1人1人に適した接し方を選ぶことができます。

しかし、大規模な宿泊施設の場合、運営者の声かけだけでは対応が追いつきません。その場合の対処法として、コモンルームとは別に、1人で静かに過ごしたい人のためのライブラリールームなどを設けているゲストハウスもあります。また小規模な宿泊施設でも、注目度の高いスポーツ試合の観戦などでお祭り的に盛り上がりたい人とそうでない人の温度差が極端に開いてしまう状況下では、声かけだけでは間にあいません。そのときは、あらかじめ近隣の飲食店と相談のうえ、宿以外の場所で観戦イベントを開いたり、近隣のスポーツバーを案内したりするなどの対策がお勧めです。

ちなみに、日々の賑わいの調整においてゲストハウス品川宿では、原則21時にチェックインを終わらせ、22時に受付のシャッターを閉め、22時半に「あと30分でコモンルームをクローズします」とアナウンスし、10分前に間接照明を一つ消して、23時にコモンルームを施錠し、段階的にトーンダウンするように工夫しています。このようにルール化しておくことで、ゲスト同士の温度差をコントロールしやすくするだけでなく、近隣住民との騒音問題まで未然に防ぐことができます。

多様なゲストの立場やシーンを考慮した設備とサービス

これまで僕が開業希望者の相談を受けてきたなかで、ベッドに関する質問が多くありました。ベッドを手づくりしたいと思う方もいますが、保健所の規定が厳しく地域によって詳細もさまざまなので、ベッドをつくり始める前に必ず、開業地を管轄する保健所に訪れ、規定を確認することをお勧めします。また、シーツや布団などの寝具は、買い替えの頻度が高く、ゲストハウスにとっては消耗品のようなものです。そのため、手づくりのベッドに既製品の寝具の寸法が合うかも事前に確認しましょう。消耗品である寝具まで毎回特注していると、高額な出費になってしまいます。

ベッド関連の話に付け加えると、枕元にコンセントや手元を照らすライトなどもぜひ備えておきましょう。また、掛け布団に付かない高さに濡れたタオルを干すことができるハンガーの設置も大事です。さらに、ピアスやネックレス、メガネなどの小物を置くちょっとした棚を枕元に備え付けておくと喜ばれます。いずれも利用者の立場になって、どこに何があると便利か、ゲスト同士が互いに快適さを保つにはどこに何が必要か、などを検討していきましょう。

最近はアメニティの充実したゲストハウスが増えてきました。以前は各自持参だったタオル・シャンプー・リンス・歯ブラシ・耳栓などが置いてある宿もあります。また、シーツや枕カバーもかつてはゲストが自分で付けるスタイルが主流でしたが、ゲストの敷き忘れを防止し満足度を向上させるために、最近ではあらかじめ宿側でシーツを敷いておくことが多くなっています。こういったアメニティやサービスをどこまで提供するか、どこから有料オプションにするか、といった問題は線引きが難しいところです。しかし、当然ながら経営を圧迫するほどのサービスには意味がありませんので、宿泊料金の設定と顧客満足度とのバランスを見ながらサービスを構築しましょう。

また、男性と女性では宿泊施設の利用シーンが異なります。経験則から言うと、特に女性の利用シーンを考慮して館内設備の配置を検討するとスムーズです。「男性客にスッピンを見られたくないので、洗面所は男女別にしてほしい」「男性客と同じシャワールームを使うのは怖い」「男性客が使

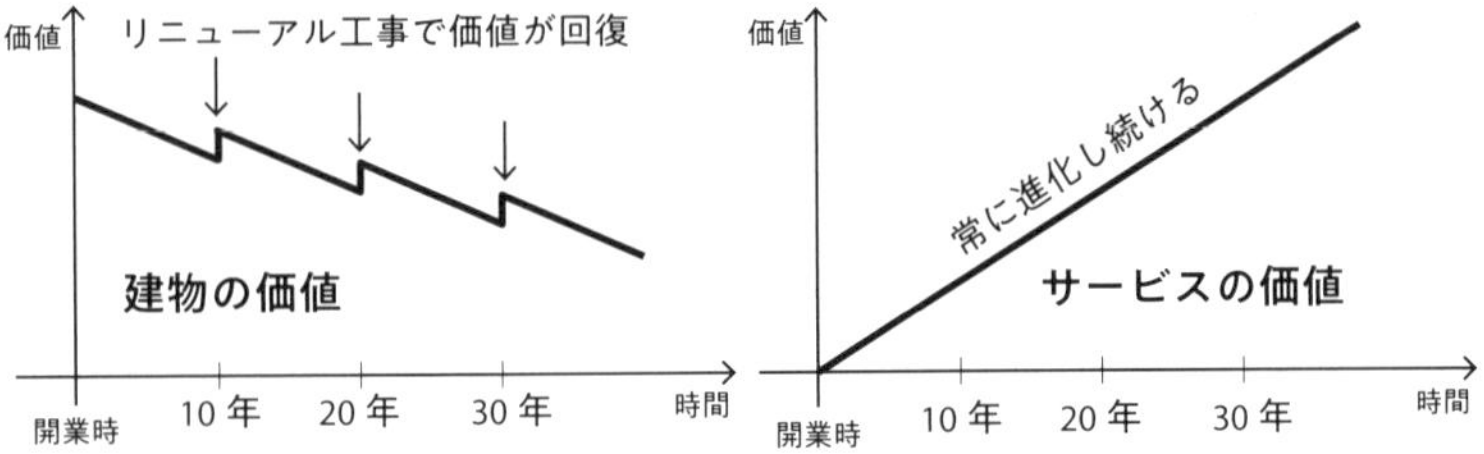

図15　建物とサービスの価値の変化

用した後のトイレを使用するのに抵抗があるので、女性用トイレを設けてほしい」などの声が女性のゲストから上がりやすいからです。社会の多様性が見直されている今の時代、さまざまなゲストの立場や価値観を考慮したうえで、施設やサービスづくりを進めていく必要があります。

三方よしのお金のデザインも忘れずに

X軸を時間、Y軸を価値としたグラフで考えたとき、ハードである施設の建物は、時間の経過とともに劣化し、価値が減少していきます。そこで、10年ごとにリニューアル工事をし、修繕して価値の回復を図るのが宿泊業界の通例です（図15）。一方、ソフトであるサービスは、完全な無人経営でない限り、開業時・数年後・数十年後と、時の経過とともに接客を介して学習し、常に進化し続けます。つまり、ソフトの価値を高めることで売上が上昇し、その上昇分を用いてハードを定期的に改善し、さらにパワーアップしていくサイクルが理想です（図16）。

また、地域の中にあるコンテンツを把握して、ゲストのニーズに応じて的確に紹介することも欠かせないサービスの一つです。ゲストハウスは、ゲストが地域に対してどういったニーズを持っているかをいち早く知ることができる立場にい

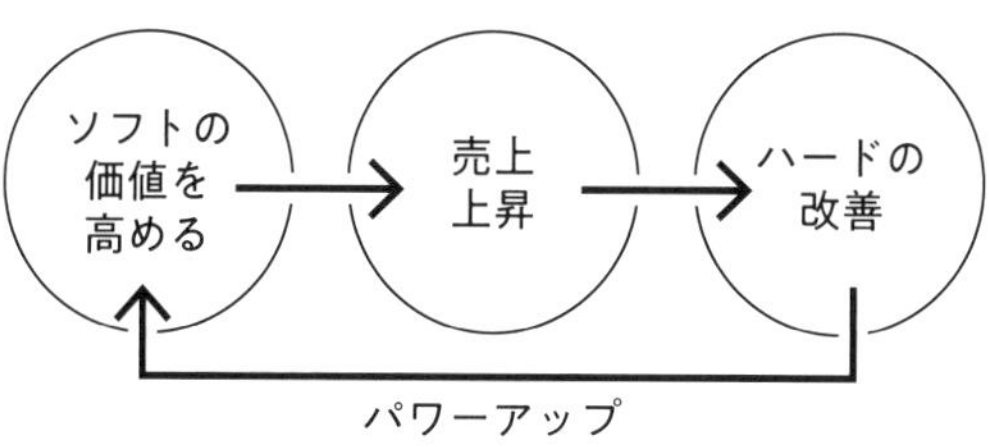

図16　パワーアップのサイクル

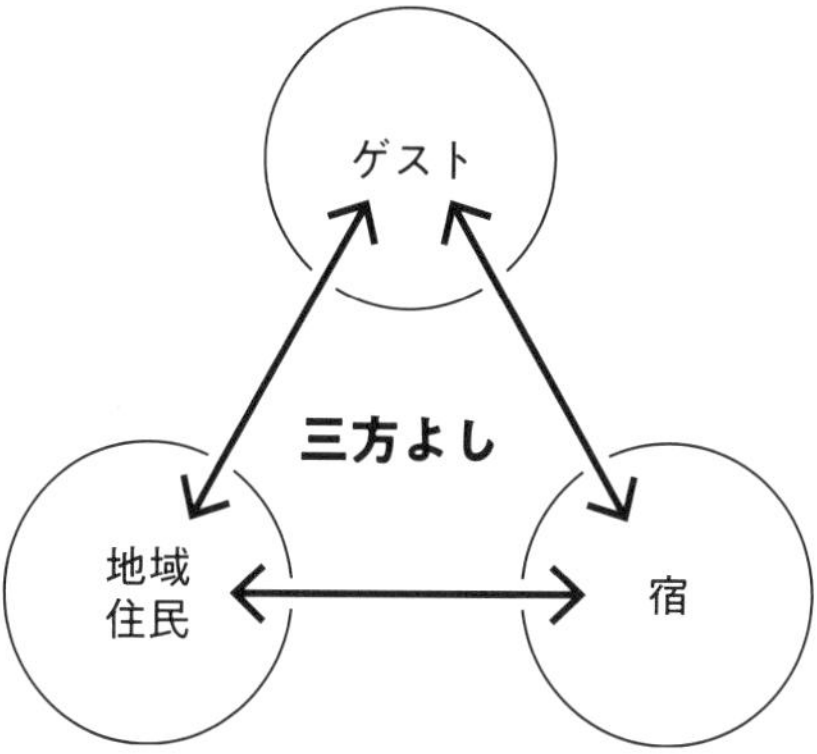

図17　三方よしのお金のデザイン

ます。ニーズに合った企画を積極的に組み、宿を窓口として案内したり利用チケットを代理販売したりすることもできるでしょう。たとえば、近隣の温泉施設と連携して入湯チケットを宿で販売したり、近隣の喫茶店と連携してオリジナルの朝食セットを用意してもらい、宿泊代に朝食代を含めて、宿で食券を手渡したりといったサービスです。単純な案内であれば無料対応でもいいでしょうし、提携先と事前に相談し、インセンティブとして紹介料をもらう取り決めをしておくのもいいかもしれません。

一つ注意しておきたいのは、ゲストハウスのオーナーは、「自分＝宿」の構図に陥りがちであることです。「宿経営は自分がやりたいことだから」「地域に貢献したいから」と意気込みすぎるばかりに、身銭を切ってしまいがちです。何か新しい企画を考える際には、ボランティアばかりではなく、三方よしのお金のデザインも心がけましょう（図17）。また、「自分の財布＝宿の財布」と捉えてしまうと、身銭を切る感覚がさらに薄れるため危険です。会計管理の観点からも、開業前から宿専用の通帳をつくっておきましょう。そうすれば、宿の入金と出金を明確に管理できるため、年末調整や確定申告の書類も作成しやすくなります。ちょっとした備品を購入する際も、オーナー個人の財布ではなく、宿の小口現金から出金するようにしましょう。

5　有事に備えてゲストハウスができること

地震・台風・豪雪など、昨今、今まで経験したことのないレベルのさまざまな災害が起こっています。ネイチャーツアーやマリンアクティビティなど自然の恩恵を活用して事業を運営されているゲストハウスであれば、恩恵と災害は表裏一体なので、自然との付きあい方をわかっておられるでしょう。しかし、2020年春に日本でも広まり始めた新型コロナウイルス感染症のように、疫病という地域を問わない有事が発生することも明らかとなりました。

緊急事態の際に、逆境に屈しないゲストハウスをつくるにはどうしたらいいのか。有事を迎える前に準備しておきたい「裏事業計画書」や、有事を迎えた際のアクションプランの立て方、緊急事態の資金繰りを一時的に凌ぐ手法などをご紹介します。

天変地異や社会情勢の有事への対応力をつける

前提として、宿泊施設は人々が生命の安全を脅かされず滞在できる、地域にとって必要なインフラだと僕は思っています。ですから、有事が発生した際は、オーナー自身とスタッフの心と体の安否確認と、建物の安全確認ができれば、休業ではなく営業できる手段を模索したいと考えます。地域の中に明かりが灯った場所があることで、地域の復興の希望にもなるため、ゲストがいないからと閉めるのではなく、有事の際こそ勇気を持って営業しようというのが宿場JAPANの方針です。通常の宿泊需要がないのであれば、有事で困っている人を対象として宿を稼働することもできます。東日本大震災の際には、帰宅難民になった方々の滞在場所や電源スポットとして宿を開いていました。コロナ禍でも、相部屋を個室利用に切り替え、シャワーの利用を1人ずつに区切って都度清掃を行い、一部の客室をテレワークスペースとして活用するなどして、感染防止策をとって営業していました。「今だからこそできること」を模索し、できるだけ状況をプラスに捉え、地域のインフラとして宿泊施設を稼働した方がいいと考えているからです。

また、有事は天変地異だけではありません。社会情勢の影響も有事と言えるでしょう。資本主義では、景気の良し悪しは振り子のように繰り返されます。コロナ禍での東京オリンピックは日本の経済にとって大打撃となりましたが、1964年の東京オリンピックや1970年の大阪万博は、日本の経済を発展させる原動力となりました。世界から日本へ人々を迎え入れようという機運が高まり、交通インフラが整備され、多数の宿泊施設が開業しました。その後、1990年のバブル崩壊や2008年のリーマンショックなどでは日本の景気は極めて厳しい状況となりました。また、2001年のアメリカ同時多発テロなどの世界的な惨事が起こると、旅行者の動向に大きく影響を与えます。ほかにも、格安航空会社（LCC＝Low Cost Carrier）が誕生したことで、早朝便や深夜便の利用者が増えたり、民泊の流行で宿泊施設の競争が激化するなど、従来の旅行スタイルを一変させる出来事もたくさん起きています。

このように、天変地異だけでなく、国の状況・制度・政権などが変わることで、宿泊事業は大きな影響を受けます。また、インバウンドを視野に入れる限りは、国内だけでなく世界の出来事に常にアンテナを張り、その出来事が自身の宿や地域にどう関わっていくかを見極める必要もあります。そして、変化に応じてペルソナの設定を微調整し、有事の状況下であっても宿泊体験を通じた感動をお届けするにはどうすればよいか、常に考えを巡らせておくことも求められます。

緊急時に向けた「裏事業計画書」の作成

そうは言っても、有事の真っ只中ではパニックに陥りやすく、冷静に判断できないものです。そこで、有事を迎える前にできる行動としてお勧めしたいのは、「裏事業計画書」をつくっておくことです。事業計画書は本来、平常時の理想のモデルを描いたものですが、裏事業計画書はそれとは別物で、有事の経営方針をあらかじめ計画したものになります。ただし有事には、前述したようにさまざまな出来事があります。ですから、裏事業計画書は緊急事態に備えた経営方針のフォーマットであり、実際に緊急事態に直面した際に、そのときどきの状況に応じた詳細の調整を加えたうえで、使用するものだと考えてください。

ここで述べている裏事業計画書は、一般的に「ＢＣＰ（Business Continuity Plan）」＝事業継続計画や「ＢＣＭ（Business Continuity Management）」＝事業継続マネジメントと呼ばれるものと同義です。ＢＣＰは、有事の発生時に備えて、前もって損失の大きさを認識したうえで、事業を継続させるための実行可能な戦略を文書化した書類です。そのＢＣＰのもと、具体的な組織体制や実行手段などのマネジメントプロセスをまとめたものがＢＣＭです。

宿場ＪＡＰＡＮでは、東日本大震災の際にＢＣＰ・ＢＣＭの作成に向けた補助金を活用し、品川区と提携して約2年がかりで緊急時の自社の復活計画をつくりました。細かく作成すると100頁ほどのボリュームになりますが、まずは数頁の簡単なもので構わないので、とにかく事前に作成することをお勧めします。インターネットで「ＢＣＰのつくり方」などと検索すると、作成時間1時間を日安とした参考例などが見つかりますので、詳しい作成方法はそちらを参照してください。

また、裏事業計画書を正しく活用するために、日々の売上の目標と結果を記録した「資金繰り表」をつくっておくこともお勧めします。事業計画書は模範的・理想的なもの、裏事業計画書は臨時的・危機的なもの、資金繰り表は日常的・実用的なものという位置づけです。資金繰り表があれば、事業計画書を実現するためのマイルストーンとして、また裏事業計画書を使用する際には調整を加えるための情報源として、有効活用できます。

有事に早く的確にアクションプランを決断する

では有事の発生時に、裏事業計画書をどのように活用するかをご紹介します。あらかじめ作成しておいた裏事業計画書を引っ張り出し、資金繰り表の情報から現状と照合し、事業復活までのシナリオである裏事業計画書の詳細をその有事の状況に合わせてフィックスさせます。その際に、最初にするのは、復活までの期間を決めることです。たとえば新型コロナウイルスの発生時であれば、「いつコロナ禍が収束するかなんて誰にもわからない」と思われるかもしれませんが、これはあくまで〝決め〟の問題です。予測が外れても構わないので、アクションプランを打ち立てるために、最悪の事態を想定して実施期間を定める必要があります。

次に、その期間に最低限必要な資金と資源を算出します。平常時通りの資金繰りではなく、売上が戻るまでに、いかに出費を抑えるかの検討です。収束の見通しが難しいコロナ禍であれば、売上が落ち込む期間を1年間と2年間のバージョンに分け、売上0％・10％・20％と段階的に計算し、いくつかの想定パターンのアクションプランを立てていきます。また日本では、深刻な不況の際に国から補助金が出されることもよくありますが、希望の金額を必ず受けられるとは限りません。ですから、補助金ありきで算出しないことが大切です。運よく補助金を受けることができたなら、事業の寿命が想定より延びたという考え方をしましょう。

そして、スタッフや地域の人々、株主、得意先、行政機関など、いわゆる利害関係者と呼ばれる人々との関わり方を検討し、具体的な組織体制や実行手段を決めます。戦略＝ＢＣＰの部分は、

①状況把握

→海外の被害状況、経済の状況、宿泊業を取り巻く状況、スタッフの気持ち

②情報共有

→資金繰りや緊急融資の現状とその他の施策、回復の見通し

③アイデア模索

→地域融合型ゲストハウスとして今何ができるか、お困りごとを探す

④意思決定

→やれることはやるが、会社の理念からズレたことはしない

⑤アクション

→未来を見据え、コロナ禍でも自分なりの楽しい働き方をイメージして実践する

図18　宿場JAPANでコロナ禍初期に共有したアクションプラン（2020年3月17日）

有事発生直後にほぼ確定させますが、具体的なマネジメントプロセス＝BCMの部分は、経営状況により変化するため、有事の中で定期的に見直していく必要があります。

裏・事業計画書のメリットは、有事の際に早く的確に決断できることです。「どう判断していいかわからないから、とりあえず周囲の様子を見よう」という姿勢では判断が遅れ、資金繰りが間にあわなくなり、スタッフや家族など関係者の不安が募って衝突や乖離が起きやすくなります。裏・事業計画書という緊急事態に備えたフォーマットがあれば、そのときどきの状況に合わせて調整を加えるだけで、詳細なアクションプランをすぐに作成することができるのです。

実際に宿場ＪＡＰＡＮでは、裏・事業計画書を事前に作成していたことで、コロナ禍での対応を迅速に進めることができました。２０２０年春にコロナ禍が始まってすぐのころ、裏・事業計画書を引っ張り出し、スタッフ全員で会議を開き、借入・融資の対応や集客方針など、今伝えるべき内容を10枚ほどのスライドにまとめて説明し、これからのア

クションプランを共有しました（図18）。スタッフのコロナ禍に対する考えをヒアリングしたところ、「同居の家族が高齢で、感染拡大が怖いので、できるだけ休みたい」「収入が低下すると生活が苦しくなるため、もっとシフトを入れてほしい」などの声があったため、その意向に応じて役割分担を決めました。1年後、スタッフに当時の様子を改めて聞いたところ、「宿の来客数が激減し、世間は深刻なニュースばかりで、会社や自分の暮らしの今後についてスタッフの誰もが不安を抱えていました。そんななか、早い段階で会社から先々の見通しが共有されたことで安心感を持つことができ、会社の皆で一緒にがんばって有事を乗り切ろうという団結力を高めることができました」との感想が得られました。

緊急事態を一時的に凌ぐための資金繰り

・裏事業計画書を正確に運用するために、日ごろから活用しておきたいツールは、オンラインクラウド会計です。具体的には、freee、Money Forward、弥生会計 オンラインなどのソフトです。通帳と連動しており、アプリ一つで即座に現金の状況を確認できるため、資金繰りや返済状況などが管理しやすくなります（図19）。

また、クレジットカードは緊急事態を一時的に凌ぐ資金繰りの有効手段となるため、日ごろから複数枚のカードを使用しておきたいところです。クレジットカードは利用日と実際の支払日が異なるため、翌月・翌々月までの支払猶予ができます。信用実績となる利用履歴がないと、いざという際に上限金額を引き上げることができないため、普段から複数のカードを少しずつ使っておくとリスクヘッジもしやすくなります。もちろん最終的に支払遅延にならないようにご注意ください。

金融機関では、有事の企業救済措置として、既存の借入の返済期日をいったんリセットし、新しい借入とセットにして返済期日を延ばしてもらえる場合があります。「借り換え」と呼ばれる手法です。ただし、金融機関に借り換えを相談して必ず受け入れてもらえるとは限りません。さらに返済が遅れるとすべての資金が差し押さえられることもあるため、こちらもご注意ください。

資金繰り・返済状況の管理

オンラインクラウド会計（freee 、Money Forward など）

資金繰りの代表的な方法

クレジットカードを複数用意
借り換え
納税猶予
支払い猶予

→入金を早く集め、出金をなるべく後に回すといった対策を地道にやることが大切
他の経営者と話しあい、情報交換を積極的に行うことも大切

図19　資金繰りの方法

国民年金や消費税、住民税といった納税の猶予もあります。これは有事の企業救済措置であるため、正式な猶予の承認が得られた場合、支払いが遅れたからといって遅延金がかかったり、納税が遅れたからといって金融機関で借入ができなくなったりすることはありません。逆に、公的な猶予の承認を受けている事実が、有事で資金繰りが厳しいことの証明となり、金融機関で借入しやすくなる場合もあります。

ほかに、緊急事態の資金繰りの手段として、毎年定期的に発生している大きな支払いを翌年以降に持ち越せないかを検

討することも大切です。家賃など月々の固定費を下げることは難しいですが、年に一度行っている数十万円単位のエアコンのクリーニング費用など、来客数の激減による稼働の低さなどを考慮すると不急な出費項目が見つかるはずです。普段からGoogleカレンダーなどのオンラインで年間スケジュールを管理しておくと、有事の際にそういった定期的な出費項目の洗い出しが簡単になるので、お勧めです。

以上のように、緊急事態を凌ぐため、支払日を先延ばしできるものを探し、入金を早く集め、出金をなるべく後に回すといった対策を地道にやることが大切です。ただし、いずれもそのときの状況によります。借り換えや納税の猶予などが必ず受けられる保証はありませんので、本書の情報は参考程度にとどめ、有事の際に各自で最新の情報を入手してください。

過去に経験したことのない緊急事態に直面し、経営上不安定になることは、どの業種・どの宿にも起こりうることです。ですから、そういったときには、他の経営者と話しあい、情報交換を積極的に行うことも大切です。また、コロナ禍のように世界中が同時に苦しい状況になる場合には難しいですが、地震や台風など、特定のエリアが困難に陥っている場合には、その他のエリアから人的支援や物的支援ができます。日ごろから、地域の中と外の双方で防災のネットワークを築いておくことも、経営を下支えする心強い味方となるでしょう。

4章　宿の価値を高め、地域と連携する運営

1　集客・サービス改善のノウハウ

宿のオープンに伴い、最初にやるべきことは何でしょうか。まず、この地域にどんな宿ができたかを発信することです。そして、運よくゲストが現れ始めたら、ゲスト1人1人の反応を見て、常にサービスをブラッシュアップしていきましょう。本章では、そうしたゲストハウスの〝開業後〟に焦点を当てていきます。それでは一つ目のポイントとして、オンラインとオフラインの集客方法や、サービスの基本的な考え方、サービスの改善方法などについてご紹介します。

多様なオンラインを活用した集客方法

オンラインを活用した集客方法としては、SNSやOTA、レビューサイトなどが挙げられますが、それぞれの媒体で特性が異なります。SNSには、30～50代の利用者が多くイベントページを立ち上げやすいFacebookや、リアルタイムな情報発信や情報収集に向いているTwitter、10～20代の利用者が多いInstagramなどがあります。

OTAは、いわゆる予約のポータルサイトのことです。SEO（Search Engine Optimizationの略。検索エンジン最適化と訳され、検索結果のページで自サイトを上位に表示するための対策のこと）が強いことから主流になりつつある「ブッキングドットコム」や、アジア系の集客に強い「アゴダ」、来店前からゲストと宿が対等なコミュニケーションをとりやすい「Airbnb」、北米で安定の利用者数を擁する「エクスペディア」、日系の「楽天トラベル」や「じゃらんnet」、高級志向の「一休.com」や「Relux」などがあります。

一方、レビューサイトには、世界最大の閲覧数を誇る「トリップアドバイザー」や、日本最大級を謳う「フォートラベル」などがあります。また最近では、宿探しの際にGoogleマップの口コミ欄を参考にしている人も少なくありません。検索でヒットしやすく、利用者にレビューの書き込みの依頼が自動で通知される仕組みになっています。なお、Googleマップ上の宿情報は無料で入力できるので、基本情報や写真などをある程度充実させておきましょう。

SNSは、自分で管理する手間がかかりますが、現場の雰囲気や運営者の人柄が伝えやすく、有料広告を出さなければ無料で運用できるのが魅力です。また、ゲストに情報を拡散してもらいやすいことも利点です。OTAは、検索エンジンでのヒット率が高いため、開業直後など認知を広めたいタイミングに役立ちますが、手数料がかかります。レビューサイトは、ゲストのリアルな口コミが集約されたものなので、コントロールは困難ですが、影響力は大きいです。

最近は、商業的に書かれた情報を斜に構えて読む人も多いため、OTAのような整えられた情報よりも、ゲストハウスの運営者自身の言葉やゲストの口コミなどの情報に信頼を寄せる人が多いようです。いずれにせよ時代とともに状況がすぐ変化するため、そのときどきの状況に合わせて、それぞれのツールの特性や宿の特性に合わせた発信方法を選択することが大切です。

SNSを活用する際は、オーナー個人のアカウントと宿のアカウントを使い分けることをお勧めします。個人のアカウントは自由な発信で構いませんが、宿のアカウントはあくまで来客に結びつけることを目的とします。アカウントを別にしておくと、人ではなく宿にファンがつきやすくなるため、スタッフが増えたり現場の顔となる人物が変わったときなどにSNSの運用をバトンタッチしやすくなります。閲覧数が多い時間帯に、探しやすいハッシュタグ、見栄えのする写真、現場の雰囲気や人柄が伝わるストーリー性の高いコメントを付けて発信しましょう。また、闇雲に情報を発信するのではなく、ゲストハウスが掲げるターゲットに届きやすい情報の発信を意識しましょう。

ゲストハウスの利用者にとっては、宿に滞在している間だけが旅ではありません。自宅で宿を検索してから宿にチェックインするまでの時間も、チェックアウトして自宅に帰って思い出に浸る時間も、すべて旅に関する記憶となります。そうした旅前・旅後におけるターゲットの行動パターンをイメージして、必要なツールや情報発信の仕方を検討することも大切です。また、旅前・旅後をイメージすることで、ターゲットに適した宿泊サービスを提供しやすくもなります。たとえば、ゲストハウス品川宿の場合、空港へのアクセスが便利なことから、早朝や深夜のチェックイン・チェックアウトの希望者を想定して、事前の申し出により朝7時から夜23時の受付に対応しています。

アナログな営業で潜在的ニーズをキャッチする

ここまでは、ゲスト自らがオンラインで検索するケースをご紹介しましたが、集客手段はそれだけに限りません。オフラインのアナログな営業も、欠かせない集客方法です。というのも、ゲストが潜在的なニーズを持っているにもかかわらず、オンライン検索に至っていないケースが少なくないからです。たとえば、数カ月に一度の頻度で、出張によりA町を訪れている人がいるとします。最初に検索したときに経費に収まる宿がヒットしなかったため、「この地域には自分の希望に適した宿はない」と思い込み、次から宿を検索しなくなります。

そういった顕在化していない潜在的ニーズを発掘するためには、ゲストハウスを紹介するフライヤー（チラシ）をターゲットが立ち寄る可能性のある場所に設置することが効果的です。たとえば、駅前や空港の観光案内カウンターや地元の飲食店、近隣の語学学校や大学、深夜残業の多い企業や見舞客の多い総合病院などです。各窓口の担当者にゲストハウスのことを紹介し、フライヤーを設置させてもらいます。その際に「このあたりを訪れる人々で、うちの宿のお客様になりそうな人や、その他の困り事などはありませんか？」と、ぜひヒアリングしましょう。すると、「この近くに大使館があって、入館申請の許可が出るまで1日待たされることがあるらしいよ。だけど、近場に安く泊まれる場所がないから公園で野宿する人が多くて、困っているんだよね…」といった情報を教えてくれます。こうした潜在的ニーズが浮き彫りになれば、ゲストハウスの利用を提案できます。

また、オフラインとオンラインの組みあわせとして、ゲストにレビューコメントを書いてもらえ

オンラインの集客方法

①SNS（Facebook、Twitter、Instagramなど）

→運用の手間はあるが、基本的には無料。ゲストにも拡散してもらいやすい

②OTA（ブッキングドットコム、Airbnb、エクスペディア、楽天トラベルなど）

→手数料はかかるがSEOが強いため、開業直後など認知を広めたいタイミングに役立つ

③レビューサイト（トリップアドバイザー、Googleマップのレビューなど）

→検索でヒットしやすい。レビューのコントロールは困難だが、影響力は大きい

オフラインの集客方法

①アナログ営業

→ターゲットが立ち寄りそうな場所にチラシを設置させてもらう。その際、お困りごとをヒアリングし、潜在的なニーズを把握し、集客につなげる

➡オンラインとオフラインの組みあわせが集客への近道
ゲストへのレビュー案内も効果的

図1　オンラインとオフラインを組みあわせて集客

るよう、押しつけがましくない程度にアナウンスすることも大事です。客室や共有スペースにさりげなく「トリップアドバイザーやGoogleマップのレビューでぜひ感想をお聞かせください」と貼り紙をするのもいいかもしれません（図1）。

サービスの5大原則と、オリジナルマップやルールづくり

ゲストに気持ちよく過ごしてもらえるサービスを提供するために、宿場JAPANではスタッフが守るべき5大原則を掲げています。その5大原則とは、身だしなみ・言葉づかい・表情・態度・挨拶です。これらができる人材か否かが、うちの採用条件のベースにもなっています。どれだけ大企業での勤務経験を持っていても、この5大原則が備わっていなければ、宿の現場に立ったときに苦労する人が多いからです。

5大原則を最も発揮させるべき瞬間は、ゲストにとって宿の第一印象が決まるチェックインです。見知らぬ人のいる見知らぬ場所を訪れるゲストの不安を和らげるように、ウェルカムな気持ちを積極的に表現することをお勧めします。また、チェックインの際は質問力が鍵となります。館内案内をしながら、ゲストの趣向をさりげなくヒアリングしましょう。「今日はどのあたりを観光されたんですか？」「明日のご予定は？」「○○がお好きなんですか？」などの情報を収集することで、そのゲストの好みに合った旅の提案がしやすくなります。

さらに、チェックインの際に、地域の楽しみ方をまとめたオリジナルマップを渡すのもいいで

…king Shinagawa-shuku

…hinagawa-shuku shopping district.
…rants and local shops with fresh foods, flowers, foot wear, secondhand clothes,

…eak English very well, but they are trying to learn how to serve foreign
…d Japanese-style hospitality.
…apanese, "**KONNICHIWA**"
…u enter the shops.
…et nervous whenever they
…oreign customers, but the
…se words make them feel at
ease speaking with you.

How to say "Hello"

Morning : ***Ohayō Gozaimasu***
Day Time : ***Kon-nichi-wa***
Evening : ***Kon-ban-wa***

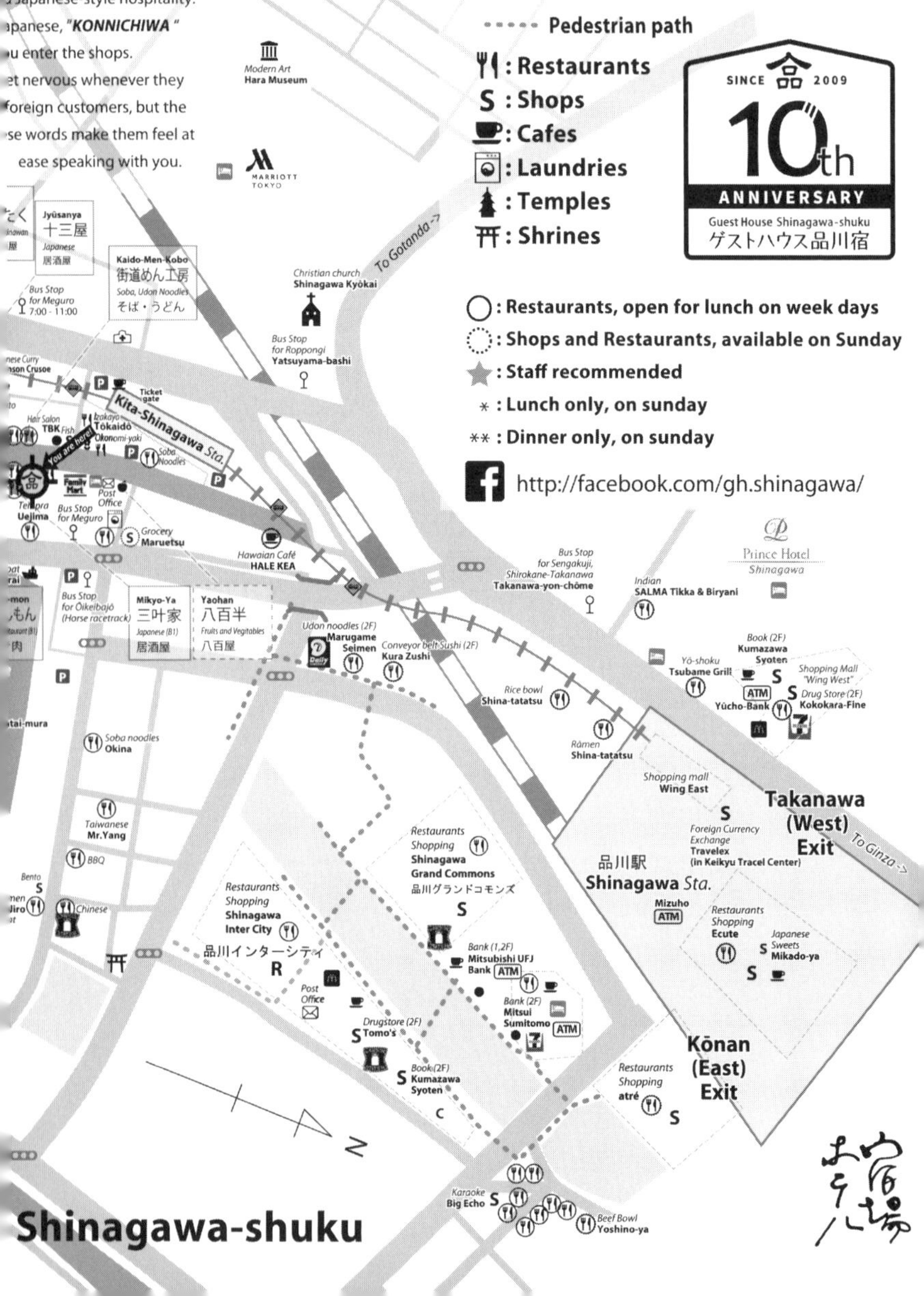

Shinagawa-shuku

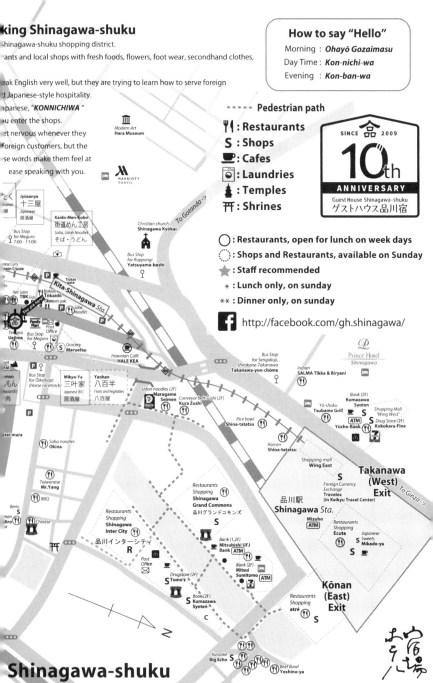

図2　ゲストハウス品川宿で配布している
　　オリジナルマップ

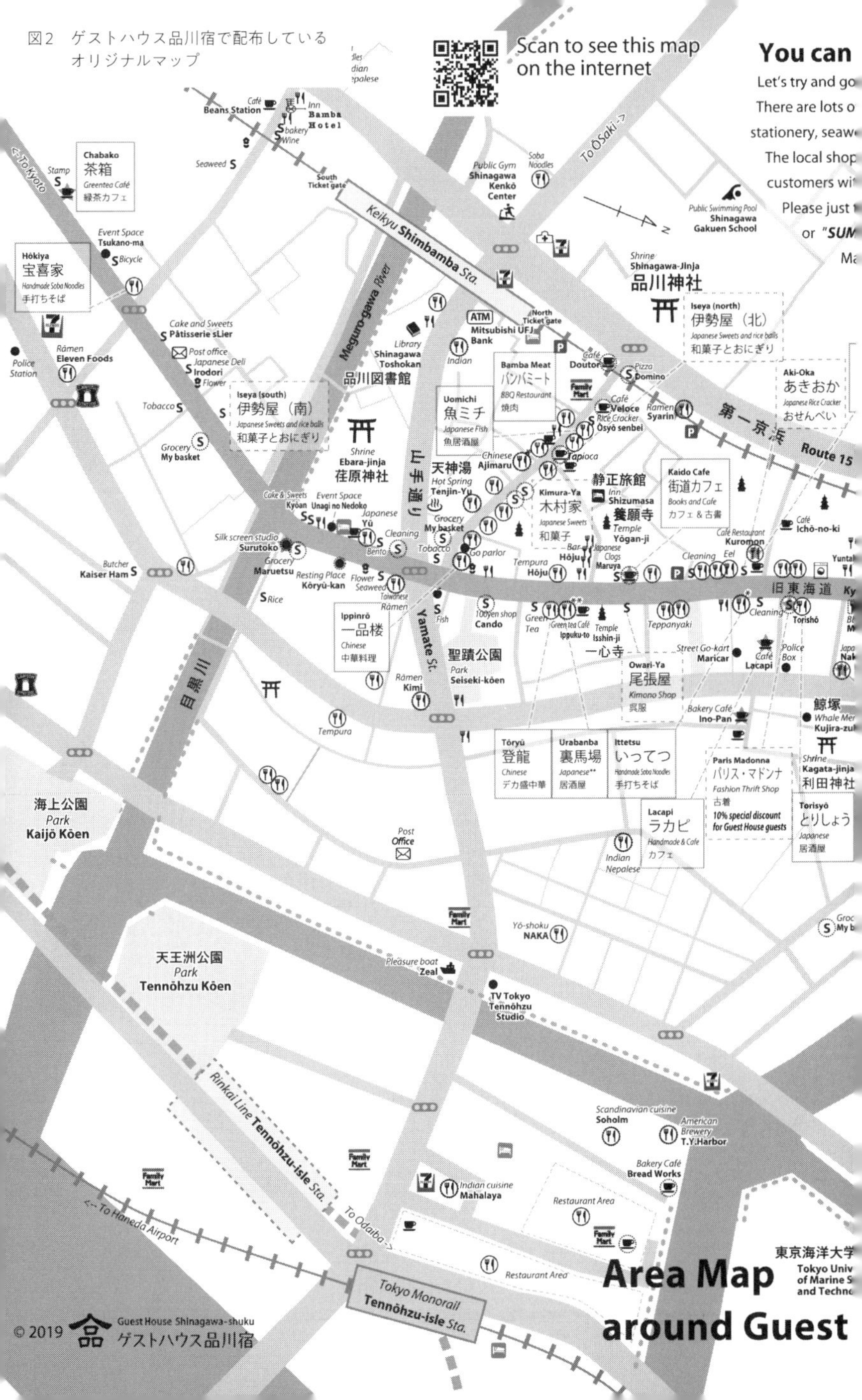

しょう（図2）。最近では、多くのゲストハウスでマップを配布するようになりましたが、マップは宿を中心として徒歩約15分を半径とする円を目安に作成するのがお勧めです。また、自らの経験に基づいて、一般的な観光ガイドブックに載っていないような地域情報を紹介することが大切です。ただし、自分たちの好みだけに偏ることなく、これまでのゲストの口コミや満足度も兼ねあわせて更新していくことで、より充実したオリジナルマップに仕上げることができます。

　また、マップの裏面に、Ｗｉ-ＦｉのＩＤ・パスワードや消灯時間の案内などとともに、宿の使用ルールを書き添えているゲストハウスも多数あります。しかし、「行きすぎたルールはＮＧ」です。反面教師ではありますが、ゲストハウス品川宿を開業したばかりのころ、さまざまな来客への対応から疑心暗鬼になり、「○○をしたら罰金1万円」などの項目を含む禁止事項30カ条を設けていた時期がありました。今から思えば、これは完全な反省点です。そもそも禁止事項を並べ立てて発生後に罰するのではなく、根本の仕組みを見直し、未然に防ぐ対策を練るべきです。

No Smoking
No Visitors
Keep Quiet
After 10 p.m.

図3　ピクトグラムによるルール表示の一例

　ルールづくりのポイントは、最重要項目を三つに絞ることです。欲張ったとしても五つまでです。そして、言葉ではなく標識のようにピクトグラムなどで表示し、視覚的に情報が伝わるようにしましょう（図3）。映画館で上映の冒頭に「禁煙・おしゃべりしない・椅子を蹴らない」などと禁止事項が案内されますが、同じようなイメージです。禁止事項が多く複雑になるほど理解できなくなるうえに窮屈な思いをさせてしまい、意図せずゲストが違反し、トラブル発生後に揉めるといった悪循環に陥りやすくなります。また、禁止事項が不要な憶測を誘い「以前にいろいろとトラブルがあったのかな…」と、ゲストを不安な気持ちにさせてしまいます。ゲストと運営者が共に心地よく過ごせるように、ルールは明瞭簡潔に、トラブルは未然に防ぐ工夫をしましょう。

ほかにも、開業したばかりのゲストハウスではよくあることですが、「使い終わったら電気は消してください」「ここからは靴を脱いでください」といった、ゲストに対する利用案内の貼り紙を宿のいたるところに貼ってしまうことがあります。これも、情報量は最小限にとどめ、イラストを用いるなどして一目で伝わる表示を心がけましょう。

以上いろいろとお伝えしましたが、ルールや貼り紙などをしなくていい秘訣が一つあります。それは、リピーターのゲストを増やすことです。リピーターさんの中には、宿のスタッフ顔負けのおもてなし精神で、交流の一環として他のゲストに宿の利用方法を案内してくださる方が多く、心強い味方になります。

クレームやマイノリティニーズへの対応策を蓄積する

ゲストハウスの運営を続けるなかで、必ず一度は向きあうことになるのが、ゲストからのクレーム対応です。施設やサービスに満足してもらえなかったクレームは、宿をよりよくするための種になるので、真摯に向きあっていきましょう。こちらに非がある場合には、責任者として謝罪をし、ときには返金やお詫びの菓子折り、次回の宿泊チケットをお渡しするなどの対応をとることもあります。「クレーム＝嫌なこと・怖いこと」と捉えてしまうかもしれませんが、人間はさまざまな価値観を持っているため、百人中百人が満足する施設やサービスを提供し続けることは不可能に近いことです。そこで落ち込んで立ち止まるのではなく、改善方法をしっかりと考えることが大切です。

実際にクレームが発生したら、記録を残しておきましょう。発生日と発生状況、対応したスタッフの名前、現場の対応、ゲストの反応、謝罪のアクションなどを記録します。そして、スタッフ全員で、再びトラブルを生じさせない改善策を考えます。宿を長期に運営するほどトラブルの記録が増えていきますが、その経験を蓄積していくことでさまざまなケースを未然に防ぐ知恵がついていきます。ご指摘くださったゲストには真摯に謝罪をしたうえで、その後はポジティブに捉えましょう。大事なことは、その学びを活かし、よりよいサービスを提供できるよう励むことです。

また、マイノリティニーズについても同様に、対応記録を残すことをお勧めします。マイノリティニーズとは、たとえば「ベジタリアン向けの料理を扱っている飲食店はありませんか？」「タトゥーをしていても入浴できる温泉を知りませんか？」など、少数のゲストから寄せられる要望です。頻繁に発生するニーズではないものの、特に訪日外国人の利用が多いゲストハウスでは一定数発生するニーズです。

こうしたマイノリティニーズはインターネットで検索してもなかなかヒットしないことが多いですが、ゲストハウスが独自に持つネットワークを辿ることで解決できることがよくあります。先ほどの例で言えば、普段から懇意にしている近隣の割烹屋で地物の野菜だけを用いた料理が注文でき、地域の日帰り温泉施設で貸し切りの個室風呂があるといった情報を知っていれば、マイノリティニーズに即座に応じることができます。それらの対応記録をGoogleスプレッドシートなどのオンラインのメモツールで残しておくと、次に同じようなニーズが発生したときにキーワードで検索して参照しやすくなります。蓄積されたマイノリティニーズの対応策は、宿にとって貴重な財産です。こうした備えがあることで、多様なゲストの希望を丁寧に叶えることができ、その感動から宿のファンだけでなく地域のファンも増やすことができます。集客とサービスの改善は、言わばこうした取り組みの繰り返しなのです。

2 付加価値を磨くノウハウ

もしあなたがつくりたいものが、単なる宿ではなく、いい宿ならば、付加価値を意識した宿づくりはとても大切なことです。具体的にどういった付加価値を付けるかは開業前に検討すべきことですが、その付加価値をどのようにブラッシュアップするかは、開業後に絶えず熟考すべきことです。そこで、ここでは、前提となる付加価値を検討する際のポイントを述べたうえで、宿場JAPANの具体例を挙げつつ、付加価値を磨くためのポイントをご紹介します。

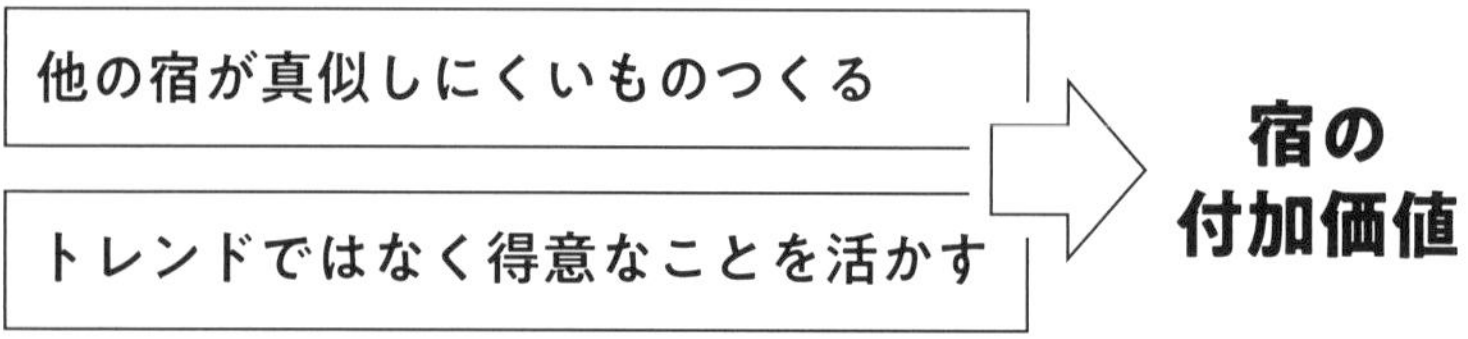
他の宿が真似しにくいものつくる
トレンドではなく得意なことを活かす
宿の付加価値

図4　付加価値を検討する際の二つのポイント

汎用性が低く、得意なことを付加価値にする

ゲストハウスにおける付加価値とはいったい何でしょうか。簡単に言えば、従来の宿泊にプラスアルファ、つまり他の宿泊施設とは異なる特異性や優位性があることです。また、そのプラスアルファは、〝運営者満足〟では意味がなく、〝ゲスト満足〟である必要があります。ゲストの口から「この宿の◯◯がいいから何度も泊まりたくなる」と言ってもらえるのが理想です。ですから、付加価値をどのように高められるかが、持続可能な宿づくりの明暗を分けると言っても過言ではないでしょう。

付加価値を検討する際に重要なポイントは、大きく分けて二つあります（図4）。

一つ目は、他の宿が真似しにくいものをつくることです。ゲストハウス業界に限った話ではありませんが、よいものはコピーされ、やがて市場でコモディティ化します。アイデアのコピーは世の常ですが、苦労して生み出したアイデアを、資本力のある企業にそのままコピーされ、未来の売上ごと奪われてしまっては困ります。そこで、追随者が簡単には真似できない付加価値を付けることが重要となります。真似しにくい代表的なものは、「泥臭さ」です。成功例をコピーしたいと考える人ほど、時間よりもお金をかけて、効率的に売上を上げることを好みます。そこで、開業前に地域の人々と時間をかけて関係性を築いておくことで、お金では簡単に買えない付加価値を生み出すベースをつくることができます。逆に言えば、設備は資本力次第で真似されやすく、コンセプトや仕組みも表面的にはコピーが容易いので、そこに付加価値の重点を置くと危険です。

二つ目は、トレンドではなく得意なことを活かすことです。人には得意・不得意があります。トレンドだからといって不得意なことにお金をかけすぎないことが大切です。トレンドは移り変わりが早く、また、運営者自身の思い入れやストーリーのない付加価値には誰も魅力を感じにくいものです。ですから、運営者自身のパーソナリティをシンプルに活かすことで、汎用性が低くなり、付加価値をコピーされにくくなります。

エリアのコンシェルジュになり、付加価値を磨く

2章で紹介した通り、宿場JAPANではかなり泥臭い人間関係を重視してきました。約1年間、自身の儲けを度外視して、まちづくりに積極的に参加し、地域の人々との絆を深め、ゲストハウス品川宿の開業に至りました。開業前から、大手企業が真似しにくい付加価値として、地域性や人とのつながりを大切にした地域融合型のストーリーを意識してきました。具体的には、駅前とは異なる下町情緒が味わえる商店街で、宿のスタッフが地域のコンテンツを時間をかけて開拓し、さまざまな角度からゲストに紹介することで、宿や地域に付加価値を生み出してきました。多店舗展開の際も、地域融合型の体験を付加価値の主軸としながら、宿のコンセプトやターゲットに合わせて変化をつけるようにしています。ゲストハウスではゲスト自身が地域へ繰り出すきっかけづくりをし、

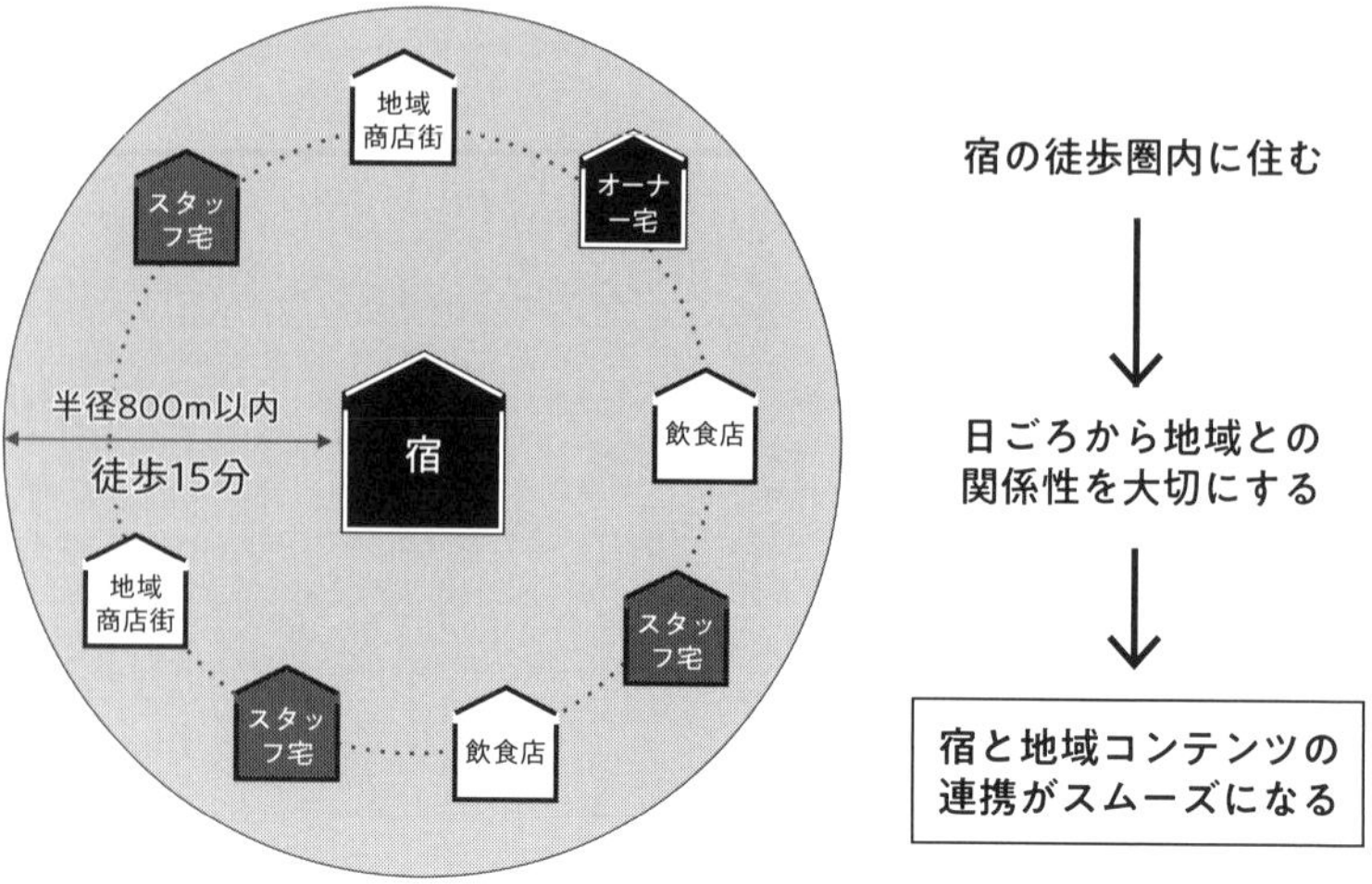

図5　半径800メートル圏内でエリアのコンシェルジュとなることが大切

アパルトマンでは生活に必要なコンテンツの案内まで行い、一棟貸しホテルでは近隣の飲食店と提携してルームサービスのように地域のコンテンツを宿に運び入れるといった具合です。

このスタイルを築くためには、宿から半径８００メートル以内・片道徒歩15分で歩ける範囲を知り尽くし、宿のオーナーやスタッフが「エリアのコンシェルジュ」となることが大切です（図5）。これは、前述したゲストハウスのオリジナルマップで紹介するエリアと同じ範囲です。オリジナルマップの作成および更新は、ゲストのためでもありますが、運営者が宿と地域の関係性を可視化して的確に活用するツールとしても役立ちます。また、実体験に基づいて地域の楽しみ方をゲストに提案できるように、そのエリア内にオーナーやスタッフが暮らしている状態がベストです。日ごろから地域との関係性を大切にすることで、先ほどの一棟貸しホテルのルームサービスといった地域のコンテンツとの連携がスムーズになります。

そのほか、ゲストハウス品川宿が付加価値を高めるために実施している具体例としては、「飛び出せコモンルーム」という企画があります。ゲストハウス品川宿のコモンルームはそれほど広くはないため、地域の人たちを大勢呼ぶことができません。そこで、年に一度の頻度で、近隣の飲食店やイベントスペースを臨時コモンルームとしてお借りし、ゲストと地域の人々が交流できるイベントを開いています。イベントでは、音楽や茶道などスタッフの得意分野を活かした出し物やワークショップを織り交ぜて、皆で飲食を共にします。さらに、告知のポスターづくりなど一部の作業を地域の人々にご協力いただくことで、関係性の輪が広がります。このように、年に一度だけでもゲストと地域の人々が一堂に会する機会をつくることで、コミュニケーションの密度が一段と濃くなるのでお勧めです。

また、宿場JAPANでは、定期的にスタッフ全員でゲストが宿周辺を散策した際の足跡を辿るようにしています。ゲストと同じ視点に立って、実際に自分たちの地域を体験することで、ゲストの満足・不満足のポイントに気づくことができます。たとえば「カナダのお客さんが『デザインが珍しい』と喜んで写真を撮っていたマンホールはこれのことか」「このお店は看板が少しわかりにくいから、目印に『赤い屋根の店』と伝えた方がよさそうだ」といった具合です。それは同時に、近隣店舗や地域住民が抱いている不満のポイントを把握できる機会にもなります。ゲストだけが満足し、地域の人々が不満を感じている状況は、迅速に解決する必要があります。ゲスト・地域住民・宿泊施設の三方よしの状態が、付加価値を生む重要なベースになるからです。

付加価値をブラッシュアップする際の三つのポイント

開業後、運営を進めるなかで得られるさまざまな情報をもとに付加価値をブラッシュアップしていきます。その際に、お勧めしたいポイントが三つあります（図6）。

一つ目は、オペレーションや設備を磨くことです。具体的な方法としては、旅前・チェックイン・滞在中・チェックアウト・使用後の部屋の状況・旅後といった各時系列において、ゲストの動作や表情、備品の状態などから、オペレーションや設備に十分満足してもらえているかを読み解きます。

たとえば、チェックアウト後、フック以外の場所にハンガーが残っていることが何度かあった場合、現在のフックの位置が適切でない可能性があります。ほかにも、なぜかよく湿っている場所、ゲストの忘れ物が多い場所、背の高い人がよく頭をぶつける場所などがあれば、オペレーションや設備を改善することで解決します。「どうしてだろう？」と少しでも違和感のある状況を、ゲストの声からだけでなく、自分の目で見つけられるよう、ゲストの心理を想像することが大切です。

これらの違和感の解消を時間がないからと後回しにしていると、同様の問題が度々発生して毎回対応することになります。結局、その方が時間と手間がかかることになるため、開業後は些細な気づきでもオンラインメモに書き留め、すぐに改善していきましょう。オンラインメモは、タスク管理ツールのTrelloやEvernoteなど、複数人で情報を更新・共有できるものがお勧めです。労働災害における「ハインリッヒの法則」（一つの重大事故の背景には29の軽微な事故があり、その背景には３００の異常（ヒヤリ）が存在するという法則）のように、ヒヤリとした出来事を見逃していると、軽微なトラブルにつながり、最終的には重大な事故や災害を招くことになりかねません。

二つ目のブラッシュアップのポイントは、宿に滞在時の感動ポイントを磨くことです。まずは基本的な姿勢として、前述の身だしなみ・言葉づかい・表情・態度・挨拶の５大原則を守れているかのチェックをしましょう。基本的な項目ばかりに見えますが、忙しいときや疲れているときにはつい怠りがちになるため、常に５大原則を意識しながらゲストをお迎えする心構えが大切です。

また、５大原則を満たしていても、どうしてもゲストの希望を満足させることができない場面もあります。たとえば「ゲストハウスの近隣にいい銭湯がある」という噂を聞きつけて訪れてくださったゲストがいたとします。しかし、その銭湯は客足次第で早めに閉めてしまうことがあるため、ゲストは楽しみにしていた銭湯に入ることができませんでした。その状況を挽回する策、または未然に防ぐ次回策を持つことができるか否かで、宿の付加価値が変わります。代わりとなる別の銭湯を案内したり、予約受付やチェックインの段階で銭湯が早めに閉まる可能性をあらかじめ伝えておくといった工夫です。このように、ゲストの希望を叶えられなかった悔しい経験さえも付加価値に変えていく術を習得しましょう。

オペレーションや設備を磨く

宿に滞在時の感動ポイントを磨く

地域の中で感動できるポイントを磨く

図6　付加価値をブラッシュアップする際の三つのポイント

三つ目のブラッシュアップのポイントは、地域の中で感動できるポイントを磨くことです。先ほどは宿の中でゲストに直接的にできる取り組みをお伝えしましたが、こちらは宿の外でゲストに間接的にできる取り組みについて紹介します。

まず欠かせないのは、地域の人々と顔の見える関係性を築くことです。一般的に人間は、信頼している人の知りあいは大切にしようとする傾向にあります。日ごろから近隣の店舗や住民と良好な関係を築いておくことができれば、「あの宿の紹介でうちの居酒屋に来てくれたんだね、ありがとう。これ、おまけしとくよ」「大きなリュックを背負っているけど、あの宿のお客さん？ 宿まで道案内してあげるよ」などと、ゲストを一緒にもてなそうとしてくださる地域のサポーターが増えます。

また、地域の人々との情報共有も大切です。ここで言う情報共有とは、宿から地域の人々に対して、ゲストが喜んでくれたことへの感謝の気持ちを伝えることです。人間は、感謝されると感謝したくなるものです。ですから、地域の人々に「ありがとう、あなたが◯◯してくださったおかげで、お客さんが喜んでくれました」と伝えることで、地域の人々もゲストの喜ぶポイントを理解し、自身の仕事や地域に誇りを持ち、今後のおもてなしのモチベーションが上がります。決して「うちの宿があるおかげで近隣店舗が潤っているんだから、わざわざ感謝なんて伝えなくても」などと驕ってはいけません。地域の人々とコミュニケーションをとらずに、まちづくりの活動にも消極的でいると、これまで述べたような付加価値が生まれる関係性をつくることができなくなり、結果的に自分の首を締めることになりますので、どうぞご注意ください。

以上が、開業後に付加価値をブラッシュアップする際にぜひ心がけていただきたい三つのポイントになります。SNSに映える空間的な付加価値は、新規顧客を開拓する際には有効ですが、リピーターの創出にはつながりにくいため、本質的にはこれら三つのポイントをコツコツ磨いていくことが重要です。

3　採用・人材育成のノウハウ

小規模施設が多いゲストハウス業界では、人材の雇用が議論のテーマになることがよくあります。運営者が頭を悩ませる主な理由には、雇用できるほど売上が上がっていないことや、繁忙期と閑散期のギャップが大きく売上が安定しないことなどが挙げられます。そこで、損益分岐点を越えたところに有給スタッフを募集するか、何かしらの工夫をして無給でも働いてくれる人を探すか、といった選択肢が出てきます。ここでは、それらの有給・無給スタッフの考え方や、お勧めの採用方法、人材育成におけるポイントなどをご紹介します。

有給スタッフと無給スタッフの線引き

採用・人材育成の前提として、雇用形態に関する基礎知識とゲストハウスにおける考え方の話から始めましょう。

まずは、有給スタッフについてです。パートやアルバイト、有期雇用社員、正社員など一般によく知られている雇用形態もありますが、有給＝労働対価の発生という意味では、企業や個人事業主へ業務委託する選択肢もありえます。業務委託を取り入れているゲストハウスの多くは、プロに清掃を外注するなど、接客に当たらない裏方業務から委託を始める傾向にあります。しかし、清掃を通してゲストの隠れたニーズに気づけることが多々あるため、「清掃こそ自分たちでやるもの」という方針を掲げるゲストハウスも少なくありません。また、業務委託の場合、契約後は委託先に該当の業務内容を完全にお任せする形になるため、細かな指示の変更が難しくなります。ですから、適宜調整を加えながら、ゲストハウスをよりよくする方法を仲間と模索したいなら、正社員やアルバイトなどの雇用形態がお勧めです。

また、有給スタッフが「31日以上継続して雇用される見込みがある」かつ「週の所定労働時間が20時間以上」という両方の条件を満たす場合には、雇用保険への加入が法律で義務づけられています。さらに他の条件を満たせば、健康保険・介護保険・厚生年金などの社会保険への加入も必要であり、当然ながら税金を納める義務も発生します。よって、一定の労働条件に当てはまる有給スタッフには、その人自身に支払うお金＋その約2〜3割分の関連出費があると考えてください。なかなか重たい出費ではありますが、いい人材に長く働いてもらうためには、大事なことです。

続いて、無給スタッフについて説明します。フリーアコモデーションやヘルパー、インターンシップ、プロボノ、ボランティアなど、無給スタッフの働き方は多様です。通称「フリアコ」と呼ばれるフリーアコモデーションは、宿泊代を無料にする代わりに宿の手伝いを無償で行ってもらう労働形態で、世界各国のゲストハウスで親しまれているスタイルです。日本のゲストハウスでは、フリアコとほぼ同義語として「ヘルパー」という名称が使われています。

ただし、外国人のフリアコおよびヘルパーを採用する際には、注意が必要です。就労資格のない外国人を働かせた場合、日本では入管法（出入国管理及び難民認定法）に抵触する恐れがあるからです。日本が特定の国と協定を結んでいるワーキングホリデー制度を活用すれば問題ないのですが、その届け出をしていない場合や、協定国でない外国人を就労させた場合には、無償の労働であっても違法と見なされることがあります。ほかに、就労ビザの取得という解決策もありますが、ある程度の施設規模がないとビザの取得は難易度が高く、現実的とは言えません。

次に、インターンシップは、学生が興味のある企業で職業体験をすることです。ゲストハウスでは、卒業論文の情報収集や異文化交流を体験する機会として、インターンシップを希望する大学生が結構います。

また、プロボノは、仕事の経験やスキルを活かした社会貢献のことです。物的な見返りを求めない点で、ボランティアとほぼ同義語になります。プロボノおよびボランティアは、宿泊代や職業体験のような明確な見返りを前提としていないため、本人のやりがい・満足度が高い状態が維持されなければ成立しません。そのため、ありがたい存在ではありますが、コントロールは難しいです。

ゲストハウスの運営者がよく悩んでいるのが、どの働き方を希望するスタッフに夜間業務を依頼すべきかということです。旅館業法では、スタッフの夜間常駐は必須ではなく、もしものときに駆けつけられる体制があれば問題ありません。しかし、火災や地震などの就寝中のトラブルは一刻を争う可能性が高く、緊急時に備えてスタッフを夜間常駐させることが一般的です。その際に、もともと住み込みだからとフリアコやヘルパーなどの無給スタッフに対応を任せてしまっていいのか、役割の重要度を考えると有給スタッフを置くべきではないのかといった点が議論になります。ゲストハウス品川宿では、旅館業法に登録していない1室を有給スタッフに貸し出し、夜間業務に当たってもらっています。

同業他社の方々の話を聞いていると、無給スタッフと揉め、熾烈な争いに発展することが結構あるようです。たとえば「今まで働いた分の給料を払ってほしい。払わないなら訴える」「無給で働いている人間にここまで責任を課されると思っていなかった」などとスタッフから主張されることがあるといいます。そういった双方の認識のズレが出ないように、無給スタッフであっても労働条件を記載した雇用契約書を最初に交わしておくとよいでしょう。

結論をまとめると、無給スタッフは会社の売上が成り立っていないときの一時的な対応策と言えます。そして、宿の損益分岐点を越えたころに、人件費を経費として計上し、最良な人材に長く働いてもらえるように、社内の労働体制を整えることです。日本のゲストハウスの文化はまだまだ誕生して間もなく、労働体制も試行錯誤の段階です。同業他社の傾向になんとなく合わせるのではなく、法的に正しい判断を心がけましょう。

理念や目標に合致する人材を採用する方法

続いて、希望する人材に出会うための採用方法をご紹介します。採用のステップとしては、最初から公募するのではなく、1人目は家族や友人・知人、そこからの紹介などで採用を検討することをお勧めします。なぜなら、採用経験がない段階では、宿に適任な人材かを見分ける自身の目が養われておらず、感性の近い身近なコミュニティから採用することで、大きなミスマッチを防ぎやすくなるためです。ただし、関係性が近い人ほど、気を遣ってお互い本音を言いづらく、関係性が崩れた場合に精神的ダメージが大きいといったデメリットもあります。また、外国語やITリテラシーなどの専門的知識に精通するスタッフを必要としている場合もあります。ですから、運営を通じて自身の宿に必要な人材を見極められるようになった段階で、公募するのがベストでしょう。

公募の準備として第一にすべきことは、宿の掲げる理念や目標を言語化することです。ちなみに、宿場JAPANでは、法人化するタイミングで改めてそれらを整理したことで、今の仲間に出会うことができました。僕らは「『SHUKUBA』の輪を全国に」という理念を掲げています。ここで言うSHUKUBAとは、本来の宿場だけでなく、世界中のさまざまな人々を受け入れ、お互いの文化を尊重し、共に暮らすコミュニティまで意味しています。ある地域の宿に世界中から旅人が集まり、そこで感動的な体験が生まれることで、その地域と世界の距離がぐっと縮まります。

Wantedlyに掲載した宿場JAPANの求人募集ページ

そういった多文化が共生する地域の基盤をつくりたいと考えています。

第二にすべきことは、「共に働くうえで、◯◯を大切にしあえる関係でありたい」の◯◯に当てはまるものを最大三つに絞って考えることです。それにより、理念や目標の言語化と同様に、自身が目指す職場環境の方向性が明確になり、その考えに共感する人材に出会いやすくなります。

そして最後に、職種・給与・交通費・出勤形態・社会保障などの条件面を明確にしましょう。

以上の情報を1頁にまとめ、ゲストハウスの雰囲気が伝わる写真を1枚添えて、宿の公式サイトもしくはブログなど、情報源を一つに定めてSNSで拡散させます。世間にはさまざまな求人情報サイトがありますが、一般的な求人情報サイトは広告料が高いうえに、やりがいより条件面を重視する利用者が多いため、SNSの方がゲストハウスとの相性がよいと考えています。ただし、求人情報サイトの中でも、「日本仕事百貨」や「Wantedly」などは、宿のストーリーや運営者の人柄を伝えることができるのでお勧めです。

採用の決め手として大切なのは、オーナーである自分と採用希望者との、人生における価値観の近さです。性格や興味の分野が異なっていても構いません。どういった価値観を持った人物なのかを知るために、面接の際には「今までどういった事柄に時間を使ってきましたか？」「関心のある分野に対して、どのくらいの熱意を持っていますか？」などと尋ねるとよいでしょう。本人の好きなことや情熱を燃やしていることをヒアリングすると、緊張がほぐれ、自分の言葉・表情で語ってくれるようになり、採用希望者の本質を知ることができます。そこから、何に重きを置いて生きている人物なのかを垣間見ることができるのです。

加えて、宿場ＪＡＰＡＮでは、〝陽の気〟をまとっている人を採用するようにしています。宿にはさまざまな性格や状況を抱えたゲストが訪れるため、誰が何人来ようとも、片っ端から笑顔に変えて、この人がいれば大丈夫だと皆を安心させてしまえる太陽のような人は、宿の運営において非常に貴重です。そういう人にはファンが付きやすく、よりよい宿づくりを目指す仲間としても最適だと実感しています。

チームとしての人材育成

スタッフが増えるごとに、ゲストハウスの文化はいい意味で変化していきます。そのため、一気に複数名を採用するのではなく、期間を空けながら1人ずつ採用して、ゲストハウスに1人1人の個性を丁寧に織り交ぜていくことをお勧めします。新店舗をオープンする際に新規スタッフを一気に雇用する会社もありますが、理念をブラさずに貫くためにも、既存店舗で経験を積ませた後に新店舗の接客を任せるといった段階的な雇用がよいと思います。

もし3名以上の採用を検討する際は、パズルのように性格の組みあわせを考える必要がありま す。各スタッフの得手・不得手が異なり、個性を尊重しながらお互いに補完・学習しあえるチームが理想です。自分の強み・弱みを把握し、周囲に適切に伝えられる人材を採用できれば理想的ですが、もともとそういった習慣のない人でも採用後に習慣化できれば問題ありません。習慣化に向けてスタッフ全員で心がけるとよいのは、「ありがとうございます」「ごめんなさい」「助けてください」「教えてください」の四つの合言葉を大切にすることです。年齢や仕事の経験年数を問わず、この言葉を適切に言いあえる風通しのよい職場環境を目指しましょう。この職場環境づくりのためにオーナーがすべきことは、ただ模範解答ばかりを提示することではありません。「なぜそう思ったの？」「こういうときはどうしたらいいと思う？」と、あえて問いを投げかけ、本人の思考力を育てるようにしましょう。

こういった職場環境で切磋琢磨したチームが一丸となってお客様をおもてなしし、感謝の言葉を受け取ることができたなら、チーム全体で喜びを分かちあい、次のエネルギーに変えていきましょう。この成功体験を日々重ねていくことが、人材育成の秘訣です。

以上をお読みいただいてもわかるように、無給でこのレベルの働きぶりを求めるには限界があります。短期間であっても無給で新たな文化を注いでくれる「風の人」の存在はありがたいですが、「風土」という言葉が「風」と「土」から成り立つように、有給で長きにわたり会社に根ざしてくれる「土の人」の存在は欠かせません。いいものをつくるには、少し先、あるいはもっと先の未来を見据えて動く必要があります。その未来を一緒に描いてくれる仲間は貴重な財産となります。

仕事と生活のバランスをとれる体制づくり

ゲストハウスの付加価値を日々磨いていくためには、仕事と生活のバランスも大切です。宿泊業は、自主的に休業日をつくらなければ、ほぼ365日稼働できてしまう仕事です。親族が亡くなって喪に服しているときや、子育て中で疲労困憊のときなど、さまざまなプライベートの事情を抱えていても、ゲストの前に出る際には笑顔でいる必要があります。とはいえ、人生において仕事と生活のバランスが常に安定しているとは限りません。

たとえば僕の場合、ようやく開業できたと喜んでいたのも束の間、ありがたいことに取材が殺到して多忙を極めました。そのため、親友の結婚式にも参加できず、20年来の友人関係が途切れてしまいました。また東日本大震災の直後には、売上がゼロになる日が続き、まともに雇用ができなくなりました。そのため、日中と深夜の両業務を1人で行わなければならず、新婚ながら帰宅できない日々が続き、とうとう離婚することになりました。なんとか売上を持ち直した矢先、親族が立て続けに亡くなりました。仕事を続けていくうちに素晴らしい仲間に恵まれ、ようやく落ち着いて、新しいパートナーができたころに、コロナ禍に見舞われました。

このように、長い人生の中では、仕事と生活の過酷な波が次々とやってきます。ですが、どちらかの波に溺れそうな状況でも、仕事の現場では笑顔が求められます。そこで重要なのは、一緒に働くスタッフの存在です。当然ながらスタッフにも仕事と生活の波があるため、その点を考慮しながら、過酷な状況下にあってもお互いを支え・補いあえる信頼関係を築きましょう。複数のスタッフがいれば、誰かの生活に緊急事態が発生しても、リスクを分散できます。もしものときに協力しあえる仲間を集めるためにも、前述した通り、人件費は極力削らず、コストをかける優先事項とすることをお勧めします。

また、これは僕の反省を込めた経験則ではありますが、忙しいときこそ家族や友人に対する報連相を怠らないことも大切です。関係が近い人ほど甘えが生じて、配慮の優先順位が下がります。関係の修復には数十倍・数百倍の時間とエネルギーがかかるため、関係が壊れる前に普段からコミュニケーションをしっかりとっておくことが必要です。スタッフや地域の人々は仕事における大切なチームメンバーですが、家族や友人も生活を支えてくれる大切なチームメンバーなのです。

4　多店舗展開のノウハウ

ゲストハウスが小規模であるほど、ふとした瞬間に「もう1軒あればいいのに」という思いが膨らみやすいものです。これまでの努力が実を結び、宿は高評価を得て、連日満床続きだとします。

開業当初から懇意にしてくださっていたリピーターさんからの予約さえも、タイミングによっては断らざるえなくなると、残念な思いをさせたくない、関係性を崩したくないといった気持ちが募ります。さらに、宿が繁盛していると噂を聞きつけた地域の人々や知りあいなどから「うちの空き物件も活用してもらえない？」との相談も増えていきます。

ここでは、そういった場面を迎え、「もう1軒つくろうか」と多店舗展開を検討している人に向けて、そのメリットとデメリットに触れたうえで、必要な条件やお勧めの展開方法をご紹介します。

多店舗展開のメリットとデメリット

多店舗展開のメリットは複数あります（図7）。

一つ目は、売上の天井を上げられることです。宿泊業は「単価×定員」が売上の最大値になるため、宿（床数）を増やす分だけ定員が増え、最大値を上げることができます。

メリットの二つ目は、新たなニーズに対応できることです。1号店の運営を通じて見えてきたゲストのニーズのうち、1号店の運営スタイルでは叶えることができなかったニーズを、2号店で実現させることができます。たとえば、1人旅向けに相部屋を主とする1号店を運営するなかで、ファミリー層からの個室ニーズの高まりを知り、2号店は個室重視で設計するといった具合です。これは、系列店舗内での客層の棲み分けにもつながります。

三つ目は、運営効率を上げられることです。新店舗を開業する際は、既存店舗で蓄積された人的

①店舗が増えることで、売上の最大値が上がる

②既存店舗で対応できなかった、新たなニーズに対応できる

③運営効率を上げることができる
（既存店舗の人的資源やノウハウ活用、情報拡散や一括採用など）

④社内ポジションが増え、スタッフのキャリアパスが描きやすくなる

⑤スタッフのモチベーションや周囲の信頼度が向上する

⑥どこかの店舗が業績不振でも、別店舗の業績でカバーすることができる

図7　多店舗展開の六つのメリット

資源やノウハウを活用できるため、スムーズに立ち上げることができます。さらに、系列店舗同士で相互の情報を拡散でき、全店舗一括で求人募集もできるため、情報発信のコストダウンにもつながります。

四つ目は、スタッフのキャリアアップのステップがつくりやすくなることです。多店舗展開を行うことで、マネージャーや広報部長など組織的に責任ある役割が増えるため、スタッフの能力向上とともにポジションを上げて、しかるべき対価が支払えるようになります。

五つ目は、周囲のモチベーションや信頼の向上につながることです。新店舗をつくることは、会社の運営が好調である証になります。スタッフにとっては、自分たちのサービスがゲストに満足してもらえているという確信へとつながり、モチベーションが上がります。また、地域の人々にとっては、ゲストに必要とされる宿が自分たちの地域にあることが誇りとなり、会社に対する信頼度が上がります。

最後となる六つ目は、会社全体で業績のカバーが行いやすくな

①サービス品質が低下するリスクがある
→社内での理念の共有を一層強化し、バランスのとれた人員配置を行う

②収支バランスを崩すリスクがある
→新店舗が安定するまでの資金は銀行からの借入などで予め準備する

③他者からコピーされるリスクがある
→コピーされにくい独自のサービスづくりを心がける

④仕事と生活のバランスが崩れるリスクが高まる
→健康管理に気をつけ、身近な人たちとの報連相を心がける

図8　多店舗展開の四つのデメリット

ることです。流行や世相の影響で、ある店舗の売上が想定外に落ちたときに、売上が伸びている別店舗があれば、業績を補うことができます。実際、宿場JAPANでは、コロナ禍において相部屋を主とするゲストハウスが絶不調となりましたが、1日1組限定の一棟貸し切りの宿が好調だったことで、経営不振を少しばかり緩和させることができました。

ここまで多店舗展開の六つのメリットをお伝えしましたが、もちろんデメリットも複数あります（図8）。

一つ目は、サービスの品質が低下するリスクがあることです。たとえば、2号店をオープンする際に、1号店の主力スタッフを2号店に動員しすぎたことで、1号店で今までできていたはずのサービスが行き届かなくなるケースがあります。サービスの品質低下はリピーターさんにすぐに見抜かれるため、次第に1号店の売上が振るわなくなり、やがては会社全体のブランドイメージが下がり、2号店も経営不振に陥りやすくなります。ですから、多店舗展開の際は、社内での理念の共有を一層強化し、バランスのとれた人員配置を行うことが重要となります。

デメリットの二つ目は、会社の収支バランスを崩すリスクがあることです。新店舗のオープンは、大きな出費になります。1号店が好調だとしても、1号店自身も人件費や減価償却費など月々の出費を抱えているため、そこから得られる利益だけを当てにしていると、最終的に資金不足に陥り、会社全体の経営が回らなくなってしまいます。新店舗の売上が安定するには、少なくとも3カ月〜半年はかかると言われています。したがって、あらかじめこの期間を踏まえた事業計画を立て、銀行から借り入れるなどの資金の準備を整えておくことが大切です。

三つ目は、成功例として競合他社からコピーされやすくなることです。2店舗・3店舗と事業規模が大きくなるにつれ、周囲から注目を集めるようになり、競合他社の新規参入やサービスのコピーが加速していきます。前述したように、コピーされにくい独自のサービスづくりを心がけましょう。

最後となる四つ目は、これまで以上に生活の時間が圧迫され、仕事と生活のバランスが崩れるリスクが高まることとです。開業・運営はしばしば出産・育児にたとえられますが、まさに時間と体力との勝負です。1号店を運営しながら、2号店の準備をし、新しいスタッフを育成して…と多忙を極めると、どんどん生活の時間が圧縮されます。睡眠や食事の時間が疎かになって体調を崩したり、家族や恋人とのコミュニケーションの時間が減って関係が悪化したりといったことが起きないように、健康管理に気をつけ、身近な人たちとの報連相を心がけましょう。

以上のように、多店舗展開を検討する際は、想定できる限りのメリット・デメリットを洗い出し、そのうえでやりたいと思うかどうかを自問しましょう。1軒の運営を極めることも、2軒目や別業態などへの新たな挑戦を始めることも、どちらも素晴らしいことです。ゲスト・地域・会社・仲間・家族・自分にとって2軒目をつくる意味とは何かを熟考し、皆が幸せになるゴールに向けて、自分の納得のいく答えを導き出すようにしましょう。

多店舗展開を始める際に必要な四つの経営資源

3章で、ゲストハウスの開業に必要な「ヒト・モノ・カネ・ジョウホウ」の四つの経営資源についてお話ししましたが、多店舗展開でも同様に、それらを十分に揃えておく必要があります（図9）。

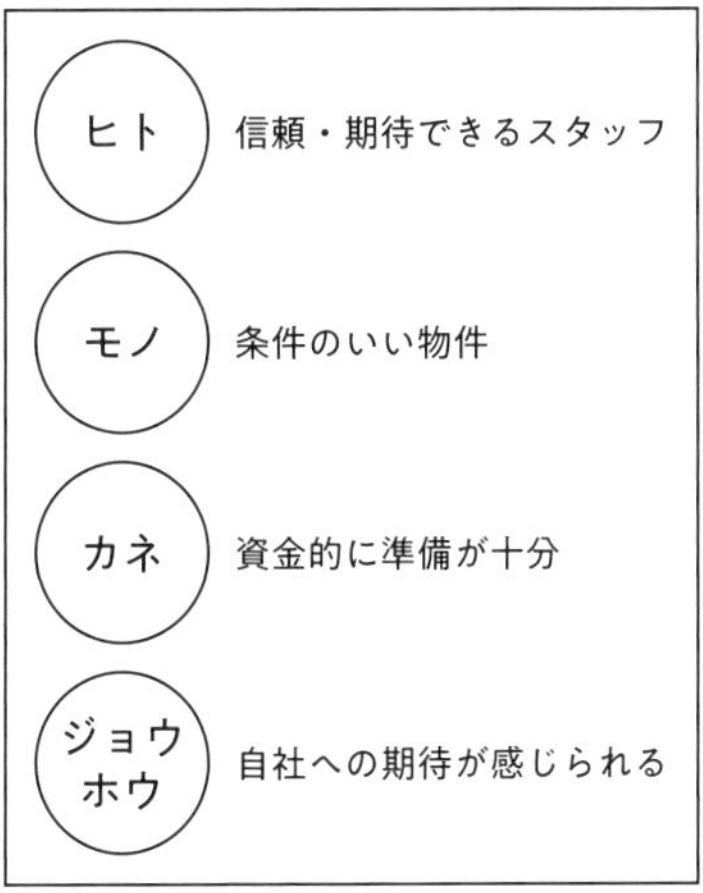

ヒト	信頼・期待できるスタッフ
モノ	条件のいい物件
カネ	資金的に準備が十分
ジョウ ホウ	自社への期待が感じられる

図9　多店舗展開を始める際に必要な四つの経営資源

まず、人的資源である「ヒト」について大切なのは、安心して多店舗展開できるだけの信頼・期待できるスタッフが揃っていることです。そのうえで、人材育成の環境づくりとして、仕事の手順を言語化したマニュアルの作成をお勧めします。「うちはまだ小規模な宿だからマニュアルなんて…」と思われるかもしれませんが、ある程度の作業工程や重要なポイントなどを活字でまとめておくと、いざ多店舗展開をする際に慌てずに済みます。

続いて、物的資源である「モノ」について大切なのは、ある程度条件のいい物件を低コストで借りられる目星があることです。家賃は月々の大きな出費であり、家賃次第で会社の経営難易度が変わります。ですから、できればいい物件を低コストで借りたいところです。冒頭で述べたように、1号店の運営がうまくいくと、周囲から物件活用の相談が舞い込む機会が増えます。特に物件オーナーから直々に相談を受けた場合は、家賃交渉がしやすくなるので、その機会をうまく活用しましょう。

次は、財務資源である「カネ」について大切なのは、1号店で利益が出ており、資金的な準備が十分にできていることです。デメリットの解説で前述した通り、1号店の利益だけを当てにすることはできません。かといって1号店で利益が出てもいないのに、2号店という大きな出費に挑むのは無謀です。お勧めの手順としては、1号店の利益の一部を貯め、そのお金を元手に同額程度のお金を銀行から借り、2号店の開業資金に当てることです。

最後に、知的資源である「ジョウホウ」について大切なのは、ゲストや同業他社からの自社への期待が感じられることです。ゲストから「この宿でこういうサービスがあったらいいな」といった感想や、同業他社から「御社には次はこういうサービスをやってみてほしい」といった意見など、今後の取り組みへのヒントや期待が感じられるようになったら、そうしたニーズを参考にしながら、新店舗の方向性を検討しましょう。

以上のように、多店舗展開を始める際にも、「ヒト・モノ・カネ・ジョウホウ」の四つの経営資源をすべて揃える必要があります。加えて、持続可能な経営には、理想と現実のバランスをとることが欠かせません。ビジョンだけでなくビジネスの観点からも事業が成立するかを事前に見極めるために、1号店の開業時と同様に、2号店の事業計画書を新たに作成しましょう。また、1号店の開業時は思いが先行してビジョンが強くなりがちですが、2号店以降は算盤の感覚が身についている分、会社の利益を重視したビジネス的な欲が出やすくなります。理想と現実、ビジョンとビジネスの両輪を大切にできるように、ときには原点の思いに立ち返ることも忘れないようにしましょう。

オーナー運営型	物件オーナー＝宿オーナー
サブリース運営型	借り物件を活用
フランチャイズ型	本社が経営／運営、自身は一部集客と現場の管理のみ
運営受託型	物件オーナーが経営、自身は集客と運営のみ
サブリース・オン・サブリース型	物件の一部をさらに別の人に賃貸

図10　多店舗展開の五つのスタイル

自由か、スピードか、多店舗展開のスタイル

多店舗展開と一口に言っても、さまざまなスタイルがあります。主な五つのスタイルを、運営の自由度が高い順にご紹介しましょう（図10）。ちなみに、運営の自由度の高さは、開業スピードと反比例の関係にあります。そこで、「開業に時間はかかるが自由にできるスタイル」から「自由にできないこともあるが効率的に開業できるスタイル」までを、順にご説明します。

一つ目は、オーナー運営型です。もともと持っていた物件、または新たに購入した物件を活用し、物件

オーナーが宿オーナーを兼ねるパターンです。物件の固定資産税などの管理から、改装・集客・運営まで、すべてをオーナーが行います。そのため、開業資金の負担が大きく、理解すべき情報の分野も多岐にわたるため開業に時間はかかりますが、運営の自由度は最も高く、利益はすべて自分の取り分になります。

二つ目は、サブリース運営型です。こちらは物件を所有しておらず、借り物件を活用するパターンです。現在、ゲストハウス品川宿をはじめとする全国のゲストハウスの多くが、このスタイルを採用しています。ただし、賃貸契約書で定められた契約期間があるため、順調に契約が更新できる間は問題ありませんが、稀に物件オーナーから契約更新の許可が下りなかったり、家賃の値上げを求められるなどして、泣く泣く閉店するケースもあります。

三つ目は、フランチャイズ型です。本部会社が経営と運営を行い、自身は一部の集客と現場の管理だけを任される、コンビニ運営のようなパターンです。ロイヤリティや加盟料はかかりますが、本部のマーケティング力を活かした価格設定や予約の管理システムが使用できるなどのメリットがあります。その分、本部から指示通りに管理する必要があるため、自分のやりたいことが100%反映できるとは限りません。ゲストハウス業界ではまだあまり定着していませんが、今後増える可能性はゼロではありません。2019年には、世界で急成長を遂げるインド発の格安ホテルチェーン「OYO Hotels & Homes」が黒船のごとく日本で事業を開始したこともあり、一時期OYOを導入していたゲストハウスオーナーもいました。

四つ目は、運営受託型です。物件オーナーが経営を行い、その物件オーナーの出費のもと改装し、自身は集客と運営だけを行うパターンです。改装費用の負担が抑えられ、スピーディに開業することができます。少子高齢化や空き家問題が加速する昨今、所有物件に対する責任感や思い入れはあっても高齢のため自ら現場に立つことが難しく、信頼できそうな人に運営を依頼したいと考える物件オーナーは増加傾向にあります。日ごろから地域の人々の信頼を得ているゲストハウスオーナーが、こういった物件の運営を受託するケースが今後増えるのではないでしょうか。

番外編として、コロナ禍以降、都心部を中心にサブリース・オン・サブリース型のスタイルが現れ始めています。ゲストハウスとして賃貸している物件の一部を、物件オーナーの正式な許可を得て、さらに別の人に賃貸するパターンのことです。コロナ禍の移動自粛に伴い、旅人を迎えるゲストハウスの運営が困難となったことから、施設の活用方法を模索し、月額定額制のシェアハウスやシェアオフィスとして一部または一時的に運用を切り替える宿が現れました。今後はコロナ対策としてだけでなく、新しい運営スタイルとして、定着するかもしれません。ただし、物件オーナーの許可なく第三者に賃貸する、いわゆる「無断転貸」は賃貸契約書で禁止されていることがほとんどですので、サブリース・オン・サブリース型を検討する際は、必ず物件オーナーの許可を得て、必要に応じて契約書に追記事項を入れてもらい、承諾の記録を残しておきましょう。

結論をまとめると、オーナー運営型やサブリース運営型は、コンセプトや空間デザインなどの最終決定権がすべて自身にあり、現状を見ながら常に微調整を加えることができます。その分、資金面や体力面は大変ですが、やりがいを強く感じられます。一方で、フランチャイズ型や運営受託型は、他人がつくったポリシーに準ずるため自由度は下がりますが、資金の補填やノウハウの共有があることから、開業スピードは早くなるというわけです。

特定のエリアを定めて多店舗展開することのススメ

多店舗展開をする際に、もう一つ論点となるのは、開業地です。大きく分けると、他地域か同地域かの2パターンに分かれます（図11）。

他地域展開とは、東京↓京都↓福岡など、県境を越えた進出のことです。旅行者が降り立ちそうな地域、すなわち国内旅行の動脈に進出することで、1軒目のゲストを2軒目・3軒目へと誘導しやすくなります。たとえば、東京のとあるゲストハウスに滞在し、その空間デザインや接客に感動したゲストがいるとします。次の旅程が京都であった場合、その宿のスタッフから「京都にうちの系列店舗があります。東京店とはまた違った京都らしいデザインを施し、信頼できるスタッフがいますので、ぜひ泊まってみてください」と案内されると、その系列店舗を訪れたくなるゲストもいるでしょう。

こういった他地域で多店舗を展開するパターンは、全国的にゲストハウスがまだ少なかった約10年前は、サクセスストーリーの王道となっていました。しかし、各店舗間の距離が遠い分、開業準備や現場管理の難易度が高く、スタッフの移動に伴う交通費もかさむため、最近では資本力のある大手企業以外ではあまり見かけないパターンになっています。

	他地域展開 （県境を越えた進出）	同地域展開 （特定エリアを専門）
特徴	・都市間のゲスト誘導が容易 ・各店舗間の距離が遠いため、開業準備や現場管理の難易度が高い ・スタッフの移動に伴う交通費もかさむ **→資本力のある大手企業に多い**	・交通費の問題はない ・地域の人々から新たな物件の紹介を受けやすい ・営業許可の取得、建築・施工の関係者への依頼、自治会の方々への説明など、既存のつながりを活かせる ・現場管理もしやすい **→大手企業が参入しづらい**

図11　他地域展開と同地域展開の特徴

もう一方の同地域展開とは、品川の北↓品川の西↓品川の南など、宿場JAPANのように特定エリアを専門とするパターンのことです。こちらの場合、他地域展開のような交通費の問題はありません。また、地域の人々から新たな物件の紹介を受けやすく、営業許可の取得や、建築・施工の関係者への依頼、自治会の方々への説明など、開業にまつわる顔ぶれや条件もほぼ同じ、または既存のつながりを活かしつつ拡張できるため、開業準備がスムーズです。すぐ駆けつけられる範囲に全店舗があり、現場管理もしやすくなります。

もう一つ、他地域展開と同地域展開の決定的な違いをXYグラフで説明しましょう（図12）。X軸を時間、Y軸を地域との信頼関係の度合いとします。他地域展開の場合は、各地でそれぞれ信頼関係を築くことになるため、店舗数分の線をじわじわと並行して描くことになります。対して、同地域展開の場合は、1本の線をひたすら描き続け、2軒目以降の線が急激に右肩上がりになる傾向にあります。

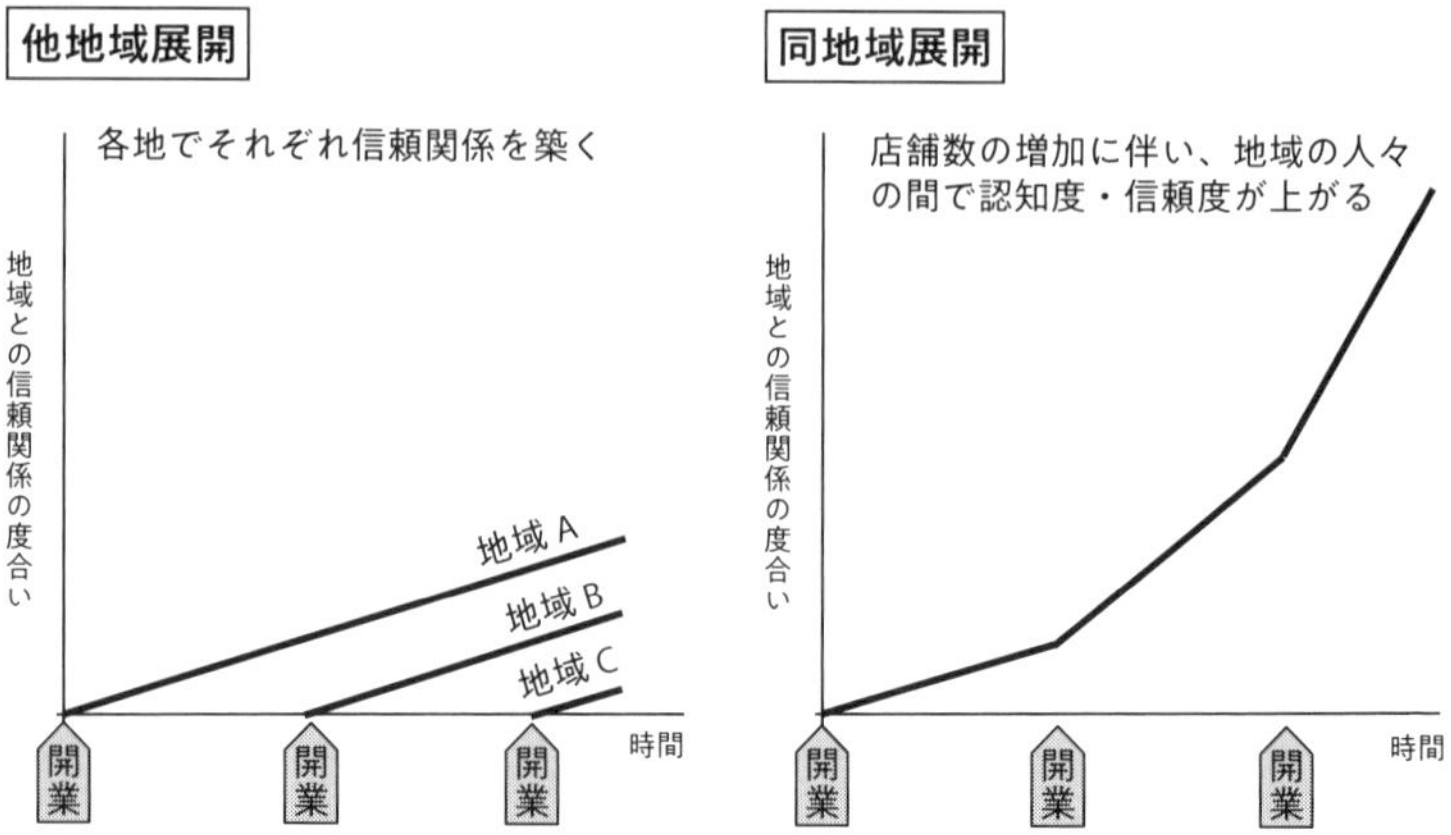

図12　他地域展開と同地域展開で異なる地域との信頼関係の変化

その理由は、前述の五つ目のメリットでもお話ししたように、店舗数の増加に伴い、地域の人々の間で認知度・信頼度が上がるためです。

以上により、運営コストや開業準備のスムーズさだけでなく、地域との信頼関係の深めやすさという観点からも、同地域での展開をお勧めします。また、必勝パターンをそのまま量産したい大手企業からすると、各店舗の棲み分けが重要となる同地域での展開は参入しづらい領域でもあります。その観点からも、小さな宿がのびのびと多店舗展開をするには、資本力が問われる他地域展開よりも、信頼関係を深めやすい同地域での拡大をお勧めします。

ちなみに、地域の人々と良好な関係を構築するには、地域の人々がこれまで積み上げてきた文化に対して敬意を示すことが大切です。とりわけ都心部から地方へ移住したUターン・Iターン起業者に見られるケースですが、「自身の経験やスキルを活かして、この地域をよくしたい」という思いが先行するあまりに、地域の課題ばかりに目が行き、既存の文化を軽んじてしまう人がいます。しかし、急に現れた新参者に、長年苦労して積み重ねてきた文化を否定されて喜ぶ人はいないでしょう。地域の人々に敬意を示し、「仲間になってあげる」のではなく「仲間に入れていただく」という心構えを常に忘れないようにしましょう。

5　効率化のノウハウ

宿泊業における効率化の考え方は人それぞれです。可能な限り機械化して人件費を極限まで削ることや、光熱費を極力抑えることを効率化と捉える人もいますが、必ずしもコストダウンだけが効率化ではありません。宿場JAPANでは、裏方の作業時間を圧縮し、ゲストとのコミュニケーションタイムを創出することが効率化だと考えています。そこでここでは、コミュニケーションタイムの創出を目的に置いたゲストハウス運営の効率化についてご紹介します。

2013～20年は、東京オリンピックやその他の国際イベントの招致が決まったことからインバウンド熱が高まり、来客数の増加に備えて、いかに効率的に運営するかが各宿のテーマとなっていました。その後、新型コロナウイルスの影響により状況は一変したものの、効率化そのものはコストダウンや新たな時間の創出をもたらし、会社の運営の助けとなるため、変わらず重視されています。よって、本節では、「うちの宿はコミュニケーションタイムの創出より、過剰な労働時間を見直したり、そこからコストダウンにつなげたい」といった方を含め、広く役立つような効率化のノウハウをお伝えします。

1日の業務内容を書き出し、バックヤードの工数を半分に

改善の余地を探るために、まずは1日の業務内容を書き出すところから始めましょう。フロント業務は、朝のチェックアウト対応からスタートします。その後、掃除や買い物を済ませ、昼食をとって、チェックイン対応があり、コモンルームの対応をして、宿直に入ります。これがフロント業務のおおまかな流れです。これらと並行して、電話・メールへの対応や、郵送物の受け取り、予約状況の管理、トラブルの対応、リネンの受け渡しといった業者さんの対応などを行います。すべての流れを一斉に変更すると、不慣れからミスを起こす可能性があるため、まずは裏方の作業、つまり接客時間以外の工数を半分にすることから検討するとよいでしょう。

効率化できそうな裏方の作業を絞り込むために、チェックイン対応を細分化してみます。挨拶や会話、コロナ禍なら感染防止として検温、宿によってはウェルカムドリンクの提供、チェックインシートの記入、決済、荷物運び、客室の案内、地図を用いた周辺施設の紹介、タクシーやレストランなどの手配関連のサポートなどがあります。挨拶や会話はコミュニケーションタイムとして欠かせないため、効率化の可能性があるのはチェックインシート記入以降でしょう。たとえば、オンライン予約時に受け取った顧客情報をあらかじめチェックインシートに転記しておき、チェックイン

時は内容の確認とサインだけを受け取る状態にしておくことで時間を短縮できます。決済もオンライン予約時の事前決済制にしたり、客室の案内や周辺施設の紹介をスムーズに進めるために1枚のガイドシートにまとめておいたり、接客と同時並行で別のスタッフが荷物運びやタクシーを呼ぶなどの手配を進めることでも、効率化を図ることができます。また、接客中にゲストのニーズをさりげなくヒアリングしておくと、サービスを過剰に提供することなく、迅速・的確に各ゲストのニーズに応えられるので、これも効率化と顧客満足度アップの一手としてお勧めです。

このように接客時間以外の工数を削減することで、別の作業に活かせる時間を創出することができます。また、マニュアルを作成して普段の作業を可視化すると、改善のポイントを見つけやすくなるため、マニュアル作成をお勧めします。

デジタルの導入による効率化の変遷

2016年ごろから、日本でもドローンやAIなどの活用が注目され、デジタル化が加速しました。そして、インターネットと身の周りの物を連動させ、オンラインツールで生活を管理するIOTの導入も始まりました。しかし、宿泊業界はデジタル化が遅く、ほんの数年前まで、社内の伝達ツールとしてポケベルやPHSを使用する老舗旅館もまだまだありました。その後、インバウンド熱の高まりから宿泊施設が増え、新規参入者を中心にデジタル化が急速に進み、現在に至っています。ここでは、デジタル化の進展によりゲストハウスではどういった効率化が図られたか、その変遷を業務内容ごとにご紹介します。

まず予約の対応については、約10年前まで電話やメールによる予約が主流でしたが、現在では公式サイトやOTAを介したオンライン予約が主流となっています。このおかげで、宿泊希望者にとっては、営業時間外で電話予約ができなかったり、宿側から返答のメールが来るまで予約が確定しなかったりといったストレスが軽減しました。朝起きれば予約が自動で確定している状況は、とりわけ古参の宿のオーナーには、デジタル化がもたらした夢のような変化でした。

そうして予約のオンライン化が進んだものの、何社かのOTAを利用してオンライン予約の窓口を複数持つゲストハウスでは、各OTAの在庫情報を束ねる作業がアナログだったことからダブルブッキングが起きがちでした。そこで、登場したのがサイトコントローラーです。サイトコントローラーとは、複数のオンライン予約の窓口を一元管理し、最新の空室状況を各サイトに自動で反映させるシステムです。宿泊定員50名以下がほとんどのゲストハウスのような宿泊施設では、「ねっぱん!」「Beds24」「手間いらず」といったサイトコントローラーが一般化しています。

続いて、宿泊希望者からの問いあわせへの対応については、FAQ(Frequently Asked Questionsの略)と言われる、頻繁に尋ねられる質問に対する回答をあらかじめ宿の公式サイトに掲載する宿が増えました。ですが、それでも「荷物預かりはしていますか?」「早朝のチェックイン対応は可能ですか?」などの個別の問いあわせは入るものです。近年、その解決策として宿の公式サイトに導入されているのが、人工知能を活用した自動会話プログラム「チャットボット」です。事前に情報を学習させておくことで、よくある質問に対して人工知能がチャットで自動的に答えてくれます。最近は多言語開発も進んでいるようなので、FAQのアナログ対応にたくさんの時間を割いている宿泊施設の方は、ある程度の開発費用をかけてデジタル導入を検討されてもいいかもしれません。

次に、レビューに関してですが、アナログ時代にはゲストが感想を綴ったゲストノートの書き込みやゲスト同士の会話、館内に厳選して置かれた他県のゲストハウスのフライヤーや近隣施設のチラシなどが、有力な旅の情報源となっていました。対して、今はレビューサイトやSNSがあるため、それらの情報を滞在前に知ることができます。ノープランで現地を訪れ、アナログで得られる情報を辿って気ままに旅することも可能ですし、事前に宿や地域の情報を入念に調べ、レビューサイトやSNSでお勧めされていた場所を計画的に巡ることもできます。デジタル化が進展したことで、1人1人の好みや気分に合わせた旅の楽しみ方が選べるようになりました。

また、タクシーやレストランなどの手配に関しては、宿泊単価と人件費のバランスを考慮して積極的に受け付けていないゲストハウスは多いかもしれません。しかし、インバウンド率の高いゲストハウスでは、日本語が苦手なゲストのために予約を代行する場面は少なくないはずです。以前まで、その連絡手段は電話が主流だったため、混雑時は電話がつながりにくかったり、必要な情報の伝達漏れからやりとりを繰り返したりといった手間が発生していました。それが今では、ネットやアプリで即座に予約ができるようになりました。タクシーなら、位置情報の発達により、本部発のタクシーではなく近場にいるタクシーが迅速に手配できるなど、デジタルの導入により各社の対応も進化してきています。

さらに、清掃に関しては、各家庭ではルンバなどのロボット掃除機が導入されていますが、宿泊施設では「人の手に勝るデジタル機器はなし」というのが僕の見解です。ただ、別の作業に活かす時間の創出を重視するなら、外部委託する手もあります。宿場JAPANでは、プロの清掃会社に一部を依頼し、自分たちの清掃・点検と組みあわせています。

そして、ゲストとのコミュニケーションに関しては、対面が最も重要であることに変わりはありませんが、デジタルの導入により、ゲストがチェックアウトした後もやりとりが続けやすくなりました。以前はお礼のご連絡は手紙かメールでしたが、今ではFacebook・Twitter・Instagramのダイレクトメッセージや、LINE、カカオトークなど、ゲストとやりとりできるツールもさまざまです。ゲストの声をダイレクトに受け取れることは嬉しいですが、ツールと通知が増えれば、返信漏れや送り間違いなどのミスが起きやすくなるため、使用の際は注意が必要です。

以上が、デジタルの導入によってゲストハウスにもたらされた効率化の変遷です。さらに、デジタルの進化だけでなく、海外で誕生した新たな文化の波が、数年後に日本に到達することもよくあります。数年後に訪れる波を推測し、自身のゲストハウスに最新のトレンドをいち早く取り入れたい方は、その分野の先進国の動きをぜひチェックしてみてください。

デジタル化の進化・深化がもたらす未来予測

少し先の未来を見据えて準備をすれば、宿泊業の業務をより効率化できるのではという思いから、本節の最後に、僕なりの未来予測を二つだけお話しします。

一つ目は、情報の統合がもたらす未来についてです。これは、旅行者の利用満足度に関わる話になりますが、各予約サイトにログインする際、現時点ではそれぞれのＩＤとパスワードが求められます。ブラウザの保存機能は便利ですが、デバイスの買い替えや追加などの状況に備えて、すべてのＩＤとパスワードを自身で把握しておく必要があります。複数の予約サイトを利用する人たちは、その対応を手間に感じているのではないでしょうか。そうした状況に対して、宿内のフロント業務を一元化する「ＰＭＳ」のシステムのように、旅行者側のＩＤやパスワード、検索履歴、宿泊履歴などについても、複数の予約サイトの利用情報が何かしらのシステムで一元化される未来がやってくるのではと思っています。

さらに、それがFacebook・Twitter・Instagramと連携されることで、ＳＮＳの検索やリアクションの履歴と照合して、本人の趣向に合うゲストハウスが予約サイト上で自動的に提案されるようになるかもしれません。

このように、現状では点として散らばっている旅行者の動向を統合して把握することができるようになれば、宿側もこのデータを活かすことで、集客に向けたマーケティングや予約のマッチング、サービスの提供などにおいて、より的確にアクションを起こしやすくなるのではと考えています。

未来予測の二つ目は、体験レポート付きの予約サイトの登場です。現在は、客室の状況や館内サービスを紹介する予約サイトは多数ありますが、宿周辺のエリア情報を積極的に紹介したり評価したりする予約サイトは少ないように感じています。「駅から徒歩1分」「オーシャンビュー」などロケーションや施設の強みに関しては文章や写真などで情報が発信されていますが、実際にはエリアの評価が宿へのリピート率を上げる鍵となることが多いにもかかわらず、そうした情報はほとんど言及されていません。ですから、今後の見通しとしては、宿周辺のエリアの体験レポートも掲載された予約サイトが現れるのではないかと考えています。これが実現すれば、宿側としてはレポート内で紹介された体験をオプションとして販売することもできそうです。

「究極の効率化＝無人化」と考える方もいるかもしれませんが、本節で述べてきたように、人件費を削ることだけが効率化ではありません。以前までは、ラグジュアリーさの漂う施設や高級食材を用いた料理などの有形価値が評価されやすい時代でしたが、今後は、心温まるコミュニケーションや、ここでしかできない体験、土地柄を絡めたストーリー性などの無形価値がどんどん評価されるようになるでしょう。ゲストの満足度向上を追求するために、時代とともに変化するニーズに順応しながら、常に改善の余地を模索していくことが大切です。

5章　開業支援事業のケーススタディ

1 開業を支援する「Dettiプログラム」とは

宿場ＪＡＰＡＮでは、個人向けの開業支援として「Dettiプログラム」という取り組みを行っています。僕自身が開業前に他のゲストハウスの方々のもとで無賃修行をさせてもらった経験から、江戸時代の「丁稚奉公《でっちぼうこう》」になぞらえて、このプログラム名を付けました。

開業希望者の傾向として、ゲストハウスに宿泊した体験から自分もゲストハウスを開業したいと目標を持つ人が多いようです。しかし、ここまでお話ししてきたように、さまざまなノウハウを身につけなければ、その目標の実現は困難です。僕自身も開業時にその壁にぶつかり、修行先探しに苦労しました。その経験を活かし、諸先輩方からいただいたバトンを今度は自分が渡す番になれたらと、２０１１年3月に立ち上げたのがDettiプログラムです。

この章では、Dettiプログラムにより個人起業者がゲストハウスを創業した事例と、各方面のニーズを受けて派生的に誕生した企業版と行政版の事例を紹介します。まずは、Dettiプログラムの仕組みや意義などについてお話しします。

開業から3年後を一区切りとするDettiプログラムの仕組み

Dettiプログラムの門戸は、宿場ＪＡＰＡＮの公式サイトで開いています。サイトでは、マーケティング、旅館業法の適用、開業資金の調達、事業計画書の作成、コンセプト設計などに関する各90分・全10回の講座や、現地同行付きの物件探しのサポート、開業後のフォローアップカウンセリングなど、一対一の座学と実践を通じてノウハウを提供することと、期間および費用といった簡単な概要だけを案内しています（図1）。

実際の講座では、最初の約6カ月間は、宿場ＪＡＰＡＮの代表である僕に同行してもらい、座学で知識やノウハウを学びつつ、運営現場で経験を積み、実践的なノウハウを身につけてもらいます。並行して、事業計画書と自己紹介シートの作成を進め、ブラッシュアップを繰り返します。事業計画書は金融機関から融資を受ける際にも必要となる事業の指針ですが、一方の自己紹介シートは内面的な指針を書き出したものになります。僕との同行期間中に「いつ・どこで・何を・なぜ・どのようにやりたいか？」の質疑を繰り返し、その会話から自己分析を深め、自己紹介シートに情報をまとめてもらいます。どんな質問にも返せるような確固たる答えを自分の中に持つための作業です。これが結果的に人を動かすプレゼンテーション力の強化につながり、運営していくための仲間や応援者を増やす原動力になります。

6カ月が過ぎたころ、開業を希望している候補地に一緒に向かい、地域のキーマンを探して挨拶をし、自己紹介シートを渡して開業の思いを伝え、そこから地域活動に参加してもらいます。自治

現場	開業準備	開業	開業 1年	開業 2-3年	開業 3年後
運営現場で経験を積む 事業計画書、自己紹介シートの作成とブラッシュアップ	開業候補地視察 地域のキーマンに挨拶の後、地域活動へ参加 物件探し	運営開始	宿運営継続	同業者として情報交換	プログラム修了
開業前サポート			開業後サポート		
現場指導(OJT)と講座形式で基礎的な座学 「いつ・どこで・何を・なぜ・どのようにやりたいか？」という質問を繰り返す	現地視察同行 ブラッシュアップのサポート、資金調達 営業許可取得 物件改修のアドバイス	工程管理と人的支援	現場を訪問し、経過を確認した上で、サービス改善のアドバイス	運営のトラブル、経営の悩み相談	サポートは終了 有機的なつながりを継続

図1　Detti プログラムの概要

体や有志のまちづくり団体の会合への出席や地域行事のボランティア活動への参加などはもちろんのこと、宿場ＪＡＰＡＮとしては開業希望者自らがイベントを主催することを一つの宿題としています。そこでは、自らの得意分野と地域の人の得意分野を組みあわせ、お互いに協力して関係性を深めながらイベントをつくりあげることを推奨しています。

また、地域活動と並行して、物件探しを進めてもらいます。開業希望者が納得のいく物件に出会うまでには数カ月・数年かかることもありますが、本人が諦めない限りは、宿場ＪＡＰＡＮとしてアドバイスを行い続けます。無事に物件が見つかったら、旅館業法の営業許可を取得するための手順や、建物を改修する手順についてサポートします。

開業から1年間は、定期的に現場を訪問して経過を確認し、サービスの改善を一緒に行っていきます。開業から1年経って、ようやく1人前になったら、2年目以降は師弟関係ではなく同業の仲間として情報交換を続け、トラブルや悩み事があれば相談に乗るなど、有機的なつながりを継続し、開業から3年をひとまず一区切りとしてプログラム修了としています。

勘のいい方ならおわかりかと思いますが、1人あたりの開業希望者にかける人件費や旅費などの持ち出しがかなり多いため、宿場JAPANとしては赤字のプログラムです。ですが、これは地域で活躍するプレイヤーの育成を目的とした未来への投資であり、社会的に意義のあるプログラムだと実感しているので、半ば個人的なライフワークとして赤字覚悟で継続しています。

このような背景から、希望者をすべて受け入れているわけではなく、生半可な気持ちの方や方向性がまだ定まっていない方などにはお引き取りいただいています。プログラムを始める前に面談を重ね、開業を決意した原体験をヒアリングし、ゲストハウスの運営現場の大変さを再三に伝えたうえで、それでも心が折れずに熱い気持ちを持ち続ける人だけをサポートしています。

ゲストハウスが地域にもたらす七つの貢献

4章でお話ししたように、宿場JAPANは「『SHUKUBA』の輪を全国に」を理念に掲げ、多文化が共生する地域のハブをつくりたいと考えています。Dettiプログラムを行うことで、この理念に共感してくれる仲間が見つかり、彼らが別の地域で活躍するプレイヤーとなり、多文化が共

① 地域の国際性の向上
② 地域内の関係性の再構築
③ 地域の魅力の再発見、誇りの醸成
④ 空き家の活用
⑤ 移住者の増加
⑥ まちづくりに無関心な人々に対する求心力
⑦ 他者を受け入れる地域の人たちの寛容な風土をつくること

図2　ゲストハウスが地域にもたらす七つの貢献

生する地域のハブとなるゲストハウスが日本各地にできれば、より多くの人たちがお互いを尊重して心地よく暮らしていけると考えています。

多文化が共生するハブと言っても、一口ではイメージが伝わりにくいので、ゲストハウス品川宿を運営するなかで実際に地域の方々から客観的に評価いただいた、ゲストハウスが地域にもたらす多様な貢献をいくつかご紹介します（図2）。

一つ目は、地域の国際性の向上です。ゲストハウスは訪日外国人の利用者数が比較的多いため、ある程度の語学力を持つ運営者が多い傾向にあります。海外を旅した経験をきっかけにゲストハウスを開業する人も多く、「日常会話なら話せる」「正確な英語を教えてくれる外国籍の友人がいる」といった人も少なくありません。多言語に対応したゲストハウスが地域に1軒でき、世界に向けて情報を発信することで、訪日外国人が地域に訪れる可能性が高くなります。僕の場合は、開業の準備段階から外国籍の友人の協力を得て、近隣商店街の各店舗のメニューを英語化する取り組みをしていました。こうすることで、地域の人たちのインバウンドに対する意識をあらかじめ高め、海外からの来客を受け入れる体制を整えることができました。積極的な姿勢が地域の人たちに喜ばれ、結果的に地域内の団結力を高めることもできました。

二つ目は、地域内の関係性の再構築です。ゲストハウスのゲストは、宿を起点に地域の店やスポットを巡ります。和菓子屋でお土産を買ってから銭湯を訪れた人が、帰り際に居酒屋で飲み、その店の常連客である散髪屋の店主と仲よくなって一杯おごってもらい、宿に帰ってくることもあるでしょう。そこで、あらかじめ地域の各店舗に「ゲストハウスのお客さんがこちらのお店に訪れるかもしれません。見知らぬ顔だったり国籍が違ったりして最初は驚かれるかもしれませんが、どうか普段通りに接していただけたら嬉しいです」と伝えておくと、地域の人たちが多様な国籍のお客様を受け入れる心積もりができます。また、旅人がつくる新しい動線が、それまで接点のなかった店と店をつなぎ、新たな関係性を構築するきっかけにもなります。

三つ目は、地域の魅力の再発見、誇りの醸成です。地域の人たちにとって当たり前の日常は、旅人にとっては非日常で興味の対象となります。地域の人たちは、他者から客観的な評価を受けるまでは、自分たちの地域に眠っていた日常の価値に気づかないことがほとんどです。そのため、何をどのように発信したらいいかわからず、宝の持ち腐れになっています。そこで、ゲストハウスの運営者が宿の公式サイトやSNSを用いて、ときには外国語を交えながら、地域の日常の姿を発信することで、等身大の魅力をより多くの人たちに届けることができます。次第に、ゲストもSNSやブログで旅の思い出を発信してくれるようになり、地域の人たちの間でそれまで抱いていた「地元には何もない」という固定概念が覆され、自分たちの地域に誇りが持てるようになります。

四つ目は、空き家の活用です。人口減少が進む日本各地で、空き家の問題が深刻化しつつあります。住む人がいなくなった家やオーナーさんが持て余している空き物件をゲストハウスに用途変更すれば、防災・防犯面で不安視されてきた地域のお荷物を、地域の可能性を広げる場所に転換できます。

五つ目は、移住者の増加です。ゲストハウスをきっかけに、それまで縁のなかった地域を初めて訪れる旅人は少なくありません。さらに、その旅がきっかけとなって移住を決意する人も出てきます。その点では、ゲストハウスは移住希望者のお試し居住の場であり、地域に新たな定住者を迎え入れる入口とも言えます。

六つ目は、まちづくりに無関心な人々に対する求心力です。地域には、若いアーティストやミュージシャンなど、まちづくりに関心はないもののプレイヤーとして優れた能力を持つ人材が潜在しています。そこで、そうした人々の表現の場としてゲストハウスの一部を解放することで、これまで別々に活動していたアートや音楽とまちづくりの関係者をつなぐことができます。このように、ゲストハウスはさまざまなコミュニティに属して活動する多様なプレイヤーをつなげる役割を担えるのです。

最後となる七つ目は、地域の可能性を信じ、よりよくしようと励み続けるゲストハウス運営者の存在そのものが、他者を受け入れる地域の人たちの寛容な風土をつくることです。僕の場合、ゲストハウス品川宿の立ち上げから約10年の月日が経ち、ようやく地域の人たちからこうした評価をいただけるようになりました。まずはゲストハウスの運営者自身が、何があっても逃げず、最後まで真摯に向きあい、根を張ることが重要だと改めて実感しています。

重要なのは箱ではなく人材

地域で活躍するプレイヤーの育成を望んでいるのは、開業希望者だけではありません。日本各地には、空き家問題や少子高齢化、担い手不足による文化や伝統の消失、人口減少による地域の消滅など、さまざまな課題を抱えている地域があります。それらの地域に暮らす人々が、口コミやメディアを介して宿場JAPANの活動を知り、「うちの地域でもゲストハウスをつくりたい」といった相談をくださることがよくあります。相談者の顔ぶれは、空き物件の持ち主だけでなく、地方創生に携わる行政担当者や、まちづくりを専門とするプランナー、衰退しつつある商店街の会長など、実にさまざまです。

なかには「ゲストハウスの箱さえつくれば地域課題が解決する」と勘違いしている方もいますが、現実はそうではありません。重要なのは、箱ではなく中身、ゲストハウスの現場に立つプレイヤーの存在です。最近は、まちづくりに関心のある若者が増えていますが、商売として成立する計画を立てられず、資金調達に苦労して断念したり、なんとか開業しても継続できずに短期間で事業を畳んでしまうケースが多々あります。つまり、求められているのは、地域の活性化に対するモチベーションと持続可能な経営力の両方を兼ね備えた人材であり、その育成なのです。

宿場JAPANとしては、「多文化が共生する地域のハブをつくりたい」そして「本気で開業を目指す人を応援したい」との思いから、地域とプレイヤーの双方の需要をマッチングし、ノウハウを提供することで、エリアリノベーションにつながる潤滑剤の役割を果たすことができればと考えています。

2 個人事業者支援事例 「ゲストハウス蔵」──女性オーナーがUターン移住して開業

2011年3月に発生した東日本大震災の直前、Dettiプログラムに1人目のオファーがあり、プログラムが本格的に始動しました。その人物は、現在、長野県須坂市にある「ゲストハウス蔵」(8頁参照)でオーナーを務める山上万里奈さんです。

須坂市は、明治から昭和初期にかけて製糸業、いわゆるシルク産業で栄えた街です。当時の名残から、原料を紡ぎ出す蚕《かいこ》が貯蔵された蔵が、今も街のあちこちに点在しています。そうした歴史を有する須坂市に建つ元製糸家の築約130年の屋敷を改修し、2012年10月に誕生したのが、ゲストハウス蔵です。長野県の名産品であるリンゴを用いた「タルトタタン」が人気のカフェと、蔵を活用した雑貨屋を併設しています。また、日本語教師をしていた前職の経験を活かし、日本語の

上：ゲストハウス蔵、ラウンジ
中：外観
下左：オーナーの山上万里奈さん／下右：ロゴの看板（以上提供：ゲストハウス蔵）

レッスンやワーキングホリデーのサポートも実施しています。

ここでは、そんなゲストハウス蔵を山上さんがオープンするまでの経緯をご紹介します。

国際結婚を経て、地元・須坂市で開業を目指す

ゲストハウス品川宿で初めて山上さんと面談をしたとき、開業に必要な経営資源「ヒト・モノ・カネ・ジョウホウ」に照らし合わせると、山上さんは「ヒト」の資源しか持っていませんでした。とにかく明るく前向きで、荒削りながらもどこか人を惹きつける彼女の人柄が最大の強みであり、その他の要素はまだ何も揃っていない状況でした。ただ、その人柄から、他の要素をすぐに補える可能性を感じずにはいられず、宿場JAPANの掲げる理念への共感も強かったことから、僕らとしても暗中模索の駆け出しのプログラムで1人目を受け入れるなら、彼女のように一緒に話しあいながら前進していける人物が適任かもしれないと思い、サポートを決意しました。

面談で山上さんの経歴を伺うと、ユニークな人生を送ってきたことがわかりました。大学卒業後に東京・中国・千葉と場所を移しながら通算5年にわたり日本語教師を務め、東京の商社で2年間働いた後、日本語教師時代に出会ったスリランカ人の男性と国際結婚をされていました。ビザの関係で山上さんだけ先に帰国し、旦那さんの来日を待つ間に派遣の仕事に就き、その派遣先として岐阜県の飛騨高山の旅館で1年間働いていました。旅館の仲居として働くなかで、もっと1人1人のゲストに寄り添ったおもてなしがしたいと考えるようになり、旦那さんと一緒にできる仕事として

ゲストハウスに着目するようになったそうです。開業希望地は、山上さんの出身地である須坂市で、候補となる物件はまだ見つかっていませんでした。

２０１１年５〜６月にかけて、山上さんのアテンドのもと、須坂市を何度か訪問しました。人口約５万人の須坂市は、長野駅から電車で約25分に位置し、住宅と蔵が混在した穏やかな街です。他の地方都市と同様に、人口減少が進んで空き家が増えつつありましたが、県の無形民俗文化財に指定されている須坂祇園祭などの伝統行事が開催され、１００年以上続く老舗店が30軒近くあるなど、地域の歴史は途絶えることなく継承されていました。

また、Dettiプログラムの宿題の一つとして、開業希望者が街の活動に参加し〝街のキーマン〟を見つけることを課しているのですが、朝市やワークショップに参加した際、予想以上に多くの街のキーマンに出会えたことなどからも、須坂市の秘めたポテンシャルを強く感じました。

その後、旅人同様に俯瞰した視点で須坂市の魅力を探るため、地元をよく知る山上さんのアテンドだけに頼らず、宿場ＪＡＰＡＮ単体でも須坂界隈のエリアリサーチを行いました。すると、車で約1時間半の場所に外国人スキーヤーが多数訪れる白馬八方尾根スキー場があり、車で1時間足らずの場所には、温泉につかる野生のニホンザルの姿が〝スノーモンキー〟と呼ばれ世界的に話題となっている地獄谷野猿公苑があるなど、立地的にも隠れた強みを持っていることがわかりました。

また、隣接する長野市の善光寺門前周辺にはエリアリノベーションのプレイヤーが多数集っており、建築・施工・デザインなどの人材探しにも苦労しないことがわかりました。さらに試験的に、ゲストハウス品川宿の外国人バックパッカーを須坂市に招き、山上さんのアテンドで地域の魅力を紹介し、自宅に無料で宿泊してもらったところ、かなり好評で手応えを感じることもできました。

これらの現地リサーチと並行して、山上さんにはゲストハウス品川宿での修行を通算で約3カ月間行ってもらい、事業計画書と自己紹介シートのブラッシュアップを繰り返していきました。須坂市に戻った山上さんは、地域活動に参加しながら物件探しを続け、飲食店や携帯会社など三つのバイトを掛け持ちして開業資金を貯めていきました。

また開業後の集客に向けて、宿場JAPANから山上さんへ、もう一つ宿題を出していました。それは、東京・大阪・京都・名古屋・北海道などのゲストハウスを巡って各オーナーと関係性をつくり、都会から地方へ向かう旅人にゲストハウス蔵を紹介してもらえるよう、事前に挨拶まわりをするというものでした。

そして、さまざまなご縁と、断られても諦めずに思いを伝え続けた山上さんの努力の末、現在の物件に辿りつくことができました。当時、立派な日本家屋を用いたゲストハウスの改修事例はまだ全国的に少なかったため、その点は後々の集客の強みにもなりました。築年数の古い民家を改修する場合は、特に建築士や施工担当者らの経験値がものを言うため、善光寺門前周辺で活動する優秀な建築・リノベーションメンバー陣に協力してもらえたことはとても心強かったです。彼らの指導のもと、例のごとくDIYを取り入れ、宿場JAPANのメンバーや地域の人々を巻き込んで改修作業を進めていきました。

開業までの障壁を解決し、文化財を活用した2軒目へ

こうして山上さん本人の努力が報われ開業準備は順調に進んだ…かのように見えましたが、いくつかの障壁にぶちあたり、想定より半年ほどオープンが遅れました。これは珍しい話ではなく、ゲストハウス開業時によくある話です。

最も予想外だった壁は、資金です。開業準備と並行して三つのバイトを掛け持ちし、驚異的なスピードで資金を貯めていったのですが、築年数100年を超える古い物件だったため、実際に着手してみないことには正確な改修費用が予測しづらく、当初の見積もりから膨らむ可能性も十分にありました。

そこで、山上さんと話しあい、金融機関からの借り入れと補助金・助成金を活用する方向に転換することにしました。この段階で事業計画書はすでに用意できていたので、各所に提出する書類もスムーズに作成することができました。

こうして、ようやくオープン日を迎え、地方のゲストハウスの平均目標と言える「月間延べ100泊」を目指してスタートしました。そして、アナログとデジタル両方の地道な営業活動の甲斐もあり、早い段階で目標を達成しました。集客状況が非常によかったため、開業から3年目のころに「2軒目を開業する予定はある?」と山上さんに軽く尋ねてみたところ、なんとも言えない表情を浮かべていました。僕自身も体験したので、山上さんの心の内はよくわかりました。1軒目に愛着があり、ゲストや近隣住民の評判が高ければ高いほど、2軒目の出店は戸惑ってしまうもので

す。開業準備に追われて1軒目のサービスが疎かにならないか、近隣住民からどういった目を向けられるかと、成功体験にしがみついて現状を崩すのが怖くなるのです。一方で、4章で挙げたような多店舗展開のメリットも深く理解しており、山上さんは答えに迷っているようでした。

5年目を迎えるころ、須坂市の市報に、ゲストハウス蔵の向かいにある登録有形文化財の活用案を募集する記事が掲載されました。実はこの物件、「いつかここで宿を開けたらいいね」と皆でよく話していた場所だったのです。そこで、一棟貸し切りの宿として活用する案を提出したところ、そのアイデアが採用され、2軒目の話が具体的に動き出しました。そのころにはすでに、宿場JAPANで一棟貸し切り宿の「Bamba Hotel」を運営していたことから、山上さんに提供できるノウハウもありました。こうして2021年9月、山上さんは登録有形文化財を活用した一棟貸し切りの宿「白藤《しらふじ》」をグランドオープンさせました。

Dettiプログラムの1人目として山上さんを迎え、改めて気づかされたのは、ゲストハウスの開業準備を1人で進めるのは極めて難易度が高いということです。ノウハウや経験がない人が1人で開業するには膨大な時間と労力がかかり、何度か訪れる障壁にぶちあたるたびに解決策が見出せず、心が折れそうになるものです。なかには「じっくり時間をかけて自分の手ですべてやりたい」という強い覚悟を持つ方もいらっしゃるとは思いますが、経験者から学びつつ、仲間と一緒にアイデアを出しあって進めていくことの必要性を改めて感じさせられる機会となりました。

3 個人事業者支援事例
「神戸ゲストハウス萬家」──韓国人オーナーが異国で開業

2014年の初夏、宿場JAPANの問い合わせ窓口にメールが届きました。そこには「僕は東京に住んでいる韓国人です。日本人の妻と子どもがいて、現在は会社勤めをしています。かねてより日本で多文化の共生を実現したいと考えており、調べていくなかで貴社が掲げる理念や『Detti プログラム』のことを知りました。一度お話をさせていただけないでしょうか」といった内容が綴られていました。そのメールの送り主が、後にDetti プログラムの2人目の修了生となり、2017年7月に兵庫県神戸市灘区で「神戸ゲストハウス萬家《マヤ》」(9頁参照)をオープンすることとなる朴徹雄《パクチョルン》さんでした。

神戸ゲストハウス萬家は、摩耶山の麓にある町医者の元診療所兼住居を改修した宿です。最寄駅は、中心市街地にあるJR三ノ宮駅の1つ隣の灘駅。450軒以上の商店が並ぶ水道筋商店街や王子動物園にもほど近く、ゲストハウスの目の前には、高架下の空きスペースを活用してクリエイターたちが個性的な店舗や工房を構える灘高架下エリアが広がっています。

朴さんのケースは、縁もゆかりもない地域でのゲストハウスの開業でしたので、また別の苦労や工夫がありました。

上：神戸ゲストハウス萬家、左端がオーナーの朴徹雄さん
中左：外観／中右：ラウンジ
下左：ドミトリー／下右：ロゴの看板（以上提供：神戸ゲストハウス萬家）

20年前の国際交流を原体験に、日本で開業を目指す

初回の面談の際、朴さんはゲストハウスを開業する具体的な計画を何も持っていませんでした。2歳になるお子さんがいて、奥さんが2人目を身ごもっているところだと聞き、「まさに家族の生活がかかっているなかで、大黒柱が安定した仕事を辞めて、ゲストハウスの起業に挑むのはリスクが大きすぎる。せめて出産の時期とはズラした方がいい」と非常に真剣なトーンで何度も伝えました。そこまで言われると99％の人が断念または延期を選択するものですが、朴さんは違いました。ゲストハウスの運営現場や宿場JAPANの理念について詳しく話せば話すほど目を輝かせ、帰路につく後ろ姿を見送ると、今にもスキップしそうな足取りだったのです。

朴さんの心をそれほどまでに踊らせた背景には、彼の原体験がありました。約20年前、日本と韓国の関係は今ほど良好ではなく、反日感情を持つ韓国人が少なくありませんでした。そんななか、彼が中学生のときに、日韓交流事業の一環として大分県で3日間の日韓学生交流会が開かれました。若き学生同士、うまく言葉が通じなくても次第に打ち解け、最後には別れを惜しむほどの仲になりました。その原体験から、国と国ではなく人と人がつながって、国籍や文化や宗教が違ってもお互いに尊重しあえる社会をつくりたいと考えるようになったそうです。その後、朴さんは韓国の大学で日本語教育を専攻し、ワーキングホリデーを活用して東京に滞在し、そのまま東京にあるメーカーの営業職に就きました。かつての思いを胸に日々を過ごしていたところ、多文化共生を掲げる宿場JAPANのDettiプログラムの情報を見つけた奥さんが朴さんに知らせ、「これは！」と思い、

例のメールを送るに至ったといいます。

朴さんは諦めることなく2回目の面談を申し込み、自力で作成した事業計画書を持参して再びやってきました。その姿に気合を感じ、6カ月ほどの住み込みの研修期間をはじめとする開業までの過酷なスケジュールを具体的に説明し、プログラムを受けるには何より家族の理解が必須であることを伝えました。その後、家庭内の調整を終えて会社を退職し、2015年の春に朴さんのDettiプログラムが始まりました。

開業に必要な経営資源「ヒト・モノ・カネ・ジョウホウ」を朴さんに当てはめると、ある程度満たしていたのは「ヒト」と「カネ」でした。人当たりの良さだけでなく、素直でハングリー精神が強く簡単には諦めない根性の持ち主でもある朴さんは、前述した山上さん同様、本人の「ヒト」としてのポテンシャルを強く感じさせる人材でした。また、会社勤めの際に貯めたお金と両親からの借入もあり、資金面の準備は整っていました。宿泊業で働いた経験はなく「ジョウホウ」は皆無でしたが、以前の営業職の経験が活かされ、経営や接客にまつわるノウハウを座学と実践を通じてどんどん吸収していきました。

そんな朴さんが最も苦労したのは「モノ」、つまり物件でした。物件の候補だけでなく開業地の候補さえも定まっておらず、物件探しの前段階である開業地探しからスタートすることになりました。また、地元で開業した山上さんのケースとは異なり、生まれも育ちも韓国の朴さんは、日本国内のどの地域にも地縁がありませんでした。そのため、地域の人々との関係性づくりや、建築・設計・デザイン・スタッフなど自分以外の「ヒト」を探す点にも課題があり、そのあたりを踏まえながら宿場ＪＡＰＡＮがサポートに入らせてもらいました。

地域で関係性を構築しつつ、2年間にわたる物件探し

開業候補地として最終的に絞られたのは、奥さんの実家がある兵庫県と、奥さんの祖母の実家がある熊本県でした。ワンオペレーション育児で奥さんに負担がかからないように、親族から育児サポートが受けられる場所に新居を構え、そこからゲストハウスに通えることを想定したためです。朴さんと一緒に車で各地を巡り、近隣の宿泊施設や商店の店主、地域の人々に「このあたりで〝面白いエリア〟と言ったらどこですか？」と尋ね、地域のポテンシャルを探しまわりました。

朴さんが目指すゲストハウス像は、ゲストハウス品川宿のように商店街の人々との関係性を築いていくスタイルでした。そこで、候補地が神戸市内に絞られて以降は、市内の商店街をくまなく巡り、最終的に辿り着いたのが水道筋商店街でした。水道筋商店街がある灘区は、奥さんの実家からも通勤圏内で、最寄りの灘駅から大阪駅まで電車で約30分、京都駅まで約1時間の立地でした。さらに、宿場ＪＡＰＡＮがエリア選定の際に大切にしている「主要駅の１駅隣」の条件にも合致しました。加えて、灘高架下エリアで多数の若いクリエイターたちが活動を始めていたことから、「ヒト」の課題を解消できる可能性も感じられました。

ようやく開業候補地が灘区に定まったとはいえ、朴さんにとっても宿場ＪＡＰＡＮにとっても

灘区が縁もゆかりもない地域に違いありません。そこで最初にすべきは、地域の人々との関係性づくりです。まずは水道筋商店街界隈のキーマンを探し、挨拶まわりから始めました。商店街や自治会の会長、青年会議所の代表、人づてに教わった陰の立役者などに会いにいきました。僕だけでなく、2章で紹介した品川のまちづくり協議会の会長である堀江さんもはるばる東京からやってきて、キーマンへの挨拶の場に同席してくれることもありました。朴さんの思いのこもったプレゼンに、これまでの朴さんの努力をそばで見てきた僕や堀江さんの推薦コメントを添え、挨拶まわりを進めていきました。幸いなことに、古くから多文化を受け入れてきた神戸の気質のおかげもあり、ヨソ者だからと無下にされることなく、地域の誰もが「やる気のある人は、この街にどんどん入ってくれたらいい」と快く迎え入れてくれました。

ここまでは追い風だったのですが、予想外の壁が現れました。物件探しです。結果から言えば、現在の物件に出会うまでに約2年間の月日を要しました。1995年に発生した阪神・淡路大震災の被災地である神戸は、防災の意識が強く、旅館業法に関する条件が他の自治体よりも厳しいものだったのです。そのため、良さそうな空き物件を見つけるものの、条件が合わず断念するといったことを繰り返すことになりました。物件探しをしながら、朴さんは商店街にある喫茶店で働き、地域の行事にボランティアとして積極的に参加するなど、地域の人々との関係性の構築に努めていました。並行して、僕からは開業時にお世話になった大阪の「ゲストハウス由苑」さん（6章参照）や、社会起業家を支援する「NPO法人edge」さんを朴さんに紹介し、ゲストハウスで現場経験を積みながら、客観的な視点を交えて事業計画書のさらなるブラッシュアップを進めてもらいました。

さすがに2年間も物件が見つからなければ、誰しも迷いが生じるものです。「小さなスペースを借りて、定員3名でもいいから宿を始めようか。いっそ宿ではなく、無人のコーヒースタンドから始めるのはどうだろう」と本来の方向からぶれ始めた朴さんを励まし、原点に立ち返るサポートをし続けました。

そして物件を探し始めて2年が経ったころ、地域の人たちと築いてきた関係性のおかげで、偶然にも同じタイミングで二つの好条件の物件が見つかりました。一つは商店街にある古民家で、もう一つはかつて町医者が家族で暮らしていた診療所兼住居です。悩んだ末に、延床面積の広い後者を選択しました。法務局で物件の登記簿を取得し、大家さん宛に手紙を書いて面談を申し込み、断られそうになっても諦めずに何度もアプローチをして思いを伝え続けました。そして、最初のアプローチから約半年後、ついに賃貸の承諾を得ることができました。

その後、ちょうどタイミングよく、世界一周に1年ほど出かけていたゲストハウス品川宿の元スタッフが帰国しました。研修時代の朴さんと共に働き、お互いに面識があったことから、現場経験が豊富な即戦力として、ゲストハウスの立ち上げから合流することが決まりました。

開業後は、日本語・英語・韓国語が流暢な朴さんの語学力がゲストに安心感を与え、日本人や英語圏のバックパッカーだけでなく、母国・韓国での認知も次第に広まり、世界各国からゲストが増えていきました。また、ゲストハウスと水道筋商店街とのコラボ企画「水道筋つまみ食いツアー」

も実現しました。毎週月曜にゲストから希望者を募り、チェックアウト後に水道筋商店街へ行き、朴さんの解説を受けつつ商店街の6~8店舗を巡って食べ歩きをするという企画です。これは、物件探しの約2年間に朴さんが地域の人々と深い関係性を築いてきた努力の賜物です。

朴さんのケースからもわかるように、たとえ多文化共生の強い原体験を持つ人であっても、終わりの見えないトンネルのような困難にぶちあたると、進むべき道がわからなくなることがあります。そうしたときには、1人で頭を抱え、目指すべき方向を見失ってしまう前に、信頼できる家族や友人、経験者などに相談し、原点の思いに立ち返るようにしましょう。

4 企業支援事例 「大阪西成ゲストハウスDOYA」——地域文化の消失を防ぐ拠点づくり

2017年7月、大阪市西成区に本社を構える株式会社日大の代表取締役・梅原鎮宇《じんう》さんから宿場JAPANへ電話をいただきました。

西成区の北東部に位置する通称「あいりん地区」(旧名:釜ヶ崎)は、高度経済成長期からバブル崩壊直後にわたり、大勢の日雇い労働者が集ったドヤ街です。元日雇い労働者の高齢化が進んだ現在は、生活保護者や住所不定の路上生活者が大勢暮らしています。そのあいりん地区のシンボル的な存在である三角公園(正式名は萩之茶屋南公園)に隣接する店舗をメインに、先代から複数のパチンコ店を運営してきたのが、相談主の梅原さんでした。

あいりん地区はＪＲ大阪環状線と南海本線上にある新今宮駅を最寄り駅とする好立地でありながら、治安が悪いために地価が安く、地域のバックグラウンドを知らない外資系企業が次々と物件を売買し、インバウンド専門の宿泊施設を増産していました。そんななか、地域の文化が崩壊してしまうことを懸念した梅原さんは、自分たち地元住民の手でまちづくりを行おうと情報収集をし、特定のエリアで多様な宿を展開してまちづくりを行う宿場ＪＡＰＡＮの活動に興味を持ち、連絡してこられたという経緯でした。

そこで、Dettiプログラムの経験に基づいた派生版の「企業支援プログラム」として、まちづくりのきっかけとなるゲストハウスの開業を目指し、業界情報の提供と現場マネージャーの育成を担当させてもらいました。

消失に向かう西成らしさを懸念し、まちづくりを目指す

東京方面への出張の際にゲストハウス品川宿に来られた梅原さんは、生まれも育ちも西成区で、僕と同世代の当時30代半ばでした。時代の流れに敏感で、サービスづくりに対する感度も高く、優れた判断力を持つ経営者でした。会話をするなかで「これからのまちづくりには人が大切だと思うんです」と何度も口にする姿から、あいりん地区やそこに暮らす人々に対する愛情がひしひしと伝わってきました。

上：大阪西成ゲストハウスDOYA
中左：DOYA、フロント／下左：オールインクルーシブハウスKAJA
右：souna house（以上提供：日大クリエイション）

治安が悪いとされるあいりん地区を敬遠する人は少なくないでしょう。ですが梅原さんは、昼間から酔っ払って千鳥足で歩く生活保護者やブルーシートで暮らす路上生活者など、さまざまな人の人生が詰まった地域のありのままの日常を大切にしています。そのため、ドヤ街の文化をつくってきた日雇い労働者が高齢化により減少し、外資系企業の参入によって顔も国籍もわからない人の手に物件が渡り、宿泊施設の前で発着する専用バスで訪れては帰るだけの観光客が増えつつある現状を懸念していました。

後日、現地を訪問した僕の目に映ったあいりん地区の第一印象は、世間一般に言われるほど悪くありませんでした。むしろ、アジアの諸外国を旅しているような非日常感があり、「めちゃくちゃ面白い」と感じたのです。僕がそう感じることができた最大の理由は、梅原さんの存在でした。治安の悪い地域が敬遠される背景には、盗難やトラブルなどに巻き込まれる可能性への恐怖心があります。僕が訪問した際は、地元をよく知る梅原さんにガイドをしてもらっていたため、安全面が保証され、他の地域同様に、自身の日常とは異なる非日常に対して純粋に興味を持つことができたのです。「この通りは地元で『シャブ通り』と呼ばれていて、いつも警察が見張っているんですよ」と冗談とは思えないような解説を受けつつ、梅原さんがすれ違う人たちとフランクに挨拶を交わす日常に触れる体験は、なんとも新鮮でした。

梅原さんは、遊びから仕事まで何事も全力で取り組む人でした。三角公園を舞台に、西成出身のラッパーとコラボした音楽イベント「釜ヶ崎ソニック」を企画し、アーティストによるライブペインティングも同時開催するなど、まちづくり活動にも意欲的で、「そういう人たちが活躍することで、この地域を盛り上げていきたい」と語っていました。そんな思いを聞きながら一緒にあいりん地区を歩くなかで、「既存の文化を守りながら課題が解決できる滞在拠点ができれば、この地域はもっと面白くなりそうだ」と僕も確信するようになりました。

開業に必要な経営資源「ヒト・モノ・カネ・ジョウホウ」を梅原さんに当てはめると、不足していたのは「ヒト」と「ジョウホウ」でした。最初の顔合わせの段階で、かつてガレージ付きの店舗だった未使用の物件を所有しており、新事業を始める資金もすでに準備されていました。つまり、宿場JAPANに期待された主要なサポート内容は、梅原さんとしては初挑戦となる宿泊事業の業界のネットワークや、筋のいい事業計画を練るためのマーケットトレンドなどの情報提供、そして現場に立つ人材の育成でした。

現場に立つ人材として梅原さんが候補に挙げたのは、かつて株式会社日大のパチンコ事業部の従業員として働いていた久川《ひさかわ》祐介さんでした。20代後半にワーキングホリデーを活用してオーストラリアに移住し、接客業に就き、結婚を機にちょうど日本に帰国していた久川さんは、語学堪能でコミュニケーション能力が高く、当時30歳でゲストハウスの客層との親和性もありました。久川さん自身も「帰国後も海外の人々と接点のある仕事に就きたい」と考えていたため、ゲストハウスのマネージャーとして梅原さんのもとに舞い戻ることが決まり、2017年11月から約2カ月間、ゲストハウス品川宿で実務研修を受けてもらうことになりました。

地域に点在するサービスを可視化する、壮大な計画

久川さんの実務研修と並行して、梅原さんと事業計画書のブラッシュアップを進めていきました。梅原さんが原案として作成された事業計画書を開いてみると、驚いたことに、たった4部屋で定員10名弱という極めて小規模なゲストハウスの構想が描かれていました。そこで、「この規模では生産性が低く、赤字体質になりやすいですが、構いませんか?」と梅原さんに正直に伝えました。すると、梅原さんは「ゲストハウス事業単体で儲けるつもりはないので、大丈夫です!」と、背景にある壮大な計画を教えてくれました(詳細は後述します)。梅原さんの目標は、当初から変わらずまちづくりであり、今後の展開を見据えたマーケットリサーチのための実験場としてゲストハウスを位置づけていたのです。

こうして、2018年5月に「大阪ゲストハウスDOYA」がオープンしました。宿場JAPANの企業支援プログラムとしてのサポートはここで終了となりましたが、梅原さんがおっしゃっていた壮大な計画がとても興味深いので、その後の活動についてもご紹介します。

まず2020年3月に、DOYAから徒歩5分圏内にある7階建て・全80室のホテルを改装し、若いクリエイターたちが集まる現代版トキワ荘とも言える「コミュニティアパートメントローレル」をオープンしました。コワーキングスペースや大浴場が自由に使えて1部屋・月額2万9800円~という手頃な価格が魅力の長期滞在向けの施設です。入居者のうち7割近くが若いクリエイターですが、元日雇い労働者も受け入れており、新旧の文化が交わる接点にもなってい

る点が特徴です。寮長を務める20代の女性が、野菜づくりを皆で行うなどして、両者のコミュニティを驚くほどうまくつないでいます。

次に同年7月、DOYAに付属するガレージを改装し、新たな客層の獲得に向けて、月額10万円で贅沢なライフスタイルを提供する「オールインクルーシブハウスKAJA」を開業しました。家具が一式揃った全11室の個室からなるコンテナハウスで、水道代や電気代だけでなく、日替わりランチやディナー（平日のみ）、アルコールを含む飲み物の提供、バスタオルなどのリネン類の取り替えもすべて家賃に含まれる、衣食住のサービスが包括された中期滞在向けの施設です。

さらに同年8月には、大阪府内で唯一のトゥクトゥクのレンタル店「KAJA TUK rent」をスタートしました。最短で3時間・最長で1カ月、三輪タクシーのトゥクトゥクをレンタルできるサービスで、東南アジアの旅先にあるように、西成を発着地として大阪府内を自由に巡ることができます。

また同年10月には、これらのクリエイティブな事業をよりスピーディに展開するために合同会社日大クリエイションを設立しました。ほぼ同時期に、コロナ禍によるドミトリー需要の低迷を受けてDOYAを閉店し、ロウリュサウナが併設された「souna house」としてリニューアルオープンしています。これに伴い、KAJAの利用者にサウナを自由に利用できる特典も追加されました。

加えて、2021年5月からは、大阪市が推進する新今宮エリアのブランド向上事業「新今宮ワンダーランド」に、梅原さんは地元のキーマンとして協力しています。そこでは、自身が手掛けたものだけでなく、地域に点在するあらゆるサービスを可視化することで、新今宮の新たな楽しみ方を発信し、まちづくりに貢献されています。こうした一連の活動が、梅原さんが予告していた壮大な計画です。

ちなみに、新今宮ワンダーランド事業に関連してあるエッセイストさんが2021年4月に発表したホームレスとの人情味溢れる文章が、「貧困をエンタメ化している」と一部で非難され、ネット上で炎上する出来事がありました。ただ、梅原さんの思いを知る人間として読者の皆さんにお伝えしておきたいのは、地元の人が蚊帳の外にされているその炎上を新今宮ワンダーランドのすべてだと誤解しないでほしいということです。あいりん地区をはじめとする新今宮は、元日雇い労働者から若いクリエイターまで、以前にも増して多様な人々が行き交う場所として進化しようとしています。長年築かれてきた地域の文化を愛しながら、新たな価値を紡ぎだそうと日々励む地元の人たちがいることを、何よりもまず知っていただきたいと思っています。

5 企業支援事例
「Yumori Onsen Hostel」――震災で窮地に追い込まれた温泉街を再生

2017年7月、先ほどの梅原さんからのご相談とほぼ時を同じくして、もう1件の「企業支援プログラム」の相談が舞い込んできました。当時は、東京オリンピックに向けて各地で観光業や宿泊業が活発に動いている時期でした。日ごろから懇意にしていた建築士さんから「福島県で大型のゲストハウスの運営を検討している人がいて、アドバイザーを探しているみたいなんだけど、やってみない？」と誘いがあったのが始まりです。後日、旅館「山水荘」の代表取締役・渡邉和裕さんが、ゲストハウス品川宿に相談に来られました。

山水荘は、開湯から１４００年以上の歴史を誇る福島市土湯温泉町にある、展望露天風呂が名物の宿泊施設です。山水荘から徒歩すぐの場所にある7階建ての旅館が東日本大震災の影響を受けて廃業していたことから、渡邉さんはその物件を購入し、温泉街に開かれたゲストハウスとして活用することを計画されていました。その当時の宿場ＪＡＰＡＮの開業支援実績は、定員20名までの小規模な宿泊施設ばかりで、定員１００名規模となる本件は、僕たちにとっても新たなチャレンジでした。

渡邉社長に宿場ＪＡＰＡＮのサポート内容をすべて説明し、ご納得いただいたうえで、温泉付きゲストハウスの開業を目指した「企業支援プログラム」が始まりました。

震災の影響で廃業した旅館を活かし、まちづくりを目指す

緑豊かな吾妻連峰の麓に位置する土湯温泉町は、古来から湯治の宿場町として全国から旅人を迎え入れてきた歴史を持つ温泉街です。しかし、２０１１年3月の東日本大震災後、山形県寄りの山間部に位置するこの街は直接的な被害は少なかったものの、風評被害により来客数が激減しました。

上：Yumori Onsen Hostel、渡邉萌さん（左）と利生さん（右）
中左：ラウンジ／中右：バリアフリー仕様の客室
下左：和洋室／下右：ドミトリー（以上提供：山水荘）

多くの旅館が次々と休廃業に追い込まれ、温泉街の賑わいは過去のものとなりつつありました。しかし、街の人たちは逆境に負けまいと、震災直後から地熱発電と小水力発電を推進し、地熱を活かしたエビの養殖事業を展開するなど、自然エネルギーを取り入れたエコロジーな温泉街として復興を図ってきました。

そんな土湯温泉町にある創業1953年の山水荘は、観光経済新聞社の「5つ星の宿」に認定された実績を持つ評判のホテルです。御年70歳になる2代目の渡邉社長は先見の明を持ち、世の中のトレンドをいち早く察知しながら、女将を務める妻のいづみさんと共にサービスを磨き続けてきました。「街に価値があっても自社に価値がなければ潰れる。自社に価値があっても街に価値がなければ長続きはしない」という考えの持ち主で、日本旅館協会東北支部連合会の会長をはじめ、土湯温泉観光協会の会長や福島商工会議所の副会頭、福島県観光物産交流協会の副理事長などを務め、地域のまちづくりに精力的に取り組んでおられました。

温泉街の未来を語るなかで渡邉社長が懸念していたのは、食事からアミューズメントまですべて内包している完結型の温泉旅館はターゲットがバブル期のままであり、固定費がかかるばかりか少子高齢化で担い手と利用者の不足に陥り、持続的な経営が危ういことでした。さらに、完結型の温泉旅館の利用者は地域を回遊せず、地域への貢献度も低い傾向にあることも問題視していました。そこで、渡邉社長は、持続可能な地域と宿泊施設の実現を目指し、固定費を抑えつつゲストの高い回遊率を見込める、完結しない素泊まりのゲストハウスに着目するに至ったのです。

伝統工芸品のこけしの三大発祥地の一つでもある土湯温泉町ですが、少子高齢化がかなり進んでおり、地域の伝統文化の存続は風前の灯火でした。そのため、渡邉社長は「地域を一緒に盛り上げていける若い人材を呼び戻す必要がある」という思いも持っていました。そこで真っ先に白羽の矢が立ったのが、32歳の長女・萌さんと29歳の長男・利生《りお》さんでした。

当時、萌さんは横浜に暮らし、アパレル会社で接客業を担当していました。一家団欒の時間を惜しみながら働く両親の姿を幼いころからそばで見てきた萌さんは、家族や地元のことが気になりつつも、山水荘で働くことをずっと拒んできたそうです。「私らしい働き方を選びながら、家族や地元の役にも立つことはできないだろうか」と考えていたところにゲストハウスの計画が持ち上がり、接客をしつつ現場のスタッフをまとめるマネージャーとして地元にUターンすることが決まりました。

一方、利生さんは、萌さんより一足先に、山水荘の若旦那としてUターンしていました。大学時代から家業を継ぐことを考えていたのですが、卒業を迎えるタイミングで震災に見舞われたため、最初の数年間は新潟県の旅館で修行をしていたそうです。そんななか、渡邉社長から「そろそろ帰ってこないか」と声が掛かり、家業に合流し、若旦那として働くなかで、今回のゲストハウスの計画が浮上しました。対象となる物件の規模が大きく、萌さん1人では現場と経営の両輪を回すことが難しいことから、宿泊業の知見を持つ利生さんがゲストハウスの経営責任者となり、事業計画書づくりや町外への営業活動を担当することになりました。

開業に必要な経営資源「ヒト・モノ・カネ・ジョウホウ」を渡邉さんご家族に当てはめると、物件は購入済みで資金も準備済みだったので、不足する「ヒト」と「ジョウホウ」をサポートすることが宿場ＪＡＰＡＮのミッションとなりました。そこで、萌さんと利生さんの人材育成とゲストハウス界隈の情報提供に尽力していきました。

家族経営ならではの長所・短所を乗り越えて

ここからはサポート内容の詳細をご紹介します。まず萌さんについてですが、帰郷することを誰もが喜ぶほど地元の人々からの信頼は厚かった一方で、萌さん自身はあまり自分に自信を持っていませんでした。そこで、ゲストハウス品川宿での実務研修の中で、自らの接客によってゲストに喜んでもらう成功体験を積んでもらうことにしました。持ち前の人懐っこい明るさと気配りの上手さから、予想以上のスピードで接客の才能が開花していきました。

また、ゲストハウスに宿泊した経験がなかった萌さんには、福島・宮城・栃木・岐阜・東京・京都などのゲストハウスに宿場ＪＡＰＡＮのメンバーと一緒に宿泊し、実体験を通じて、目標とするゲストハウスの理想像を明確にしてもらいました。最初は「知らない人と相部屋なんて、英語も話せないですし…」と弱気だった萌さんですが、いざドミトリーに泊まってみると「めちゃくちゃ快適でした！」と嬉しそうに語っていました。その後は知人に英語を教わり、翻訳アプリを活用しながら、海外からのゲストとのコミュニケーションを難なくこなせるようになっていきました。

一方、利生さんとは、大規模なゲストハウスで安定した売上を確保できる事業計画を立てるべく、思いつく限りの営業戦略を一緒に練り、片っ端から当たっていくことにしました。東京オリンピックの競技会場や聖火リレーのスタート予定地が福島県内にあったため、まずは東京近郊にある合宿専門の旅行会社を訪問しました。次に、観光白書で下調べをしたうえで仙台空港に行き、主要な出入国名や人数推移などの観光動向を把握し、その情報を持って観光協会や旅館協会に挨拶に伺いました。そのほか、旅情報を発信しているYouTuberやブロガーにゲストハウスの開業案内をリリースするなど、あの手この手で営業活動を進めていきました。

インバウンドに最も影響があった営業先は、意外にも、ゲストハウスから車で約15分の場所にある「エビスサーキット」という名の自動車レース場でした。支配人は、D1グランプリ（全日本プロドリフト選手権）で優勝経験のある元ドライバーで、有名なカーアクション映画でのスタント経験の持ち主でもありました。そんな支配人が広大な敷地で運営しているエビスサーキットは、オーストラリアやニュージーランドなど世界各国のドライバーがこぞって訪れるドリフトの聖地だったのです。エビスサーキットに営業に伺うと「安価で長期滞在できる場所が近隣になく、やむなく車中泊をする人も多いです」と教えていただき、需要と供給が見事にマッチすることとなりました。これらの営業で得られた情報は、ゲストハウスだけでなくホテル山水荘でも活用され、「両施設のインバウンド集客の助けになりました」と、のちに利生さんから嬉しい報告をいただきました。

宿場JAPANのサポートとして、今回もう一つ意識的に注力していたことがありました。それは、組織内のコミュニケーションです。肉親同士で業務に当たるこのケースでは、親だからこそ子を厳しい目で見てしまい、子だからこそ素直に従えない部分が出てしまうものです。そこで、僕らは萌さんと利生さんの外部評価や成果を積極的に渡邉社長や女将のいづみさんに伝え、萌さんと利生さんの至らない点は一緒に改善できるよう、励ましながら伴走することに努めました。

こうして迎えた2018年10月、温泉付きゲストハウス「Yumori Onsen Hostel」が無事にオープンしました。屋号には、アジア圏に馴染みのある〝ゲストハウス〟でなく、ヨーロッパ圏に馴染みのある〝ホステル〟を掲げることにしました。地域で初となるゲストハウスだったため、オープン直後は近隣住民・メディア関係者・同業他社の内覧や無料宿泊を歓迎し、まずは体験してもらうところからスタートしました。

インバウンドに向けた今後の展開を見据えて、ドミトリーは畳に布団を敷くスタイルとせずに、ゲストハウスらしい2段ベッドを設置しました。また、体にタトゥーの入った方も温泉を利用できるように「タトゥー・フレンドリー」を掲げ、貸切温泉風呂も設け、日帰り利用もできるオンライン予約のシステムを導入しました。

さらに、渡邉社長たっての希望で、施設内にはユニバーサルデザインを採用しています。館内各所にスロープや手すりを備えるほか、温泉風呂付きバリアフリー仕様の個室も設け、車椅子や高齢の方にも気軽に温泉旅行を楽しんでいただける工夫を施しました。その結果、今ではバリアフリー仕様の個室が一番の人気となっているそうです。

このYumori Onsen Hostelを起点に、土湯温泉町が日本の温泉街の革新者となり、バブル崩壊以降、苦戦している全国各地の温泉街の方々の参考になることを僕は心から願っています。

6 自治体支援事例
「北海道網走郡津別町」——チームで取り組むエリアリノベーション

本章の最後の事例として、2016年10月に依頼をいただいた「自治体支援プロジェクト」をご紹介します。依頼主は、北海道網走郡津別町の役場の主幹さん（当時）です。Araiyaの開業時に取材いただいた経済ドキュメンタリー番組「ガイアの夜明け」を観て、宿場JAPANの事業に興味を持ってくださったとのことでした。当時は、日本全体が地方創生に力を注いでいたため、ありがたいことに他の自治体からも同様の問い合わせが多数ありました。そのなかで最も的確に地域課題の分析を行い、まちづくりに対して高い熱量を持っておられた津別町役場さんからのご依頼をお受けすることにしました。

津別町は人口約5千人の小さな街です。北海道東部のほぼ中央に位置し、女満別《めまんべつ》空港から車で約30分の距離にあります。釧路市の阿寒湖や網走市の博物館網走監獄など、隣接する市町に主要な観光スポットがあることから、旅行者には通過されるだけの街になっていました。ですが、実はあまり知られていないだけで、町内の西側には原始林に覆われた雄麗な秘湖・チミケップ湖があり、東側には日本最大のカルデラ湖・屈斜路湖を一望できる隠れた絶景スポット・津別峠があるなど、手つかずの自然の魅力が潜在するラストフロンティアだったのです。

少子高齢化が進み、若い担い手が少なく、空き物件が山ほどあるにもかかわらず、情報が埋もれてしまい、アイデアの種を持つ若者が現れたとしても起業や定住にまで至らない。そんな日本各地の自治体にも共通する課題を解決するべく、新たなサポート体制を組み、津別町の人たちと共にゲストハウス1軒とコワーキングスペース1軒をつくる「道東エリアリノベーション・プロジェクト・イン津別」を2018年より3年間実施しました。

複数の地域課題に向きあい、関係人口の増加を目指す

東京での面会やオンラインでの打ちあわせを重ね、現地に伺ったのは、2017年2月のことでした。すべての役場関係者が揃う場を設けてもらい、改めて津別町の課題をヒアリングし、宿場JAPANの具体的なサポート内容を話しあうことになりました。

僕は初めて降り立った津別町で、想像を超える自然の豊かさに感動していました。総面積の86%を森林が占める津別町は、長年にわたり、木材加工や木製品の製造など林業に関連する産業で発展してきました。しかしながら、鉄道はすべて廃線となり、少子高齢化と隣接地域への人口流出から町内の人口は年々減少していきました。さらに、空き家が多数あるにもかかわらず、賃貸や売買を検討する家主が少なく、創業補助金や地域おこし協力隊の枠は用意されているものの、うまく起業

上：道東エリアリノベーションを実施した津別町の五叉路
中左：ゲストハウスnanmo-nanmo ／中右：客室
下左：コワーキングスペースJIMBA（写真右）／下右：内観（以上提供：ゲストハウスnanmo-nanmo）

や移住に結びつかず、街は空洞化しつつありました。こうした危機的状況をなんとか打破しようと、藁にもすがる思いで宿場JAPANにご連絡をくださったのです。

宿場JAPANに期待されていたのは、眠っている空き家の掘り起こしと、空き家を活用したリノベーション文化の浸透、若者が起業しやすい風土づくり、そして津別町を訪れる人々が地域と生産的な関係性を築いていくことができる〝関係人口〟の増加、といった諸々の課題解決へのアプローチでした。

開業に必要な経営資源「ヒト・モノ・カネ・ジョウホウ」のうち、「カネ」については、自己資金に加え、自治体の補助制度を活用することで目途がつきましたが、他の項目は完全にリソースがない状態で始めることになりました。それまでの宿場JAPANで手掛けてきたサポート事例では、少なくとも育てるべき「ヒト」がすでに存在していたため、プレイヤー探しから始めるのは初の試みでした。さらに、北海道と東京との往復となると交通費もかさむため、持ち出し覚悟のチャレンジングな案件でもありました。ですが、津別町の課題を知れば知るほど、僕が宿場JAPANの立ち上げ当時に直面した課題と重なる点ばかりで、誰かの役に立つためにこの10年があったのかもしれないと感じ、プロジェクトの実施を決意しました。

本件では空き家の改修を含むエリアリノベーションが求められていたため、宿場JAPANのノウハウだけでは不足すると思い、建築的な視点を持つ仲間を迎えてサポート体制を強化することにしました。そこで、各方面に声を掛け、プロジェクトに賛同してくださった3名の建築士と一緒に「MN設計共同体・アンド・パートナーズ」（通称：MNAP）を設立しました。その3名とは、株式会社CREEKSの取締役としてコワーキングスペースも運営する広瀬毅建築設計室の代表・広瀬毅《たけし》さんと、もともとゲストハウス品川宿の常連さんだったスズケン一級建築士事務所の代表・鈴木貴詞さん、広瀬さんの紹介で知りあった株式会社トベアーキテクトの代表・香川翔勲《しょうくん》さんです。3名とも長野県善光寺門前にオフィスを構えており、広瀬さんと僕の間には、前述した長野県須坂市のゲストハウス蔵でつながったご縁がありました。

MNAPのメンバーで話しあい、エリアリノベーションを行うためには同時に複数の店舗を生み出し、街にインパクトの火種を起こす必要があるという結論に至りました。そこで、担当者と約束した3年間のうちに、最初の礎となるパイロット事業として、ゲストハウス1軒とコワーキングスペース1軒の開業を目指すことにしました。

まちづくりの核となる若手プレイヤーをつなぐ

何度か津別町を訪れてリサーチを進めるうちに、地域の未来を一緒に盛り上げていくことができる若手のプレイヤーは少ないけれどゼロではなく、さらにそのプレイヤーたちは普段から業種の垣根を越えて交流していることがわかりました。プレイヤー同士の強いつながりは、まちづくりの核となります。そして、その核の盛り上がりに隣接市の若手を巻き込むことで、まちづくりの輪を広げていくことができます。

そこで、まちづくりの輪を広げるために、2017年9月から2018年3月にわたり全6回のワークショップを開催しました。参加者を1組5名ほどのチームに分け、空き家を対象にゲストハウスやコワーキングスペースなどの新事業の構想を練って、最後に各チームからアイデアを発表してもらう、1回あたり2時間半ほどのワークショップです。ワークショップを通じて「津別町をこんな街にしたい」というそれぞれの思いが可視化され共有されることで、参加者同士のつながりや地域に対する思いが強まっていきました。そして、そのワークショップ終了後の打ち上げで「ワークショップで生まれた新事業の構想を、ぜひ当事者として実現させたい！」という声が複数あがり、パイロット事業者の顔ぶれが見え始めました。

コアエリアの選定と空き家の掘り起こし

プレイヤーのモチベーションの醸成と同時にすべきことは、眠っている空き家の掘り起こしです。そこでまず、今後のまちづくりの中心となるコアエリアを定めることにしました。建築チームの経験則にはさまざまな場面で助けられましたが、なかでも特筆したいのが、このコアエリア選定です。一般的な判断基準では、すでに繁華街が存在する場所をコアエリアに選択しがちですが、建築チームは、既存の繁華街から少し外れた五叉路《ごさろ》をコアエリアにすべきと判断しました。津別町や隣接地域の若者、さらにはゲストハウスを訪れる旅人まで巻き込み、〝関係人口〟を増加させるには、人々が行き交う交差点を賑わいのハブとして開拓する必要があるというのです。そんなわけで、五叉路から徒歩10分圏内の空き家を当たっていくことにしました。

そこで、役場の方々と一緒に、家主を対象とした「空き家相談会」を企画し、興味を示してくれた家主のもとを一軒ずつ回っていきました。意外なことに、ほとんどの家主さんから「空き家の相談はしたいが、相談していることを周囲には内緒にしてほしい」と頼まれました。そこには、お金に困っていると誤解されたくないといったプライドや、権利関係の問題で親族の合意なしに単独で相談を始めたと知られると後々面倒だといった心配などが、背景にあることがわかりました。また「コストをかけて業者に依頼して空き家をピカピカにしない限り、借り手なんて見つからない」と思い込み、そもそも賃貸に踏み切らない家主さんが多いこともわかりました。

つまり、家主側に空き家を活用したいという需要が少なからずあるものの、周囲の目や固定観念がしがらみとなり、空き家情報が潜在化していたのです。そこで、訪問先の各家主さんの状況に応じて相談を進め、現況のまま安く賃貸して借り手自身が改修を行う方法があると伝えていきました。すると次第に「空き家相談会」の存在が口コミで広がり、5軒、10軒と空き家情報が集まり始めました。それらの情報を役場が管理する物件の賃貸売買サイト「津別町空き家バンク」に集約することにしました。こうして、空き家を活用したリノベーション文化を浸透させる取り組みや若手が起業しやすい風土づくりが、プロジェクトの終了後も継続される基盤を築いていきました。

住民もDIYで参加した空き家改修（提供：ゲストハウスnanmo-nanmo）

Uターン・Iターン移住者によるパイロット事業の立ち上げ

プロジェクトが2年目の冬を迎えた2018年2月、「パイロット事業運営者選定コンペ」を開催しました。候補者に具体的な物件をもとに事業計画書を作成してもらい、役場の方々とMNAPメンバーで審査し、パイロット事業者を選定するというプロセスを踏んだのです。このコンペから、ゲストハウス案件1名とコワーキングスペース案件1名のパイロット事業者が選定されました。

ゲストハウスの事業者として選ばれたのは、津別町出身のUターン移住者である河本純吾さんです。河本さんは、町を盛り上げようと励む若手プレイヤーのリーダー的存在でした。2007年に河本農場の5代目として地元に戻った翌年、同世代のUターン移住者である農家や飲食店の店主たちと共に、農業エンターテイメントグループ「つべつべGROW」を結成し、町のオリジナル商品の開発や、イベントの開催を行っていました。さらに、町の子育て環境にも着目し、子ども・農業・ものづくりをキーワードとした「もの

JIMBAの隣にオープンしたcafé津別珈琲（提供：ゲストハウスnanmo-nanmo）

そと研究所」を設立していました。

一方、コワーキングスペースの事業者として選ばれたのは、静岡県出身のIターン移住者である立川彰さんです。立川さんは、津別町の魅力を外部に向けて積極的に発信している人物でした。東京でテレビ番組のアシスタントディレクターを務めていた経験から、千葉県で映像制作会社の株式会社キロックムービーを立ち上げ、津別町のタウンプロモーションを担当したことがきっかけとなり、2016年に地域おこし協力隊として千葉県船橋市から津別町に移住しました。さらに同年、株式会社道東テレビを設立し、自主制作のウェブ映像メディアを運営していました。

パイロット事業者の選定に伴い、移住・起業に関する補助金や、中古住宅購入・空き家改修に関する奨励金など、役所の支援制度も一層強化されました。立川さんは、約4カ月間の改修期間を経て、2019年2月に動画配信スタジオやレンタルスペースを併設したコワーキングスペース「JIMBA」をオープンしました。そして、河本さんは、ゲストハウス品川宿での実務研修を受け、約7カ月間の改修期間を経て、翌年3月に「ゲストハウスnanmo-nanmo」を開業しました。

その後、当初のコアエリアの見立てがうまくヒットし、パイロット事業がまちづくりの起爆剤となり、五叉路には日替わりＢＡＲやコーヒーショップなどの新店舗が続々と誕生していきました。

こうして「道東エリアリノベーション・プロジェクト・イン津別」は、当初の目標通り、スタートから3年以内に、パイロット事業となるゲストハウス1軒とコワーキングスペース1軒の開業を果たすことができました。といっても、3年はプロジェクトとしての区切りであり、あくまで最初の礎なので、津別町のまちづくりはここからが本番です。まちづくりは一筋縄ではいかないものですが、地域を盛り上げようと日々邁進する人々が暮らす町の未来は明るいように感じています。

6章　これからのゲストハウスの可能性を探る対話

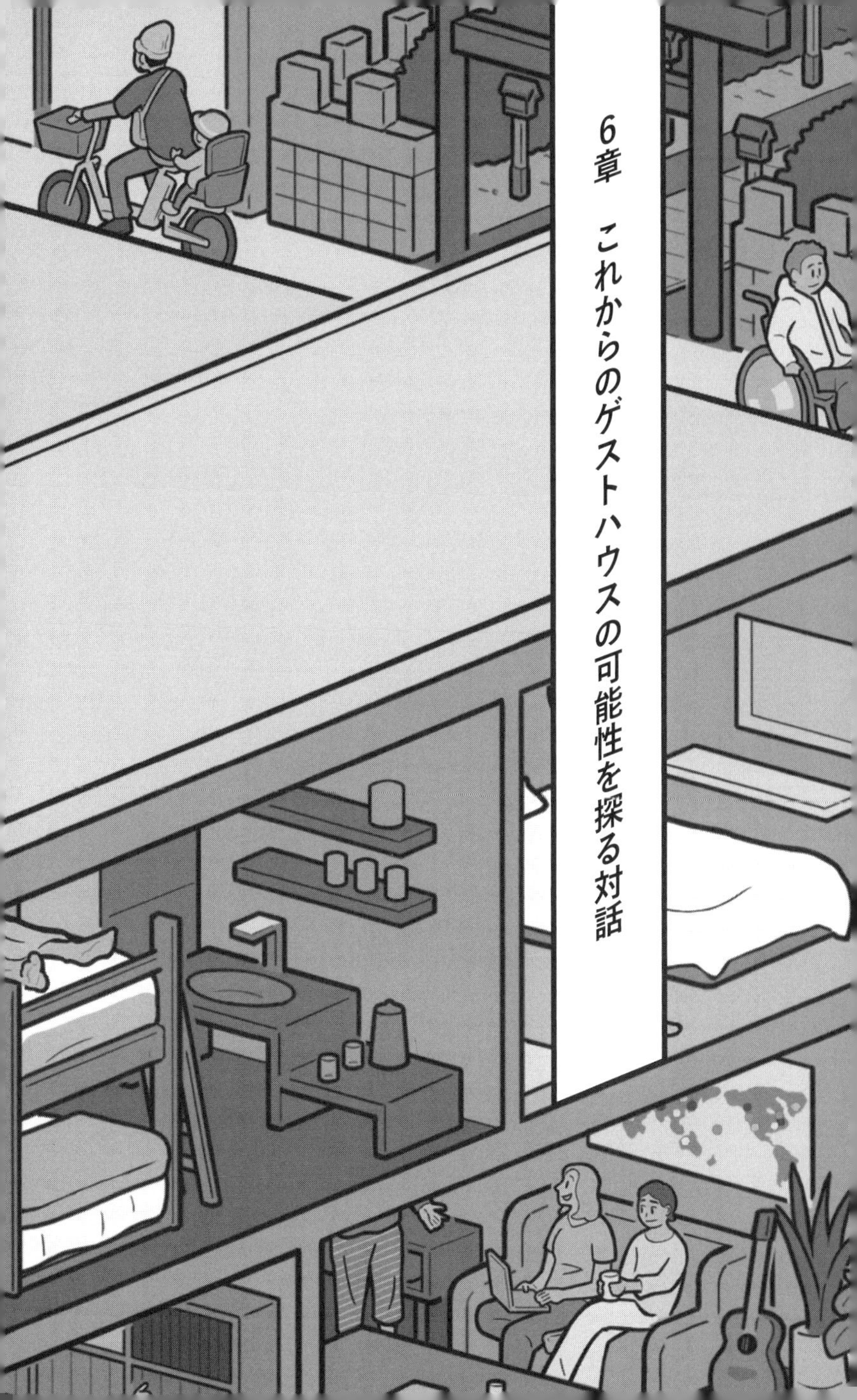

1
大阪のゲストハウス事業の先駆け「由苑」

溝辺佳奈

ゲストハウス由苑（©由苑）

みぞべ・かな：1977年生まれ。大阪府出身。2007年、大阪市中央区の玉造で「ゲストハウス由苑」を開業。2011年に株式会社由苑を設立。同年「ゲストハウス てん」（北区天満橋）を開業。2013年「ゲストハウス由苑」を福島区に移転。2016年「The Pax Hostel」（浪速区）を開業。2017年ホステル「The Blend Inn」（此花区）を開業し、現在はレンタルスタジオとして運営。

本章では、これからのゲストハウスの可能性を探るため、宿泊施設の運営者、建築家、プラットホームサイトの事業者など、多様な4人の方々にお話を伺っていきます。

最初にご紹介するのは、日本でまだゲストハウスがほんのわずかだった2007年に大阪で誕生した「ゲストハウス由苑」を運営する株式会社由苑の共同代表の1人、溝辺佳奈さんです。溝辺さんは業界の先駆者として、ゲストハウス品川宿の開業前に大変お世話になりました。現在、大阪市内で2軒のゲストハウスと4軒の飲食店、1軒のレンタルスタジオを運営されています。アドレスホッパーならぬ宿主ホッパーのごとく、次々と事業を展開する溝辺さんに、ゲストハウスを長く運営するコツや、これからのゲストハウスの展望を伺いました。

自由に働ける環境を求めて起業

――佳奈さんは濵本沙樹さんと共同で経営されていますよね。お2人がゲストハウスを開業するに至った背景から教えていただけますか？

昔から旅が好きで、大学時代からアジアの安宿を巡る旅をしていました。大学卒業後は富士通の営業職に就いたんですけど、子どもができても一生続けられる仕事ではなかったし、もっと自分で自由に働ける環境をつくりたいと思ったんです。そこで、同じ考えを持っていた同僚の沙樹と、当時まだ少なかったゲストハウスを2人でつくろうと決意しました。それで会社を辞めて、2005年ごろから、私は新大阪のユースホステルで2年ほどヘルパーをしつつ、新今宮にあるバックパッカーに人気のビジネスホテルでも3年間働きました。沙樹は大阪市の長居にあるユースホステルと京都の「ゲストハウス和楽庵」で2年間働きました。2007年に由苑を開業してからも、1年ほどは自店のオーナー業と他店のスタッフ業を並行していました。

――宿に併設して飲食店も経営されていますよね？

飲食店の経営はやりたくてというより、宿の運営に必要だったから始めたんです。たとえば、福島区に移転した由苑では、当初はビルの2階だけを借りるつもりでしたが、1階に入居していた料亭が閉店したので、1階も借りて飲食店をすることにしました。福島区は飲食店の入れ替わりが激しいエリアだから、たとえば1階に焼肉店が入ったら上階まで煙が上がってゲストハウスのゲストに迷惑がかかるかもしれないし、小料理屋が入ったら逆に宿の共有リビングでゲストが賑わう声で迷惑をかけるかもしれない。そういう近隣トラブル防止のためですね。

1軒目をきっかけに縁が広がり、多店舗展開へ

――僕が佳奈さんと出会ったのは2008年で、そのころから旅人に人気の宿として、とても繁盛していましたね。佳奈さんのまわりにはいいスタッフやゲストが揃っている印象が強いですが、当時から何か工夫されていますか？

最近は全国的にゲストハウスの軒数が増えたから難しくなってきたけど、当時はブログでスタッフを募集するといい人材が来てくれました。心から旅が好きで、ゲストハウスの本質的な魅力もわかっていて、ある程度の社会人経験まである人がほとんどでした。ゲストに関しては、当時は検索エンジンで探す時代だったから、検索キーワードを意識してSEO対策に力を入れた宿が集客優位に立ちやすかった。なによりお客さんがお客さんを呼んでくれる感じでした。

ゲストハウスって、気の合うスタッフとゲストがSNSでつながったり、タイミングが合えば街の案内をしたりと、仕事とプライベートの線引きが曖昧になりやすい業態だけど、うちは業務上のルールはあっても、ゲストとの関わり方にルールは設けていません。その分大変なこともあるけど、スタッフ全員が自発的に動いてくれるのが重要なポイントだと思います。

――大阪の建築設計事務所アートアンドクラフトさんが手掛けた「HOSTEL 64 Osaka」（2019年より「FON-SU bed & breakfast」として営業）の開業サポートもされていましたよね。2010年3月のオープン以来、あの一線を画したモダンな雰囲気から影響を受けた方も多かったはずです。翌年には、株式会社由苑として新たにゲストハウスを展開されていましたよね？

「HOSTEL 64 Osaka」の開業準備と同時期に、天満橋で「ゲストハウスてん」の開業準備を進めていました。東日本大震災が発生した2011年3月に開業しましたが、その後に天満橋のエリア開発が進んで、立ち退きの話が持ち上がったんです。大家さんは「好きにしてもらって構わない」と言ってくれたんですが、背の高い超高級マンションが周囲に建つなか、古くて小さな建物でゲストハウスを続けるのは違和感があるなと思って。最終的にいい条件で立ち退かせてもらえることになったので、開業後丸2年の2013年3月に閉業しました。

そのころ、シェアハウスと飲食店として運営していた玉造の由苑を移転しようかなと考えていました。そんなタイミングで、物件の管理主だった建築家さんが「福島区にある築100年の町家の2階を活用する相談が来ているけど、どう?」と尋ねてくれました。住居にするには

上：ゲストハウス由苑／下：The Pax Hostel（提供：由苑）

広すぎるし、床が畳なので商業施設のニーズは少なそうだし、ゲストハウスならどうだろうという相談でした。

当時、私は福島区に住んでいて、なんとその物件は、自宅の2軒隣にあって「ここをゲストハウスにしたらいいだろうな」とずっと気になっていた物件だったんです。内見させてもらって、和の趣があって内装も素敵だし、建物の検査済証もあるから旅館業法の営業許可も取得しやすいし、大阪駅から1駅隣の好立地でもあったので、「借りたいです!」とすぐに伝えました。大家さんはゲストハウスのことをまったく知らない人でしたが、話しているうちに理解を示してくれました。

天満橋の立ち退きの謝礼としてもらったお金はありましたが、そのころにはすでに「The Pax Hostel」(6頁参照)と「The Blend Inn」をオープンする構想を描いていたので、福島区の由苑に関しては銀行に融資をお願いして、2013年12月にオープンしました。

社会の逆風を乗り越え、運営を継続するコツ

――その数年後、日本のゲストハウスが数百から数千軒にまで急増して、佳奈さんと「このままじゃいけない」と話しあったこともありましたよね。激戦区大阪で、そうした変化をどう捉えていましたか?

想像を絶するスピードで、8年後には来るかなと思っていた未来が3年後にやってきた感覚でした。特別な資格や経験がなくても営業許可さえ取れたら開業できるゲストハウスは、参入障壁が低い業界なので、新規参入の波にとても弱い。そのなかでも差別化して生き残るしかない。コロナ禍以前は、インバウンドのマーケットニーズがありそうだからと、資金力のある大

手企業が副業として参入してきて、いい人材を確保して、サービスを安く提供して、今までのゲストハウス・カルチャーとは毛色の異なる宿が量産されていました。

オリンピックを見越して、2018年に民泊新法ができて、2019年に建築基準法が緩和されたときは、もどかしかったですね。私たちはこの10年間苦労して、そうした法律のハードルを乗り越えてきたから、脱力感がすごくありました。でも、そこで気落ちしていても仕方がないから、「旅やゲストハウスが好きな人たちが楽しく過ごせる空間をつくり続ければ、きっと今まで通りファンが訪れてくれる。それが私たちの一番の得意分野だ」と信じてやってきました。今でもゲストハウスのマネージャーとは、そういう話をよくしています。

コロナ禍に見舞われた2020年以降は、もともとゲストハウスに思い入れの少なかった企業が次々と宿を閉めました。異常なほど飽和していたゲストハウス業界を、ある意味コロナが淘汰してくれたんです。だけど、その反面、経営が長期間圧迫されたことで、昔ながらの素敵なゲストハウスまで閉店してしまったから、複雑な気持ちではありますね。

――また以前のように旅ができる世の中に戻ったら、今後のゲストハウス業界はどうなると思いますか？ご自身の宿はどうしていこうと考えていますか？

このまま続けていけるだろうかと常に迷いはあります。ワクチンの接種率が上がり、コロナ禍が下火になったとしても「設備や空間を共有する宿泊施設は避けよう」といった、コロナ禍で染み付いた自己防衛の感覚からゲストハウスは敬遠されてしまう可能性がある。だから今は、世の中の意識の変化を見守りながら、それに応じた策を常に考えるしかないですね。

また、長年運営を続けてきたなかで大事だと思っていることは、運営者が歳を重ねることで起きる、ゲストやスタッフとの年齢的なギャップに対する意識です。ゲストハウスの主な客層は20~30代で、スタッフもその年齢が多い。世代が離れてくると、SNSの使い方や人との付きあい方をはじめ、いろいろな感覚が驚くほど違ってきます。だから、「ゲストハウスは昔からこうしてきたから」「自分が若いころはこうだったから」という自分の感覚は極力取り払い、若い世代の意見や視点にいかに寄り添うかが大事だと考えています。

あと最近、ADDressさん（3節参照）のように、新たな社会の仕組みをつくるプラットフォームの動きに注目しています。今後は、一方的に送客を行うOTAではなく、社会的なプラットフォームとゲストハウスがうまく協業していけたらいいですよね。他の業界に比べて、宿泊業界は横のつながりが濃い方だと思います。でも、宿の運営者は皆、現場や経営のことで頭がいっぱいだから、宿単体では社会的に意義のあるアクションを実行する余力を捻出するのが難しい。そこで、現場をよくするチームと、社会をよくする仕組みをつくるチームが、得意分野を持ち寄って、一緒にゲストハウス業界を盛り上げていけたらいいなと思っています。

――確かに、宿泊事業とプラットフォーム事業の双方の強みを活かした「チーム×チーム」のあり方が業界を盛り上げる重要な鍵となりそうですね。コロナ禍で長年経営されてきたゲストハウスが多数閉店してしまったので、15年近く業界の変化を見てきた佳奈さんたちの存在は貴重です。これからも業界の大先輩として、僕らを導いてくださいね。

2

街を一つの宿と見立てる「HAGI STUDIO」

宮崎晃吉

hanare（© HAGI STUDIO）

みやざき・みつよし：1982年生まれ。群馬県出身。一級建築士。2011年、建築設計やプロデュースを行う株式会社HAGI STUDIOを設立。2013年に東京都台東区谷中で最小文化複合施設「HAGISO」を開業し、2015年に地域と一体となった分散型の宿「hanare」を開業。2017年、全国22軒の宿と連携した一般社団法人日本まちやど協会の代表理事に就任。多数の宿泊施設や飲食店の企画や設計にも携わっている。

「NOTE奈良」

大久保泰佑

NIPPONIA 田原本 マルト醤油（©NOTE奈良）

おおくぼ・たいすけ：1984年生まれ。埼玉県出身。2008年より株式会社日本政策投資銀行に9年間勤務。2018年、株式会社NOTE奈良の代表取締役に就任。同年に奈良市の旧市街地にある築約130年の元酒蔵と町家を改装した宿泊施設「NIPPONIA HOTEL 奈良 ならまち」を開業。2020年、奈良県田原本町にある日本最古の醤油蔵を改装した古民家ホテル「NIPPONIA 田原本 マルト醤油」を開業。

続いて、街全体を一つの宿に見立てて、地域と宿を連携させた取り組みを実践しているお2人に、地域とつながる宿を運営するコツを伺います。1人は、東京都台東区谷中にある最小文化複合施設「HAGISO」をフロントとして、築50年の木造アパートを改装した宿泊棟「hanare」を運営する株式会社HAGI STUDIOの代表取締役・宮崎晃吉さんと、もう1人は、兵庫県の「篠山城下町ホテルNIPPONIA」をはじめ歴史的資源の再生を多く手掛ける株式会社NOTEの関連会社、株式会社NOTE奈良の代表取締役・大久保泰佑さんです。

「街全体を一つの宿に見立てる」という活動に至った経緯

――お2人の共通点は「街全体を一つの宿と見立てる」という発想です。実質的にその役割を担っているゲストハウスは多いですが、それを言語化して明確に掲げた点で、特に宮崎さんは先駆者だと感じています。どういった着想から「hanare」が誕生したんですか？

宮崎　大学生のころ、HAGISOの改装前の物件に仲間と下宿していたんです。風呂と台所のない昔ながらの建物で、銭湯や食堂などいろんな要素が街の中でシェアされ、かつて当たり前にあった日本の暮らしがそこにありました。しかし一方で、谷中は観光地化が進み、老舗の商店はその恩恵を受けておらず、僕らがいいと思う街の良さは失われつつありました。そこで、その良さを残すため、街の要素をつなぎあわせてネットワーク化しようと考えたのがhanare（4頁参照）の始まりです。リサーチをしていくなかで、海外では地域と宿を連携させた事例が珍しくないと知りました。

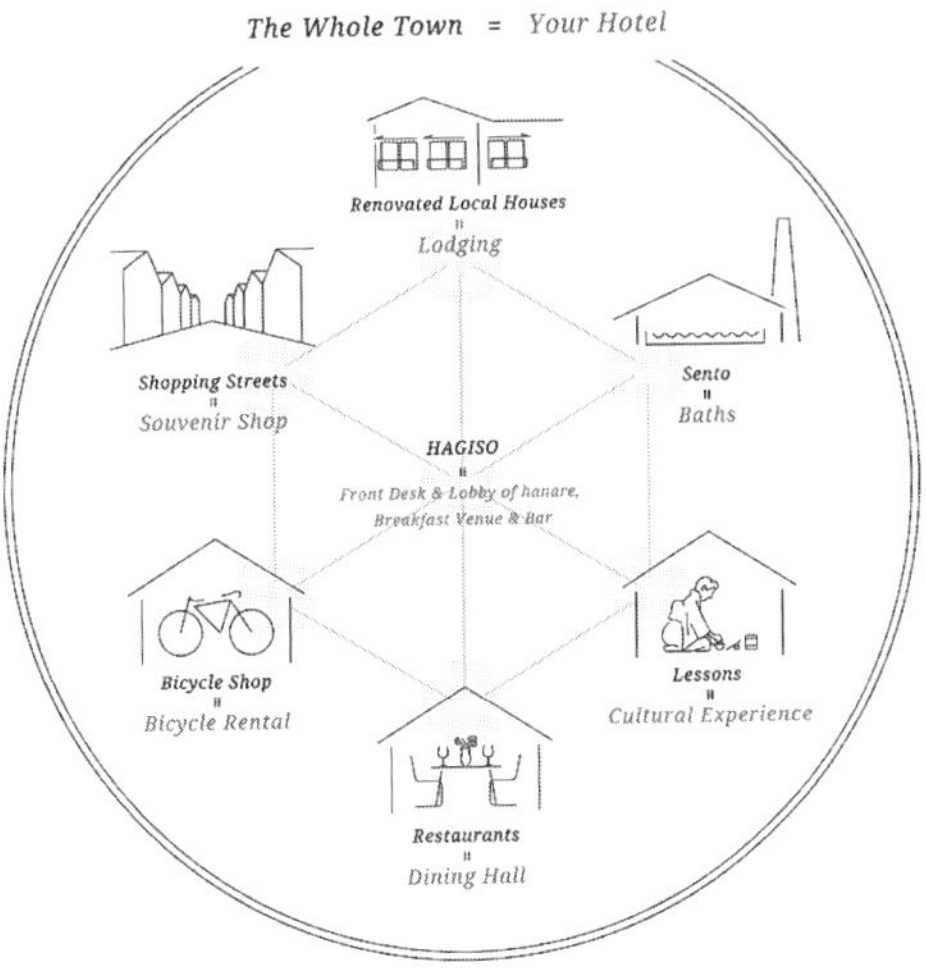

街全体を一つの宿に見立てるコンセプト（提供：HAGI STUDO）

——建築士が宿や飲食店の運営まで担うのは冒険ですよね。大久保さんも金融業界という異なる畑から、地域の歴史的資源を再生させてまちづくりを行う会社・NOTEに入社されていますが、どういった経緯だったんですか？

大久保　簡単に言えば、ミイラ取りがミイラになったんですよね。最初は投資する側としてNOTEに関わっていたんですが、日本政策投資銀行を退職するときに「一緒に働かないか」と声を掛けてもらったのがきっかけです。銀行に就職したのも、世の中に新しい枠組みをつくることで人や物を有機的につなげる裏方の仕事に興味があったからなんですが、NOTEの事業も同じく、地域の人を支える中間組織的な立ち位置が心地いいと思えました。だから、畑が違うように見えても、実は金融業界で働いていたころと今の仕事は、本質的にあまり変わらないと思っています。

地域との対話を重ね、関係性の湿度を高める

——確かに、裏方として新しい枠組みをつくる仕事と捉えると、前職から一貫していますね。地域と宿

を連携させていくなかで大変だったことや変化などはありますか？

宮崎　HAGISOの開業当初は、地域の人たちにすごく警戒されて、「こんなのができるから街が観光地化してしまうんだよ！」と面と向かって怒られたこともありました。街をよくしたいと思って行動しているのになかなか伝わらない、もどかしい時期でした。でも、そういう苦言を言われる人とも何度か話すうちに思いが伝わって仲よくなり、その人の息子さんがうちで働いてくれるようになったので、恐れずにアプローチを続けることが大事ですよね。地元で誰もが知っている大工さんの娘さんがhanareでマネージャーをしてくれているのですが、地縁が深い人が仲間に加わると、街との距離が一気に縮まります。谷中で事業をスタートしたころは「3年やらないと地元の人は認めてくれないよ」と周囲に言われましたが、3年経ったころから本当に物事が変わり始めました。積極的に地元のお祭りに参加したり、自宅も谷中につくったので、町会の理事をやらせていただいたりして、だいぶ溶け込んできています。

大久保　僕も最初は地域の人から叱られたことがありましたね。そういう出来事も全部抱きしめてやっていかないといけない。先ほど前職と現職の共通項について話しましたが、もちろん違いもあります。銀行のようにお金を出す立場というのは、豆乳を煮立たせてできる湯葉みたいなもので、結局表層しか関われません。今の仕事では、その熱い豆乳の内側まで入り込むので、苦労も多い分、実体験を持って理解できることが断然増えました。東京を拠点とするファンドの仕事だと多少ドライでもやっていけますが、地域に入り込む仕事はそうはいかないなと

上：hanare
中左：hanare、客室／中右：hanareのアメニティ
下左：HAGISO ／下右：HAGISOのカフェ（以上提供：HAGI STUDIO）

実感しています。

――建築や金融、そしてホテル業界と、僕ら3人のバックグラウンドは異なりますが、地域と宿をつなぐ最初の一歩として「怒られる」という点は共通していますね。新しい人や活動に対する地域の人たちの反発は、シビックプライドの証でもあるので、そこから逃げずに向きあう必要がある。怒られることは、地域とわかりあうための入口かもしれませんね。

宮崎　ここ数年前まで、下町の日常を消費するツーリズムが世の中に多かったから、地域の人たちが警戒するのも当然ですよね。でも、そういうスタイルは飽きられて陳腐化するとずっと思っていたんです。谷中には、地域の人たちの等身大の日常として、八百屋や魚屋、下駄屋などの商店を使い分けて利用する文化が今も生き続けています。インバウンド向けに茶道や着付けの体験をパッケージ化することもできるかもしれませんが、そういう特別なものではなく、虚飾のない街の日常をどう伝えていくかは、僕もいまだに試行錯誤しているところです。最近では、うちで元気に働いてくれているスタッフのおかげで、「あなたたちにはがんばってほしい」と応援してくれる地域の人が増えたなと感じています。

大久保　下町や地方ほど、〝関係性の湿度〟が高いですよね。ネガティブに言えば面倒くさい、ポジティブに言えば温かくてウェットな感じです。最近は、地域側からだけではなく、ゲスト側からもウェットさの需要が高まっていると感じています。マーケティング面から「泊まる」という行為だけ見ればどこでも同じかもしれませんが、情緒的な価値の提供は宿によってかなり違いますし、コロナ禍以降はその価値がいっそう重視されるようになったように思います。「NIPPONIA 田原本 マルト醤油」（5頁参照）では、18代目の当主がチェックイン対応をした後、お客様に醸造体験をしてもらっているんです。お醤油って絞るのは結構大変なんですけど、それを身をもって知ってもらったうえで、自分で絞ったお醤油をディナーで味わってもらいます。翌朝は1時間ほどかけて周辺地域を歩いて案内するのですが、お客様からは「これくらいのサービスがちょうどいい」とおっしゃっていただくことが多いんですよね。ウェットさの需要はあるけど、その塩梅をコントロールする必要もあるなと感じています。

――今日はウェットなおもてなしがいいとか、いやドライな方がいいとか、状況に合わせて使い分けできるように、街の中にいろんなパターンがあって選べるようになるといいですよね。ちなみに、宮崎さんのhanareのサービスは、湿度何％くらいですか？

宮崎　うちのサービスの湿度はそれほど高くないかもしれません。でも最近、対面とはまた違ったアプローチで「何かを介してコミュニケーションをとる方法もあるんじゃないか？」とスタッフとよく話しあっていて、過去や未来の誰かとつながる〝時間を超えたメディア〟の役割を宿が担えないかと考えています。たとえば、自分が前に泊まったときの写真が宿に保管してあるとか、ゲストノートも同じ部屋に滞在した異なる時間軸の誰かとつながる新たなコミュニケーションツールになるんじゃないかと。そういう観点で、コミュニケーションの仕掛けをもっと面白く展開できないだろうかと考えているところです。

――新たな価値を生み出すサービスについて、大久保さんはいかがですか？

大久保　数年前から、つくり手が消費者に直

上：NIPPONIA 田原本 マルト醤油
中左：レセプションルーム／中右：客室
下左：マルト醤油の醸造／下右：朝食（マルト醤油の餡かけ）（以上提供：NOTE奈良）

接販売するビジネスモデルとして「D to C（Direct to Consumer、消費者直接取引）」が注目されていますが、まさに今、地域でもそうした切り口が必要なのではないかと思っています。スーパーに醤油や味噌をただ並べるのではなく、昔から地域に息づく生業《なりわい》の物語を添えて、情緒的でナラティブな付加価値と一緒に発信できたらと考えています。そういうものを、地域の人たちと一緒になって、ソフトとハードのよさを組みあわせながら、今後も一つ一つオーダーメイドでつくっていきたいなと思いますね。

コロナ禍で重要性が顕在化した、しなやかなまちづくり

――最後に、コロナ禍で感じる変化や、そこから見えてくる未来の兆しについて聞かせてください。僕は、コロナ禍で近隣の人やお店との心理的な距離が縮まったと感じています。以前まで忙しかったお店の人と会話ができたり、近隣の病院と共同してＰＣＲ検査付きの宿泊・滞在プランを打ち出したりもしました。コロナ禍による経営的なダメージは非常に大きいですが、新たな関係性やアイデアの芽を育てるにはもってこいの機会だなと感じています。お２人はどうでしょうか？

宮崎　コロナ禍って、全世界の人たちが一斉に自分の日常に向きあわなければならない超壮大な社会実験が行われたようなものですよね。「自分の街も捨てたもんじゃないな」と、今まで見過ごしていた日常を皆が高い解像度で見られるようになったと思うんです。また、今後も発生するであろう有事に対して自分の街はどうあるべきかを考えたとき、物理的な頑強さではなく、内面的なしなやかさが重要だとも感じています。偶然発生したハプニングをうまく取り込んで力に変えていける〝反脆弱性〟が、これからはますます大事になってくるのではないでしょうか。うちもコロナ禍では、近隣の10店舗の飲食店と連携しあって配達を組織化する企画「谷《や》根《ね》千《せん》宅配便」を構想から2日で実行したんです。ハプニングに対して瞬時にリアクションできるのは、平常時から地域の中できちんとコミュニケーションがとれている証拠です。宿というのは、そうした地域のコミュニケーションをつなぐ役割を担っていると思っています。

大久保　宮崎さんがおっしゃるように、有事の安全性や防災面からも、関係性のしなやかさは今後とても大事ですよね。現代は、あらゆるものが貨幣的なサービスに置き換わりすぎていますが、価値を貨幣で測るべき場面とそうでない場面があって、貨幣を絡ませずに需要と供給をくっつけることで両者の喜びが生まれることはたくさんあります。お金というのは具体的で客観的な数字で表されるものなので、意思決定の要素として用いる際にはわかりやすいですが、コロナ禍のように有事なときほど潮が引くのも早い。その点に気をつけながら、心地よい地域の実現に向けて、ウェットさやしなやかさのような無形資産をもっと大切にしていきたいですね。

――コロナ禍以降、無人化や非対面に切り替える宿泊施設もあるなかで、お2人から、人が介在する情緒的な価値の高まりを実感されていることを伺えて、改めて勇気をもらえました。これからも、お互いに地域の普遍的な魅力を捉えて、地域と伴走できる宿を運営していきたいですね。

3

多拠点生活プラットフォーム「ADDress」

佐別当隆志

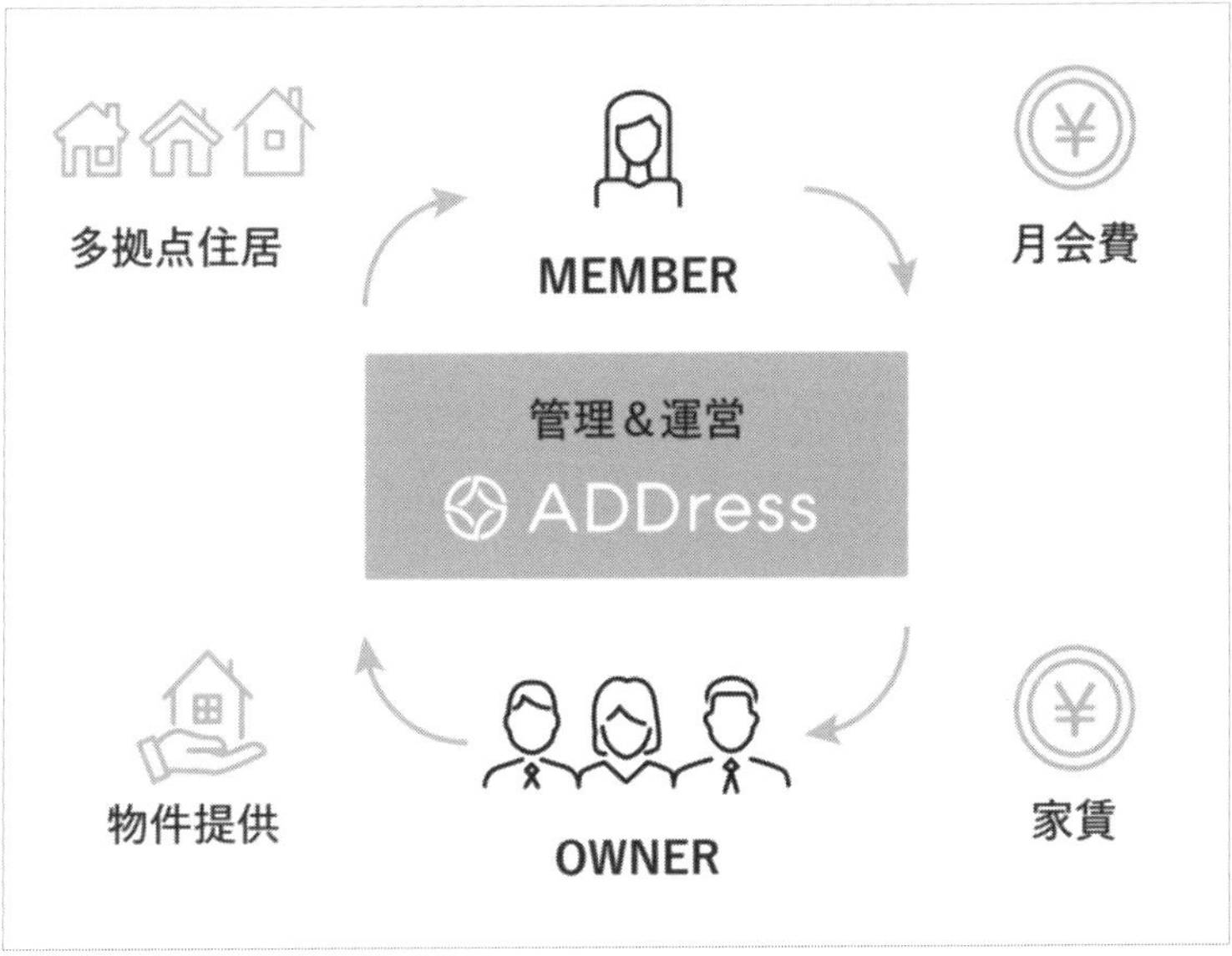

ADDressのプラットフォーム事業のしくみ（©アドレス）

さべっとう・たかし：1977年生まれ。大阪府出身。2000年にソーシャルメディアサービス事業を展開する株式会社ガイアックスに入社。2013年、副業として自宅を兼ねた一軒家のシェアハウス「Miraie」を運営。2016年、一般社団法人シェアリングエコノミー協会を設立。2017年、内閣官房シェアリングエコノミー伝道師に任命。2018年より株式会社アドレスの代表取締役社長に就任。

最後にご紹介するのは、多拠点生活プラットフォーム「ADDress」を運営する株式会社アドレスの代表取締役社長・佐別当隆志さんです。ADDressは、全国200物件以上のリノベーションした空き家や、シェアハウス、ゲストハウスなどに毎月定額で住み放題という夢のようなサービスを提供しています（7頁参照）。月額4万4千円という価格もさることながら、特筆すべき最大の魅力は、利用者の良好なコミュニティの構築を重視していることです。プラットフォーム事業を通して社会をどのように変えようとしているのか、そのビジョンと方法を佐別当さんに伺いました。

起業の原点は「社会をよりよくしたい」

――佐別当さんはどのような経緯で現在のお仕事を始められたんですか？

僕は大阪府八尾市にある小さな田舎育ちで、「将来は社会をよりよくできる仕事に就きたい」と昔から思っていました。大学生のころ、ニュージーランドにホームステイしたり、イギリスやフランスなどを訪れて、海外の人たちと交流するなかでますますその思いは強くなりました。初めは「社会に影響を与える手段と言えばマスメディアだ」と思い、広告業界に興味を持ちましたが、当時は就職難で採用枠がありませんでした。だったら、人材募集中で実績が多く積めそうなベンチャーにまず入ろうと調べていくうちに、ＩＴが社会を変える可能性があると知ったんです。

――世の中をよくしたいという長年の思いが、ADDressの根幹につながっているんですね。多拠点生活プラットフォームを着想したのは、いつ・何がきっかけだったんですか？

２０１０年ごろ、恵比寿にある入居者30名規模のシェアハウスに暮らしていました。そのころは「ＳＮＳが社会を変える」と言われ始めていた一方で、家に帰ればリビングにいろんな住人がいて、住人が連れてくる友人とも仲良くなって、シェアハウスはまさにリアル空間のＳＮＳで、人の可能性を広げてくれる場所だなと思ったんです。なので、オンライン上のＳＮＳとリアル空間のＳＮＳの両方を行き来しているような感覚がありました。

その後、友人たちと海外で開催されるＩＴ業界のカンファレンスに参加する機会がありました。当時、海外ではAirbnbが流行り始めていたので、大きな一軒家を借りて皆で滞在することにしました。スーパーで食材を買って一緒に料理して、深夜まで飲んで、雑魚寝して、Uber Taxiで移動してというローカルな暮らしを1週間続けたら、すごく楽しかったんですよね。そのとき「近い将来、日本にもこういうリアルとネットを融合させたＣｔｏＣ（Consumer to Consumer、個人間取引）のシェアリングエコノミーの時代が来る」と確信しました。

それから少し経って、シェアハウスで妻と出会い、子どもができたんですが、当時はどこのシェアハウスも子育て世帯に対応していなかったので、じゃあ自分たちでつくろうと、２０１３年に東京の大崎で自宅兼シェアハウスの運営を始めることにしました。

その後、２０１６年にシェアリングエコノミー協会を立ち上げて、海外の先進事例をリサーチしながら、シェアリングエコノミーの考え方をまちづくりや地域活性化にビジネスとして取り入れる「シェアリングシティ」を実現するための活動を開始しました。そして次第に、人口減少が進む日本中の自治体からご相談をいただくようになっていきました。

――シェアハウスでの体験から始まり、シェアリングエコノミーの活動へと展開して、そこからADDressが生まれたんですね。ADDressの立ち上げ当初のお話を伺えますか？

２０１８年11月末に株式会社アドレスを設立して、12月20日にADDressのサービスを発表しました。最初は実験的な気持ちでスタートさせたんですが、発表後１週間ほどで１０００人以上にエントリーいただいて驚きました。翌年にクラウドファンディングをしてみると、目標２００万円に対して１２００万円以上が集まり、その後3回クラウドファンディングを実施した結果、総額５０００万円の支援金が集まるほどの大きな反響がありました。仲間たちから「これだけ需要があるんだから、覚悟を決めた方がいい」と後押ししてもらって、このサービスがきちんと社会に根づくように、本腰を入れて資金調達と物件獲得をどんどん進めていきました。

コロナ禍以降の利用者の変化

――物件数の多さが利用者の満足度に直結しているので、最初の投資がどうしても必要なサービススタイルですよね。その後、コロナ禍の影響による変化はありましたか？

コロナ禍がやってきたタイミングが、まさに手元の資金が尽きるころだったんです。緊急事態宣言が出されて全国的に移動が自粛され、このままじゃ新たな資金調達の営業にも行けないと頭を抱えていました。なんとかオンラインで対応しようと試行錯誤しているうちに、緊急事態宣言が解除されて、そこから一気に会員数が増えました。というのも、各企業でテレワーク

物件オーナーからサブリースし、ADDressの会員に貸し出される家。上：名古屋C邸（愛知県）／下：沖縄本部A邸（沖縄県）（提供：アドレス）

が推奨され、自宅での自粛生活に疲れた人が増加したことで、急に追い風が吹き始めたんです。その追い風に気づいた投資会社が出資者となってくれて、無事に資金が集まるようになりました。

――最先端のサービスですから、開業直後の出資元の割合は、実績重視の銀行よりも新規性の高い事業に理解のある投資会社の方が多そうですね。コロナ禍以降、利用者に変化はありましたか？

以前までの主な利用者は、フリーランスや自営業の30～40代でした。コロナ禍以降は、大学生や社会人になったばかりの若者が増えて、平均年齢が20～30代に若返っています。大学の授業がオンラインになり通学しない、入社したけど出社できない、家賃の高い東京で家を借りても仕方がないという人たちが、「実家＋ADDress」を選択し始めたためです。今では会社員の比率が40％を超えました。

――確かに東京の家賃に交通費や生活費がかかることを考えると、「実家＋ADDress」の方が安くて、なにより楽しいですよね。利用者からすれば、「こんな時代に僕らを助けてくれてありがとう」と思えるサービスです。でも会員数が急増したことで、逆に弊害はありませんか？

２０２０年の夏ごろに一気に会員数が伸びたことで、会員の質が下がってしまったんです。安さ目当てで共同生活を理解していない人のミスマッチが増えて、家守さんたちまで疲弊するような状況も生まれました。これは早急に改善しなくてはと、入会前に利用者を審査するフローを加えました。会員が減っても構わないから、会員の質を重視しようという方針に転換したわけです。面談では「共同生活はできますか？」「自分で掃除や洗濯ができますか？」とはっきり聞くようにしています。「出張が多いので、4万4千円で使い放題だったらお得だと思って」と話す人がいれば、「ADDressはそういうサービスじゃないんです。交流疲れもするので、仕事に集中したいのであれば、ぜひ別の場所を探してください」とお伝えしています。

この審査フローを設けて以降は、人と人との関係性を重視してくれるいい会員さんばかりになりました。会員コミュニティの価値が上がるにつれ、利用者の継続期間も伸び、退会率もどんどん下がっていきました。

健全な会員コミュニティをデザインする

——それは、一期一会がベースの宿泊業界に最も足りてないノウハウかもしれません。今後ゲストハウスでも、リピーター率を重視して会員制に発展させる工夫や、顧客情報の管理を徹底してコミュニティの価値を上げる仕組みづくりにもっと注力することで、より面白くなりそうですね。

会員コミュニティの価値を上げても、もちろん退会者は出ます。でも、退会後に、ADDressをきっかけに出会った地域に移住して、家守さんのサポートを受けながら自分で起業した人が、実はすでに何名もいるんです。ADDressでは各物件の住所で住民登録できる専用ベッドオプションを用意していて、住民票を移した人がすでに100人以上います。また、会員が退会して気に入った地域に移住することを僕らはプラスのアウトプットだと認識しているんです。退会者は、僕らのサービス理念の伝道者や新たな家守、5年後・10年後の地域のキープレイヤーになる可能性が大いにある。「社会をよりよくしたい」という僕らのサービス理念に共感してくれている人が日本各地にいることは、すごく心強いことですし、僕らのモチベーションも高めてくれます。

――そういう人材を地域に送り込むことは、日本の将来にとって、とても意義のあることですね。ADDressの今後の展望として、目指していることは何ですか？

最終的には、利用者数を100万人に、物件数を日本の空き家の1%を占める事業規模にしたいと思っています。そうしなければ空き家問題や人口減少は解決されませんから。多種多様な100万人が集まるプラットフォームになれば当然、年配層の比率に応じてケアサービスや食事のサービスを付けたり、子育て世帯の比率に応じてチャイルドルームを設けたり、利用価格のプランを増やして「今月はちょっと贅沢をして、家族で1カ月ラグジュアリーな場所に暮らそう」と選べたりと、サービスのバリエーションを増やせるようになるでしょう。選択肢が多い方が各利用者に適した暮らしが見つかりやすくなるので、利用者数が100万人に達するころには、そういった仕組みにシフトしたいと思っています。

――利用者の増加に伴って、さらに家守さん側のスタイルの選択肢も広がりそうです。しかし利用者が増えるほど、入会前の審査だけではコミュニティの質の担保が難しくなりそうな気もします。入会前だけでなく、入会後に質を保つ策は何か検討されていますか？

実は、現在のADDressがすでに、入会後さらに質が保たれる状態になっているんです。入会前の審査を通過しても、最初の数カ月はまだマナーが身についていない人もいます。利用者の年代も仕事も生活習慣もさまざまなので、「この時間にYouTuberをすると同居人に迷惑がかかるんだな」とか、共同生活の中でお互いに教えあいながら学んでいくことになります。定住型ではない多拠点の共同生活だからこそ、各拠点を巡るなかで多角的に学びが増え、意図せず誰かに迷惑をかけていたことや、逆に自分が誰かの役に立てていたことに気づかされていくんですよね。

健全なコミュニティがベースに築けていれば、おかしな状況を見過ごさずに「おかしい」と正しく判断して、改善していくことができます。家守さんもいれば、何年も利用してくれている常連会員さんや、サポートスタッフもいるので、違和感を察知する〝目〟は結構多い。つまり、ADDressは悪い人が悪いままで居続けられないサービスなんです。

僕はいつも「優しい国をつくりたい」と仲間内でよく言っているんですが、自分のことをダメだと思っている人でも、そこに行けば自分の状況を好転できる世界、お互いのことを思いあって理解を深めていける世界、そういう世界をこれからもつくっていきたいと考えています。

——ゲストハウス品川宿もADDressの1拠点として登録させてもらっていますが、特にコロナ禍では集客の強い助けとなりました。さらに今回のお話を聞けば聞くほど、人と人との関わりあいを大切にされていて、ゲストハウスとの親和性がとても高いプラットフォームだと実感しました。僕も今度は利用者としてエントリーしてみようかな。となると、審査で落ちないように姿勢をきちんと正していかなければいけませんね。

おわりに

本書を最後までお読みくださり、誠にありがとうございます。執筆・編集を担当させていただきました前田です。2010年、私は初めてゲストハウスに出会いました。十人十色の暮らしの選択肢に溢れる空間に感動し、こういう場所をいつか自分もつくりたいと、日本各地のゲストハウスを巡って情報を集めていきました。将来の自分に向けた備忘録をブログに綴り、やがてそれが「ゲストハウス情報マガジンFootPrints」となり、「noiie」という屋号のもと地元の和歌山を拠点に全国200軒以上のゲストハウスを旅するフリーのライターとして活動するようになりました。

宿場JAPANの渡邊さんから本書の制作のお誘いをいただいたのは、2019年2月のことです。そのころはまだ、約1年後に新型コロナウイルスの脅威が世界中に及ぶとは微塵も想像できていませんでした。日本ではインバウンドへの機運が異様な高まりを見せ、ゲストハウスの軒数が急増して個性が均一化し始めていました。それまでは、「日常に新たな風を吹き込んでくれる、こんな素敵な場所が日本にあるんだよ」と過去の自分に手紙を送るような気持ちで、国内のゲストハウスの情報を発信していました。ですが、軒数の増加とともに「私が好きなゲストハウスってこういうものだっけ…?」と違和感を覚える場面が少しずつ増えていきました。

その違和感の中で立ち止まりそうになっていた私の手を引くように、書籍の制作という形で、ゲストハウスとは何かを改めて考えるきっかけをくださったのが宿場JAPANさんでした。制作の途中でコロナ禍に見舞われ、ゲストハウス業界に吹く風は追い風から向かい風へと完全に逆転し、出版の話も度々中断せざるをえなくなりました。ですが、ゲストハウスをはじめとする多くの宿泊施設が経営の危機に直面している今だからこそ、今後の有事における対応策まで盛り込んだ情報が必要なのではと関係者全員で話し合い、出版に踏み切ることにしました。

本書は「僕」という一人称で渡邊さんの知識と経験を主軸に語りを展開させながら、その大きな骨に細かく肉付けするように私の約10年間の知見を織り混ぜるといった、ちょっと変わった構成で執筆しています。このスタイルに挑戦させていただけたのは、渡邊さんの懐の深さと、裏の立役者である宿場JAPANのマネージャー・今津歩さんのサポートあってこそです。宿場JAPANさんが長年の試行錯誤の末に手にされたノウハウを、ここまで大々的に開示されるという貴重な機会にご一緒させていただくことができ、大変光栄に思っています。学びに溢れた楽しい取材の時間を本当にありがとうございました。

また、約3年間にわたるロングスパンの企画となったにもかかわらず、最後まで丁寧に寄り添ってくださった学芸出版社の宮本裕美さんにも深く感謝申し上げます。なかでも「世の中には旅人目線でゲストハウスを紹介した書籍やまちづくりの事例を紹介する書籍はありますが、ゲストハウスという小さな宿泊施設を起点としたまちづくりをテーマに、ここまでビジネスのノウハウに言及した書籍は他にありません」と、宮本さんが本書の特徴を客観的に示してくださったことが制作の励みとなりました。加えて、宮本さんと共に編集にご尽力くださった森國洋行さんや、素晴らしい装丁を手掛けてくださったデザイナーの藤田康平さんとイラストレーターのサヌキナオヤさん、本書の制作に携わってくださった皆様に心より御礼を申し上げます。

そして何より、本書を世に送り出すうえで、これまでゲストハウスのカルチャーを築いてくださったすべての皆様にお礼と敬意をお伝えさせてください。本書でお名前を紹介させていただいたのは、全体のうちのほんの一握りに過ぎません。ゲストハウスの前身となる外国人向け宿のオーナーさんをはじめ、さまざまな方々の努力の集積があり、現在があると感じています。次々と訪れる逆境の中、ゲストハウス・カルチャーを創り、築き、時に守り、新たな進路を開拓しながら、思いのバトンを受け継いで、現在へとつないでくださった皆様に、言い尽くせないほど感謝しております。

コロナ禍という有事を経験し、1人1人がさまざまな変化を迎えたことと思います。ゲストハウスの未来はこれからどうなっていくのか。それぞれの今日が昨日よりほんの少しでも色鮮やかな日となりますように、この書籍がどこかで誰かの役に立てることを心から願っています。

ゲストハウス情報マガジンFootPrints代表
前田有佳利

渡邊崇志（わたなべ・たかゆき）

株式会社宿場 JAPAN 代表取締役。1980 年生まれ。明治大学商学部卒業。リッツカールトンなど複数のホテル勤務を経て、2009 年外国人旅行者向け宿泊施設「ゲストハウス品川宿」を開業。2011 年株式会社宿場 JAPAN を創業し、地域融合型宿泊事業のビジネスモデルを構築する。東京で一番小さいホテル「Banba Hotel」（2014 年）、「Araiya」（2016 年）、アパルトマンタイプの民泊「kago#34」（2018 年）を運営。また、2011 年からゲストハウス開業希望者を支援する事業も展開し、これまでに全国 7 地域で実現。

前田有佳利（まえだ・ゆかり）

ゲストハウス情報マガジン「FootPrints」代表。全国 200 軒以上のゲストハウスを旅する編集者。1986 年生まれ。同志社大学商学部を卒業後、株式会社リクルートに勤務。2011 年 FootPrints（https://www.footprints-note.com）を立ち上げ、2014 年和歌山に U ターンし、2015 年からフリーランスのライター「noiie」として独立。2016 年『ゲストハウスガイド 100 -Japan Hostel & Guesthouse Guide-』（ワニブックス）を出版。ゲストハウスや和歌山のまちづくりを専門分野に、さまざまなメディアやプロジェクトで執筆・編集・企画を担当。

ゲストハウスがまちを変える
エリアの価値を高めるローカルビジネス

2022 年 4 月 10 日　初版第 1 刷発行
2023 年 9 月 20 日　初版第 2 刷発行

著者　渡邊崇志・前田有佳利
監修　宿場 JAPAN
発行所　株式会社 学芸出版社
京都市下京区木津屋橋通西洞院東入
電話 075-343-0811　〒600-8216
発行者　井口夏実
編集　宮本裕美・森國洋行
装丁　藤田康平（Barber）
装画　サヌキナオヤ
DTP　梁川智子
印刷・製本　モリモト印刷

ISBN978-4-7615-2814-0　Printed in Japan

POP URBANISM　屋台・マーケットがつくる都市

中村航 著　四六判・256頁・定価2700円＋税

小さく多様なローカルフードの店が集まる実験的で遊び心あふれた場が世界中で増えている。遊休地に並ぶコンテナ屋台、ストリートを彩るフードトラック、都市開発の核となるフードホールetc。新しい人の集まり方、コンテンツ開発、オープンで可変的なデザインの最前線を世界13都市に探る。隈研吾氏、黒崎輝男氏推薦！

東京の創発的アーバニズム
横丁・雑居ビル・高架下建築・暗渠ストリート・低層密集地域

ホルヘ・アルマザン＋Studiolab 著　A5判・240頁・定価2400円＋税

世界のどこにもない東京の最大の魅力は、再開発ラッシュで危機に晒されるヒューマンスケールの商いや居住の集積にある。横丁、雑居ビル、高架下、暗渠等で営まれるパブリックライフを現地調査とデータ解析により図解。大企業主導の再開発から、ボトムアップでレジリエント＝創発的な都市設計へのシフトを説く画期的都市論。

エリアリノベーション　変化の構造とローカライズ

馬場正尊＋Open A 編著　四六判・256頁・定価2200円＋税

建物単体からエリア全体へ。この10年でリノベーションは進化した。計画的建築から工作的建築へ、変化する空間づくり。不動産、建築、グラフィック、メディアを横断するチームの登場。東京都神田・日本橋／岡山市問屋町／大阪市阿倍野・昭和町／尾道市／長野市善光寺門前／北九州市小倉・魚町で実践された、街を変える方法論。

CREATIVE LOCAL　エリアリノベーション海外編

馬場正尊・中江研・加藤優一 編著　四六判・256頁・定価2200円＋税

日本より先に人口減少・縮退したイタリア、ドイツ、イギリス、アメリカ、チリの地方都市を劇的に変えた、エリアリノベーション最前線。空き家・空き地のシェア、廃村の危機を救う観光、社会課題に挑む建築家、個人事業から始まる社会システムの変革など、衰退をポジティブに逆転するプレイヤーたちのクリエイティブな実践。

オーバーツーリズム　観光に消費されないまちのつくり方

高坂晶子 著　四六判・272頁・定価2300円＋税

観光客が集中し、混雑や騒音、地価高騰、地域資源の破壊といったダメージをもたらすオーバーツーリズム。国内外で発生している要因、実態、対策を多数の事例から解説し、ソーシャルメディアの影響やICT・AIの活用など新しい動きも紹介。旅行者の満足度を高め、地域が観光の利益を実感できるまちのつくり方を探る。